Conflicto colectivo, arbitraje público obligatorio y libertad sindical

Conflicto colectivo, arbitraje público obligatorio y libertad sindical

Amaia Burgos Aduriz

Universidad del País Vasco Euskal Herriko Unibertsitatea

2025

CIP. Biblioteca Universitaria

Burgos Aduriz, Amaia

Conflicto colectivo, arbitraje público obligatorio y libertad sindical / Amaia Burgos Aduriz. – [Leioa]: Universidad del País Vasco / Euskal Herriko Unibertsitatea, Argitalpen Zerbitzua = Servicio Editorial, D.L. 2025. – 253 p. ; 24 cm. – (Derecho ; 39)

Bibliografía: p. 243-253.

D.L.: BI 00758-2025. – ISBN: 978-84-1319-646-6

1. Negociación colectiva – Derecho.   2. Trabajo – Derecho – España.   3. Arbitraje (Derecho del trabajo)   4. Sindicatos – Derecho – España.

349.2(460)
331.106.24

ISBN: 978-84-1319-646-6
Depósito legal/Lege gordailua: BI 00758-2025

Índice

Capítulo II.

Capítulo III.

Abreviaturas

AENC	Acuerdo para el Empleo y la Negociación Colectiva
ASAC	Acuerdo sobre Solución Autónoma de Conflictos
BOE	Boletín Oficial del Estado
CC.OO	Comisiones Obreras
CCNCC	Comisión Consultiva Nacional de Convenios Colectivos
CE	Constitución Española
Coord./Coords.	Coordinador/Coordinadores
Dir./Dires.	Director/Directora/Directores
ELA	Eusko Langileen Alkartasuna
EPA	Encuesta de Población Activa
Er.N.E	Ertzainen Nacional Elkartasuna
FJ	Fundamento Jurídico
INE	Instituto Nacional de Estadística
LET	Real Decreto Legislativo 2/2015, de 23 de octubre, por el que se aprueba el texto refundido de la Ley del Estatuto de los Trabajadores
LOLS	Ley Orgánica 11/1985, de 2 de agosto de Libertad Sindical
OIT	Organización Internacional del Trabajo
Pár.	Párrafo
PYMES	Pequeñas y Medianas Empresas
RDL	Real Decreto – Ley
RD Legislativo	Real Decreto Legislativo
RDLRT	Real Decreto Ley 11/1977, de 4 de marzo, de Relaciones de Trabajo
SAN	Sentencia de la Audiencia Nacional
SIMA	Servicio Interconfederal de Mediación y Arbitraje
STC	Sentencia del Tribunal Constitucional

STS	Sentencia del Tribunal Supremo
STSJ	Sentencia del Tribunal Superior de Justicia
TC	Tribunal Constitucional
TS	Tribunal Supremo
TSJ	Tribunal Superior de Justicia
UGT	Unión General de Trabajadores
Vid.	Vide/ «véase»
VV.AA.	Varios Autores

Prólogo

Tengo el honor de prologar la monografía de Amaia Burgos Aduriz, titulada *Conflicto colectivo, arbitraje público obligatorio y libertad sindical. Una encomienda por parte de su autora, sin duda, en exceso generosa conmigo, tanto por la distancia que me separa de ella —proviniendo de universidades distintas—, como por la excesiva consideración que me demuestra.*

Tiene el lector ante sí una excelente obra que tiene su origen en la Tesis doctoral presentada y defendida brillantemente en la Facultad de Derecho de Donostia/San Sebastián de la Universidad del País Vasco(UPV/EHU), el 5 de mayo de 2023. Fuimos miembros de su tribunal la profesora Edurne Terradillos Ormaechea, el profesor Josep Ramón Fuentes y Gasó y yo misma y obtuvo la máxima calificación de sobresaliente cum laude por unanimidad que otorga esta Universidad.

Desde aquél momento, comparando el texto de la tesis y la obra que les presento en estas líneas, hay un cambio de forma y, aun manteniendo las mismas conclusiones originales, también de fondo. Ha pasado tiempo, casi ya dos años, desde entonces, pero lejos de perder interés o actualidad, su contenido ha ganado terreno en consistencia científica y en proyección político-jurídica, en un momento de profundas transformaciones del ordenamiento laboral, ahora en un sentido más garantista que el que le tocó analizar cuando arrancó su tesis doctoral.

Sobre la autora, quisiera destacar su personalidad tenaz, su rigor jurídico y, no siendo vehemente, el ser una jurista de convicciones arraigadas. Tuve la oportunidad de conocer a la autora durante su estancia predoctoral en la Universidad de Granada de tres meses —entre finales de 2019 y comienzos de 2020—, etapa en la que pude constatar su ya sólida formación jurídico-laboral y su constante búsqueda de fundamentación para su tesis, mostrándose ya una apasionada defensora de la libertad sindical y de la negociación colectiva. Sus directores de tesis, los profesores Iñaki Lasagabaster Herrarte y Aitor Bengoetxea Alkorta, sin duda han tenido la oportunidad de comprobar estas características de la autora con mayor intensidad que yo misma. A modo de anécdota, comentaré que yo misma discutía con Amaia que el arbitraje público y obligatorio previsto en el artículo 82 del Estatuto de los Trabajadores atentase contra el derecho a la negociación colectiva como contenido esencial, éste, del derecho fundamental de libertad sindical. Además de este rasgo personal, su trayectoria académica puede ser calificada de destacada y clásica, en el mejor sentido de la expresión: tras finalizar la Licenciatura de Derecho y el Máster Oficial de Derechos Fundamentales y Poderes Públicos con la máxima calificación, obtuvo una beca predoctoral de la UPV/EHU. Fue en este momento cuando ya centró su tesis doctoral en la institución del arbitraje laboral activable y aplicable en caso de descuelgue de condiciones de trabajo reguladas en convenio colectivo, en cuyo período realizó la estancia de investigación en la Universidad de Granada. Posteriormente, renunció a dicha beca, siendo contratada como profesora laboral interina en el área de Derecho del Trabajo, en la Facultad de Relaciones Laborales y Trabajo Social, con perfil bilingüe.

Centrándonos ya en la monografía, comenzando por el título de la misma, señalaré que, aunque pueda resultar algo largo, es sumamente preciso, milimetrado, el lector va a encontrar en sus páginas todo lo que ya anuncia. El contenido de la obra, aunque tenga su núcleo en el procedimiento de descuelgue del convenio colectivo, se extiende a cuestiones más amplias, contando siempre con el referente de las limitaciones de la intervención pública en el campo de la autonomía colectiva. Por tanto, es un trabajo científico que yo ubicaría como un estudio sobre las fuentes del Derecho del Trabajo, centrado en su fuente más relevante y original: el convenio colectivo. Es decir, aunque pudiera pensarse que se trata de un estudio micro, centrado en el artículo 82.3 del ET, en realidad contiene un estudio amplio, profundo y riguroso de la autonomía colectiva profesional en sus distintas manifestaciones —particularmente autorregulación— y además constituye una aportación científica muy relevante a la teoría general de la negociación colectiva y la fuerza vinculante de los convenios colectivos. Y este aspecto hace del libro un trabajo imperecedero y de proyección futura en la configuración del derecho a la negociación colectiva, el conflicto colectivo laboral y la libertad sindical.

Los descuelgues a nivel de empresa —o acuerdos de inaplicación— son una materia que ha sido ampliamente abordada por nuestra mejor doctrina científica (que queda casi exhaustivamente reflejada en el estudio), por ello es realmente difícil aportar elementos novedosos, sin embargo la autora consigue realizar aportaciones originales. Y aunque la figura del descuelgue haya dejado de ser objeto de análisis, por ser una figura sobre la que no se han efectuado modificaciones de calado, habiendo zanjado el TC el debate sobre la constitucionalidad del arribaje obligatorio de la Comisión Consultiva Nacional, se pueden encontrar aquí interesantes reflexiones sobre los límites del intervencionismo administrativo en la negociación colectiva, en defensa de la negociación colectiva frente a eventuales excesos del Estado. Todo ello en un momento de profunda reformulación del Estatuto de los Trabajadores, sin duda, dota a la temática de una renovada actualidad. Un momento el actual, en el que los agentes sociales no parecen haber modificado su cultura anti arbitraje, siendo aún escasos los convenios que prevén los denominados arbitrajes en frío —ex ante de la aparición del conflicto—, de lo que son exponentes, además de la estadística al respecto, los sucesivos Acuerdos de Solución Autónoma de Conflictos Laborales —incluyendo el aún vigente VI ASAC—.

La naturaleza pública y el carácter obligatorio del arbitraje previsto en el artículo 82.3 del ET y su colisión con los derechos de libertad sindical y negociación colectiva son abordados en esta obra desde la perspectiva del derecho interno, según un orden lógico-sistemático coherente. El capítulo I analiza en profundidad la figura prevista en el artículo 82.3 ET, para lo que parte del estudio de la naturaleza y eficacia de los convenios estatutarios, la regulación introducida por el RDL 3//2012 —y posteriormente, Ley 3/2012— de medidas urgentes para la reforma del mercado de trabajo, el tránsito del descuelgue salarial al descuelgue de condiciones de trabajo, su conexión con el procedimiento de modificación sustancial de condiciones de trabajo, la evolución posterior del precepto y su régimen jurídico vigente —analizado de forma muy pormenorizada-. A partir de ello, aborda el estudio en profundidad de los derechos de negociación colectiva y de libertad sindical. A partir de las conclusiones aquí obtenidas, cierra ya en la tercera parte —capítulo III— su tesis, la colisión del arbitraje público y obligatorio con estos derechos —libertad sindical y derecho a la negociación colectiva-. Especial interés merecen las reflexiones críticas sobre el juicio de proporcionalidad y razonabilidad del TC en sus sentencias 119/2014, de 16 de julio y de 8/2015, de 22 de enero, así como las diferencias entre la figura aquí analizada y los laudos de obligado cumplimiento analizados en la STC 11/1981.

En definitiva la obra es convincente en su consideración de que los arbitrajes públicos y obligatorios previstos en el artículo 82.3 del ET vulneran el derecho a la negociación colectiva, la fuerza vinculante de los convenios colectivos y el derecho de libertad sindical.

Todo ello usando un estilo de escritura muy claro y directo, una buena sistemática y metodología jurídica y un importante aporte de fuentes bibliográficas y jurisprudenciales. Únicamente, echamos de menos, lo que no es imputable a la autora, sino a la limitación de páginas propias de una monografía, que no haya podido dedicar más atención —como sí hacía la tesis— a la no conformidad del precepto legal con el Derecho de la Unión Europea y el Derecho Europeo —Carta Social Europea—, especialmente la vía de la reclamación colectiva ante el Comité Europeo de Derechos Sociales.

Sin duda un libro netamente científico, pero, a la vez, sugestivo, lleno de reflexiones de cara a futuros cambios en nuestro sistema de negociación colectiva y de argumentos sólidos para los agentes sociales.

Abril de 2025
Sofía Olarte Encabo
Catedrática de Derecho del Trabajo y de la Seguridad Social
Universidad de Granada

Resumen

El presente trabajo analiza el arbitraje público y obligatorio del artículo 82.3 de la Ley del Estatuto de los Trabajadores y su colisión con el derecho a la negociación colectiva y libertad sindical. Este arbitraje constituye la última fase del descuelgue de condiciones de trabajo reguladas en convenio colectivo, siendo tanto el descuelgue como el arbitraje, modificaciones introducidas por la Reforma Laboral de 2012, mediante la Ley 3/2012, de 6 de julio, de medidas urgentes para la reforma del mercado laboral. Reforma que tanto para sus defensores como para sus detractores fue calificada como una reforma de envergadura al modificar las estructuras básicas del Derecho del Trabajo.

Dado el impacto que supuso para el sistema de relaciones laborales, la negociación colectiva y por ende, los derechos de las personas trabajadoras, se presentaron sendos recursos de inconstitucionalidad, dentro de los que se alegaba la inconstitucionalidad de dicho arbitraje público y obligatorio del artículo 82.3 LET, por contravenir los artículos 37.1 y 28.1 CE, que garantizan el derecho a la negociación colectiva y fuerza vinculante de los convenios colectivos y el derecho a la libertad sindical. Ambas fueron resueltas por el Tribunal Constitucional, STC 119/2014, de 16 de julio y STC 8/2015, de 22 de enero, en los que el Alto Tribunal desestimaba tal vulneración, lo que conlleva calificar al arbitraje acorde a la constitución española.

Esta monografía termina por tanto, con el análisis crítico de dichas sentencias exponiendo en último término la postura de la autora que, contraviene la postura del Tribunal Constitucional, intentando mostrar que el arbitraje del artículo 82.3 LET es un arbitraje de carácter obligatorio y naturaleza pública y, que por tanto, viola los derechos a la negociación colectiva y fuerza vinculante de los convenios colectivos y el derecho a la libertad sindical.

Para ello se ha dividido el trabajo en tres capítulos. En el primero se analiza el propio procedimiento de descuelgue de condiciones de trabajo reguladas en convenio colectivo del artículo 82.3 LET. En el segundo se plasman las características más relevantes de los derechos a la libertad sindical y a la negociación colectiva, reconocidas en los artículos 28.1 y 37.1 CE. Y en tercer y último capítulo se lleva a cabo el estudio y crítica de las dos sentencias del Tribunal Constitucional que determinaron que el arbitraje del artículo 82.3 LET es acorde a la constitución.

La metodología que se ha utilizado es la clásica, que tiene en cuenta tanto el análisis jurisprudencial junto con las elaboraciones teóricas y doctrinales sobre la materia objeto de estudio. De la síntesis de ambas cuestiones se deduce o se da respuesta a las cuestiones previamente planteadas.

Introducción

La negociación colectiva es el principal medio de acción que tienen la representación de las personas trabajadoras y las empresarias. Se trata del instrumento por antonomasia mediante el que, entre otras, regulan las condiciones de trabajo y de empleo. No obstante, en ocasiones dichas negociaciones resultan infructuosas derivando en conflictos colectivos.

Una vez surgido el conflicto, tradicionalmente han existido o se han distinguido dos maneras de resolver de forma autónoma dichos conflictos colectivos laborales, a saber: 1) la llamada autocomposición, en la que la solución llega mediante la negociación colectiva directa entre las partes y 2) la denominada heterocomposición, en la que se interpela a una tercera persona ajena al conflicto para lograr el acuerdo, es decir, para dar solución al conflicto. De esta heterocomposición derivan los mecanismos de solución extrajudicial de conflictos colectivos.

La incardinación de la autocomposición y la heterocomposición en el ordenamiento jurídico español se sitúa en el artículo 37.1 de la Constitución Española. En él se reconoce el derecho a la negociación colectiva de la representación de las personas trabajadoras y las empresarias, lo que implica el reconocimiento de su autonomía colectiva. Es esa autonomía colectiva la que les confiere a las partes el poder y la libertad para decidir si solucionan el conflicto ellas mismas (autocomposición) o si por el contrario acuden a los mecanismos de solución extrajudicial de conflictos colectivos (heterocomposición).

Respecto a estos últimos en el ordenamiento jurídicos español son tres los instrumentos típicos o clásicos: la conciliación, la mediación y el arbitraje. En todos los mecanismos existe un tercero ajeno a las partes, que dependiendo de cual de los tres se trate, interviene con mayor o menor intensidad. Así, mientras que la persona conciliadora o mediadora posee una mera facultad de acercar posturas o incluso de proponer una solución (que no será vinculante sin acuerdo entre las partes), en el arbitraje la persona que dirime la cuestión tiene capacidad resolutoria, siendo el laudo vinculante e inmediatamente ejecutivo.

Si bien es cierto que la Ley Orgánica de la Libertad Sindical en su artículo segundo reconoce a los sindicatos el derecho de la actividad sindical que comprende, entre otros medios de acción, el derecho de plantear conflictos colectivos, tradicionalmente la regulación de estos mecanismos se ha dejado en manos de la autonomía colectiva, regulándose en acuerdos interprofesionales (el último es el IV Acuerdo sobre Solución Autónoma de Conflictos de 10 de diciembre de 2020) o en los propios convenios colectivos.

No obstante, en 2008 estalla la grave crisis económica que tiene consecuencias directas en el mercado laboral, llegando en el año 2010 al 22,56% de parados de la población activa española. Consecuentemente se encadenan tres reformas laborales sucesivas materializadas en los años 2010, 2011 y 2012. Su objetivo, solventar, según el legislador y parte de la doctrina, uno de los fallos más significativos del sistema de negociación colectiva del ordenamiento jurídico español, la falta de flexibilidad y por tanto adaptabilidad de las empresas a las fluctuaciones del mercado laboral. Así, el legislador opta por cambiar esa deriva de no interferencia o por lo menos de mínima interferencia respecto a los mecanismos extrajudiciales de resolución de conflictos, con el objetivo de desatascar las negociaciones colectivas con más rapidez permitiendo así dicha adaptabilidad de las empresas al mercado.

Nuestra atención se centra en la reforma del año 2012, materializada mediante la utilización de un Real Decreto — Ley 3/2012, de 10 de febrero, de medidas urgentes para la reforma del mercado laboral que derivó en la Ley 3/2012, de 6 de julio, de medidas para la reforma del mercado laboral. Una reforma de envergadura y que introdujo modificaciones dirigidas a la reestructuración del sistema de negociación colectiva.

Precisamente es en esta reforma cuando el legislador optó por regular en el artículo 82.3 de la Ley del Estatuto de los Trabajadores, un descuelgue de condiciones de trabajo reguladas en convenio colectivo, estipulando como última fase de este procedimiento un arbitraje activable por petición de una sola de las partes en conflicto. Residenciando el mencionado arbitraje en la Comisión Consultiva Nacional de Convenios Colectivos u órgano asimilado de las Comunidades Autónomas.

Es la regulación de dicho arbitraje la que propicia la presente investigación. Un arbitraje regulado por ley, en el que una sola de las partes, sin un acuerdo previo con la otra, puede optar por dar solución al conflicto colectivo mediante una tercera persona ajena al mismo. Su decisión es vinculante e inmediatamente ejecutiva. Un arbitraje que *a priori* parece alejarse de las características que se le han atribuido tradicionalmente de manera general a esta institución, siendo éstas: su carácter voluntario, consensuado entre las partes en conflicto y sin ninguna interferencia de la Administración pública. Si bien en el ordenamiento jurídico laboral existan excepciones a esta generalidad.

Desde que la Reforma Laboral entrara en vigor en el año 2012 hasta el año 2019, ya que en los tres últimos años no ha habido solicitudes de inaplicación de condiciones de trabajo reguladas en convenio colectivo, se han presentado un total de 64 ante la Comisión Consultiva Nacional de Convenios Colectivos y 24 ante los órganos asimilados de las Comunidades Autónomas. La gran mayoría de estas solicitudes se concentran en los primeros tres años que siguen a la Reforma Laboral de 2012, (2012, 2013 y 2014) ascendiendo el número de solicitudes a 54, más del 80% del total. Respecto al conjunto de las solicitudes presentadas ante el órgano estatal 13 han sido resueltas por laudo arbitral y 19 por decisión de la Comisión Consultiva Nacional de Convenios Colectivos, lo que implica que el fondo del 50% de las solicitudes no ha sido objeto de estudio por diversas razones (falta de competencia de la CCNCC, desistimiento de la parte solicitante, etc.). De los 13 laudos, 10 son favorables a la inaplicación de las condiciones de trabajo reguladas en convenio colectivo. En cambio, de las 19 solicitudes resueltas en el seno de la CCNCC, son 5 las que estiman parcial o totalmente el descuelgue. Como conclusión, sólo el 23% de las solicitudes han sido estimadas parcial o totalmente. En lo que respecta a las 24 solicitudes presentadas ante los órganos asimilados de las Comunidades Autónomas, el 79% han sido resueltas por laudo arbitral y el 21% restante en el seno de dichos órganos. Siendo estimadas 9 solicitudes, lo que implica el 37% de las solicitudes presentadas.

De los datos enumerados se puede concluir que la incidencia del arbitraje del artículo 82.3 LET no es muy elevada, dado que: 1) desde que se residencia el arbitraje en el seno de la Comisión Consultiva Nacional de Convenios Colectivos u órgano asimilado de Comunidad Autónoma, la mayoría de solicitudes se aglutinan en los primeros tres años que siguen a la reforma, acusando un descenso notable en los años posteriores y 2) que de la totalidad de esas solicitudes el porcentaje que estima el descuelgue sólo asciende al 28%.

A pesar de estos datos, las características que se derivan del arbitraje del artículo 82.3 LET son ciertamente preocupantes y su mera regulación nos parece controvertida, creándonos incertidumbre sobre su coexistencia con los derechos fundamentales. De hecho, tanto el procedimiento de descuelgue de condiciones de trabajo reguladas en convenio colectivo como el propio arbitraje insertado en dicho procedimiento, fueron objeto de recurso de inconstitucionalidad por entender que entraban en colisión con los artículos 28.1 y 37.1 CE, que reconocen y garantizan el derecho a la libertad sindical y el derecho a la negociación colectiva respectivamente.

Los recurrentes defendieron dicha vulneración al entender que el arbitraje del artículo 82.3 LET suponía una intromisión del Estado en el ámbito de libertad que se les reconoce a las partes cuando se garantiza el derecho a la negociación colectiva y también por devaluar la fuerza jurídica normativa de los convenios colectivos, que algunos entienden reconocida y garantizada en el artículo 37.1 CE. La apelación al artículo 28.1 CE se justifica al entender una conexión intrínseca entre el derecho a la negociación colectiva y la libertad sindical, puesto que la primera ha sido catalogada como el principal medio de acción de los sindicatos cuando ejercen su libertad.

La mencionada problemática también ha sido objeto de estudio por la doctrina laboral más autorizada. No obstante, creemos que las vías de estudio no han sido agotadas y mediante este trabajo, apoyándonos en las ya existentes, queremos profundizar en algunas de ellas intentando aportar una visión más.

Por todo lo dicho este trabajo tiene un objetivo principal: intentar responder a la cuestión de si el arbitraje del artículo 82.3 LET es contrario a la Constitución Española, al poder existir una eventual vulneración de los derechos a la negociación colectiva y a la libertad sindical reconocidos en los artículos 37.1 y 28.1 de este cuerpo legal, respectivamente.

No obstante, para llegar a dicho objetivo resulta imprescindible dar antes una respuesta a las diferentes hipótesis que lo rodean.

La primera hipótesis plantea si la utilización del Real Decreto - Ley para introducir un arbitraje que ponga fin a las negociaciones sobre el descuelgue de condiciones de trabajo reguladas en convenio colectivo es correcta, es decir, si cumple con los requisitos establecidos en el artículo 86.1 de la Constitución Española.

La segunda hipótesis agrupa a su vez tres cuestiones: 1) cuál es la naturaleza y carácter del arbitraje del artículo 82.3 LET, 2) Cuál es el requisito o requisitos que debe cumplir un arbitraje de las características antes descritas para que sea conforme a la Constitución. O dicho de otro modo, si se admiten arbitrajes dentro del marco constitucional que estén establecidos por Ley, que puedan ser activados con la voluntad de una sola de las partes y que puedan ser resueltos en el seno de la Comisión Consultiva Nacional de Convenios Colectivos u órgano asimilado de Comunidad Autónoma. Característica que denota cierta vinculación o pertenencia a la Administración Pública, 3) Lo que nos lleva a plantear cuál es la naturaleza del órgano encargado de dirimir el arbitraje del artículo 82.3 LET.

Como tercera hipótesis y pretendiendo dar respuesta a la eventual vulneración de los artículos 37.1 y 28.1 CE, planteamos si existe una conexión entre el derecho a la negociación colectiva y la libertad sindical. Lo que nos llevaría a tener que determinar, si toda restricción al derecho a la negociación colectiva supone la vulneración de la libertad sindical. Y si la respuesta resulta ser negativa, si por la restricción que pueda suponer la aplicación del arbitraje del artículo 82.3 LET al derecho a la negociación colectiva, podría alegarse la vulneración, por extensión, del derecho a la libertad sindical.

Para dar respuesta a la problemática expresada la metodología utilizada obedece a un proceso centrado en el análisis jurisprudencial junto con las elaboraciones teóricas y doctrinales sobre la materia objeto de estudio.

En este sentido ha sido especialmente relevante el análisis de las Sentencias del Tribunal Constitucional relativas a los derechos a la libertad sindical y a la negociación colectiva. Si bien, toman especial relevancia los dos pronunciamientos que tratan uno de los ejes centrales de esta investigación, la colisión del arbitraje con dichos derechos, teniendo que realizar una mención especial al análisis llevado a cabo sobre los Votos Particulares que acompañan a ambas sentencias.

Este análisis jurisprudencial ha sido completado con el estudio de la doctrina científica autorizada que ciertamente es numerosa y conflictiva y por tanto contrapuesta, tanto en lo que respecta a la Reforma Laboral de 2012 donde se inserta el arbitraje, como en lo que concierne al contenido de los derechos a la negociación colectiva y a la libertad sindical.

La metodología empleada junto con las cuestiones planteadas nos ha llevado a dividir este trabajo en tres capítulos.

El capítulo I se centra en el estudio de la Ley 3/2012, de 6 de julio, de medidas urgentes para la reforma del mercado laboral, en el descuelgue de condiciones de trabajo reguladas en convenio colectivo y el arbitraje público y obligatorio que tiene como objeto dar fin al conflicto derivado del descuelgue.

El capítulo II procede al análisis jurisprudencial y doctrinal del derecho a la libertad sindical y el derecho a la negociación colectiva que colisionan con el arbitraje público y obligatorio. Analizando tanto el ámbito subjetivo como objetivo de los mismos, prestando especial atención a su contenido esencial.

Y por último, el capítulo III es el con el que culmina este trabajo. En él, tras el estudio de la institución del arbitraje laboral y el análisis de las Sentencias que declararon conforme a la constitución el arbitraje público y obligatorio del artículo 82.3 LET, se intenta demostrar la hipótesis principal, siendo la misma que, dicho arbitraje choca frontalmente con el derecho a la negociación colectiva y fuerza vinculante de los convenios colectivos y, el derecho a la libertad sindical, debiendo calificarlo como contrario a la constitución.

Capítulo I.

El descuelgue de condiciones de trabajo reguladas en convenio colectivo y el arbitraje público y obligatorio del artículo 82.3 LET

El primer capítulo de este trabajo pivota sobre las dos modificaciones que introdujo la Ley 3/2012, de 6 de julio, de medidas urgentes para la reforma del mercado laboral que dan nombre a este primer capítulo. No obstante, antes de entrar a analizar dichos mecanismos se ve necesario señalar primero a qué tipo de convenios colectivos les es aplicable el artículo 82.3 LET y segundo, enumerar o subrayar sus características más relevantes.

1. EL CONVENIO COLECTIVO ESTATUTARIO COMO OBJETO DE LOS MECANISMOS REGULADOS EN EL ARTÍCULO 82.3 LET

En primer lugar es necesario establecer que cuando se habla de convenio colectivo se está haciendo referencia a un acuerdo o pacto resultado de una negociación colectiva. Negociación llevada a cabo entre los y las representantes de las personas trabajadoras y el empresariado, en virtud de su autonomía colectiva[1]. Negociación que tiene como objetivo el acordar auténticas

---

[1] VIDA SORIA, J., MONEREO PÉREZ, J.L. y MOLINA NAVARRETE, C., *Manual de Derecho del Trabajo,* Comares, Granada, 2012, p. 208: «La autonomía colectiva es pues, un poder o facultad que el Derecho reconoce a los grupos particulares de resolver los conflictos de intereses en que estén inmersos y que se exterioriza formalmente (vale decir, como fuente en sentido traslativo o jurídico positivo) a través de los convenios o de acuerdos colectivos de trabajo».

reglas de conducta; en otras palabras, regular las condiciones de trabajo que incidan sobre los contratos individuales de trabajo[2].

Aunque se esté hablando continuamente de pacto, el convenio colectivo no puede considerarse como una figura contractual más perteneciente al Derecho civil. Si bien es cierto que tiene cuerpo o forma de contrato, ostenta una auténtica fuerza normativa frente a sus sujetos destinatarios, distintos de las partes sociales contratantes en sentido jurídico. Por lo tanto, tal y como acertadamente declaró Carnelutti, el convenio colectivo es un híbrido jurídico que tiene cuerpo de contrato y alma de Ley[3], pues el convenio colectivo a través del mecanismo contractual juega una fuerza que transciende el derecho subjetivo, y genera un movimiento que va más allá de la relación jurídica entre las partes. Todo ello significa que el convenio colectivo es fuente de Derecho en sentido jurídico positivo. De hecho, ha sido definido como fuente propia por antonomasia del Derecho del Trabajo[4].

Así ha sido concebido también en el ordenamiento jurídico español por el artículo 37.1 de la Constitución Española, donde se establece que la Ley garantizará la negociación colectiva laboral entre la representación de las personas trabajadoras y la empresa o sus representantes[5]. Al mismo tiempo que exige que la ley garantice la fuerza vinculante de los convenios colectivos. Este precepto supone, tal y como se viene diciendo, la definición del convenio colectivo como fuente de derecho objetivo, que produce normas de eficacia inmediata, pero no derogables *in peius* mediante la autonomía contractual individual, porque, de lo contrario, supondría desvirtuar la natura-

---

[2] PALOMEQUE LÓPEZ, M.C. y ÁLVAREZ DE LA ROSA, M., *Derecho del Trabajo,* Editorial Universitaria Ramón Areces, Madrid, 2019, p. 204.

[3] CARNELUTTI, F., *Teoria del regolamento collettivo dei rapporti di lavoro*, CEDAM, Milán, 1936, p. 117.

[4] GARCÍA – PERROTE ESCARTÍN, I., *Derecho del Trabajo,* Tirant lo Blanch, Valencia, 2011, p. 99.

[5] Artículo 37.1 de la Constitución Española: «La Ley garantizará el derecho a la negociación colectiva laboral entre los representantes de los trabajadores y empresarios, así como la fuerza vinculante de los convenios colectivos».

leza propia del convenio[6]. Esta definición queda constatada también en el artículo 3.1.b) de la Ley del Estatuto de los Trabajadores[7].

Lo que no es tan fácil de determinar es lo que significa la frase «la fuerza vinculante de los convenios colectivos», establecido en el artículo 37.1 CE, lo que dificulta la determinación de la eficacia jurídica otorgada a los convenios colectivos en el ordenamiento jurídico español. Aunque se ha estimado más oportuno el estudio de la eficacia vinculante de los convenios colectivos en un capítulo posterior, cabe mencionar aquí que la expresión constitucional «eficacia vinculante» del convenio colectivo ha traído consigo una discusión casi constante por (su dificultad interpretativa) la dificultad de su interpretación[8]. No obstante, siguiendo la tesis mayoritaria en la doctrina, entendemos que el artículo 37.1 CE al garantizar la fuerza vinculante de los convenios colectivos, garantiza su eficacia jurídica normativa. Sin embargo no prejuzga nada acerca de su ámbito personal, es decir, de quiénes serán afectados por el convenio colectivo, o sólo quienes están estrictamente representados por las partes que lo han negociado, o la totalidad de las personas trabajadoras y empresarias de su ámbito, cosa que deja a la Ley[9].

---

[6] AMMADACHOU KADDUR, F., *El contenido del convenio colectivo. Configuración y régimen jurídico,* Comares, Granada, 2017, p. 18. En este mismo sentido se pronunció el Tribunal Constitucional SSTC 58/1985, de 30 de abril, FJ 3 y 177/1988, de 10 de octubre, FJ 4, quién dejó establecido que: «el convenio colectivo (…) al menos en la más importante de sus manifestaciones, alcanza una relevancia cuasi – pública, no sólo porque se negocia por entes o sujetos dotados de representación institucional y a los que la ley encarga específicamente esa función, sino también porque una vez negociado adquiere eficacia normativa, se incardina en el sistema de fuentes del Derecho y se impone a las relaciones de trabajo incluidas en su ámbito sin precisar el auxilio de técnicas de contractualización ni necesitar el complemento de voluntades individuales».

[7] Real Decreto legislativo 2/2015, de 23 de octubre, por el que se aprueba el texto refundido de la Ley del Estatuto de los Trabajadores. En adelante se referirá a la misma como la LET.

[8] De hecho existe todavía hoy día una división en la doctrina laboral sobre su significado. LAHERA FORTEZA, J., «La eficacia jurídica y personal de los convenios colectivos estatutarios», en MONEREO PÉREZ, J.L. y MORENO VIDA, M.N., (Dires.) *El sistema de negociación colectiva en España,* Aranzadi, Pamplona, 2013, pp. 294 y 295, sintetiza en tres estas diferentes interpretaciones doctrinales: 1) La tesis normativista, que es la mayoritaria en la doctrina, sino la hegemónica. Identifica la fuerza vinculante del art. 37.1 CE, con la eficacia normativa del convenio colectivo; 2) La tesis contractualista de la eficacia real, identifica la fuerza vinculante del art. 37.1 CE con la denominada, de origen italiano, eficacia real del convenio colectivo; 3) La tesis contractualista con eficacia obligacional, que identifica la fuerza vinculante del art. 37.1 Ce con la fuerza obligacional equiparable a la delos contratos individuales de trabajo.

[9] Por tanto y coincidiendo con VIDA SORIA, MONEREO PÉREZ y MOLINA NAVARRETE, 2012, cit., p. 212: «la Constitución consagra una fórmula abierta a distintos tipos legales de convenio colectivo, siempre que, al menos, toda organización profesional concernida por el convenio pueda tener la efectiva oportunidad de negociar».

Dentro de este espacio de libertad el legislador, siguiendo el mandato de la Constitución Española[10] y mediante la LET, estructura un posible modelo de relaciones laborales y un tipo de convenios colectivos[11], pudiendo diferenciarse dos tipos de convenios colectivos: a) los convenios colectivos estatutarios, es decir, los creados siguiendo y cumpliendo los requisitos enumerados en la Ley; y b) los convenios colectivos extraestatutarios, que son los que quedan al margen de la LET basados y amparados directamente en el artículo 37.1 CE[12].

Son los primeros, es decir, los convenios colectivos estatutarios o lo que viene siendo lo mismo, los que se crean siguiendo lo establecido por la Ley, los que son susceptibles de ser objeto de descuelgue de condiciones de trabajo reguladas en convenio colectivo y el subsiguiente arbitraje público y obligatorio regulados en el artículo 82.3 LET.

1.1. Características del convenio colectivo estatutario

Antes de enumerar las características de estos acuerdos se debe establecer que según el artículo 82.1 LET los convenios colectivos son el resultado de la negociación colectiva desarrollada por los y las representantes de las personas trabajadoras y de los y las empresarias. Estos acuerdos constituyen la expresión del acuerdo adoptado libremente por ellos y ellas, en virtud de su autonomía[13].

---

[10] El artículo 37.1 CE manda al legislador garantizar la negociación colectiva y la fuerza vinculante de los convenios colectivos, mientras que el artículo 35.2 CE establece que «La Ley regulará un Estatuto de los Trabajadores».

[11] No obstante, tal y como afirma VALDÉS DAL – RÉ, F., «La negociación colectiva en la Constitución», *Revista de Política Social,* enero – marzo 1979, núm. 121, 1979, p. 498: «(…) ha de tenerse en cuenta que este cuerpo legal no agota, en absoluto, la posible tipología de convenios colectivos». La negociación y convenios colectivos se regulan en el Titulo III de la LET, que lleva como título «De la negociación colectiva y de los convenios colectivos».

[12] STS de 18 de febrero de 2003, FJ 7: «Tanto el TC como la jurisprudencia y la doctrina mayoritaria coinciden en admitir, junto a los convenios colectivos de eficacia general regulados en el título III del ET, otros pactos, también colectivos, negociados al margen de las exigencias legales previstas para los estatuarios; desde un principio así lo entendió el TC, (…), que vino a reconocer sin reservas la validez de los convenios extraestatutarios, al declarar que, «la negociación extraestatutaria está constitucionalmente protegida, la menos cuando quien negocia es un sindicato», y si bien los artículos 7 y 28.1 CE no cubren de manera explícita la negociación llevada a cabo por los representantes unitarios de los trabajadores, su reconocimiento a nivel de legalidad ordinaria se manifiesta de forma clara e incuestionable en el artículo 163.1 LPL, al permitir la impugnación de los convenios colectivos, «cualquiera que sea su eficacia», por lo que está aludiendo tanto a los convenios colectivos de eficacia «erga omnes» como a los convenios de eficacia limitada».

[13] Vid. artículo 82.1 de la LET.

Para determinar cuáles son las características de este tipo de convenio colectivo se debe acudir a diferentes preceptos de la LET. Así, mediante la lectura de los artículos 82.2 y 85.1 LET se determina cuál es el objeto de estos acuerdos; con el artículo 90.1 LET, se define la forma que adquieren y, por último, con el artículo 82.3 LET se establece la eficacia de los convenios colectivos[14].

1.1.1. *Eficacia jurídica normativa y eficacia personal erga omnes*

Teniendo como base tanto el artículo 37.1 CE como los preceptos antes señalados, los convenios colectivos estatutarios tienen eficacia jurídica normativa que deviene directamente otorgada por la Constitución, y una eficacia personal *erga omnes* o general. Esta eficacia personal general es una opción del legislador[15], al otorgarla mediante el artículo 82.3 LET[16]. De ello se colige que la Ley tiene potestad de modificar su articulado, suprimiendo esta eficacia personal general de los convenios colectivos estatutarios, que viene siendo un «plus» otorgado por el legislador a dichos convenios colectivos.

Por tanto, lo regulado en los convenios colectivos estatutarios es vinculante para todas aquellas personas trabajadoras y empresarias incluidas dentro de su ámbito de aplicación, con independencia de su situación afiliativa o empresarial[17]. Y que lo dispuesto en dichos acuerdos es aplicable directamente a las relaciones entre empresa y persona trabajadora, sin necesidad de que éstos en el contrato de trabajo se remitan a, o acepten la aplicación del convenio. Además, las cláusulas contractuales contrarias o peores de las estipuladas en convenio colectivo, se entenderán como nulas y serán sustituidas por las condiciones fijadas en la norma colectiva[18].

---

[14] VIDA SORIA, MONEREO PÉREZ y MOLINA NAVARRETE, 2012, cit., p. 211.

[15] VIDA SORIA, MONEREO PÉREZ y MOLINA NAVARRETE, 2012, cit., p. 2012: «esta condición no tiene su origen en la Constitución, siendo la misma una opción de política legislativa, que no es contraria a la Constitución, pero que tampoco viene exigida por ella».

[16] Según el artículo 82.3 LET: «los convenios colectivos regulados por esta ley obligan a todos los empresarios y trabajadores incluidos dentro de su ámbito de aplicación y durante todo el tiempo de su vigencia».

[17] CRUZ VILLALÓN, J., *Compendio de derecho del trabajo,* Tecnos, Madrid, 2018, p. 88.

[18] PÉREZ DE LOS COBOS ORIHUEL, F., «Las fuentes del derecho del Trabajo», en GOERLICH PESET, J.M., (Dir.), *Derecho del Trabajo,* Tirant lo Blanch, Valencia, 2018, pp. 80–81.

1.1.2. *Sujetos negociadores*

El artículo 37.1 CE se limita a nombrar como sujetos negociadores a la representación de las personas trabajadoras y a los y las empresarios y empresarias, sin especificar quiénes son dichos representantes.

A este respecto es preciso aclarar que el precepto no otorga ni indica que la representación de las personas trabajadoras tenga que ser sindical, es decir, la Constitución no nombra como único sujeto negociador a una representación sindical, por lo que quedan incluidas también otro tipo de representaciones de personas trabajadoras. Se está haciendo referencia a aquellas representaciones unitarias que son creación de la Ley, tales como: los comités de empresa y las y los delegados de personal. De ello se desprende que no existe un monopolio sindical[19] sobre el derecho a la negociación de convenios colectivos. No obstante, la participación de un tipo de representación u otro depende del ámbito de aplicación del convenio colectivo[20].

En lo referente a la pare empresarial, dependiendo del nivel de negociación, los sujetos negociadores serán o la asociación empresarial, le propia persona empresaria o sus representantes[21].

1.1.3. *Contenido del convenio colectivo*

En lo que al contenido del convenio colectivo se refiere, el constituyente fue escrupulosamente claro y preciso, delimitando el contenido «laboral» que debe tener la negociación colectiva. por ende, el contenido de los convenios colectivos también será laboral[22].

No obstante, y delimitando aún más dicho contenido, suele diferenciarse entre contenido normativo y obligacional, atribuyéndole a cada uno de ellos un régimen jurídico diferenciado[23].

Así, la parte normativa del convenio regula, básicamente, las singulares relaciones laborales incluidas en su ámbito, fijando las condiciones de trabajo, es decir, las condiciones relativas al régimen de trabajo, así como

---

[19] SATRÚSTEGUI, M., «Derechos de ámbito laboral», en VV.AA., *Derecho Constitucional, Volumen I. El ordenamiento constitucional. Derechos y deberes de los ciudadanos,* Tirant lo Blanch, Valencia, 2010, p. 358.

[20] Vid. artículos 87.1 y 87.2 LET.

[21] Vid. artículo 88.1 LET.

[22] GARCÍA – PERROTE ESCARTÍN, 2011, cit., p. 101.

[23] A este respecto CRUZ VILLALÓN, 2018, cit., p. 529, puntualiza que al no especificar la normativa cuál es la diferencia entre el régimen jurídico de uno u otro, su definición se ha realizado siguiendo el sistema de la interpretación sistemática o finalista. De este modo, se ha llegado a la conclusión que para su delimitación hay que tener en cuenta dos criterios diferenciales, tales como el criterio subjetivo, es decir, tener en cuenta a quién obliga cada cláusula, y el criterio sustantivo, en relación a las materias concretas reguladas por cada cláusula.

las cláusulas relativas a la configuración formal del convenio (cláusulas sobre el alcance y estructura de la negociación colectiva, etc.). y las cláusulas que pertenecen a este contenido normativo crean derechos y obligaciones para las personas trabajadoras y el empresariado, como sujetos representados por las personas negociadoras y destinatarias del convenio incluidas en su ámbito de aplicación. A mayor abundamiento, la parte normativa, y solo ella, tiene carácter de fuente del Derecho, y por tanto rige sobre las relaciones singulares de trabajo[24].

En cuanto al contenido normativo, el artículo 85.1 LET prevé que las partes negociadoras tienen libertad para fijar dicho contenido. Eso sí, esta libertad no es absoluta, por lo que los convenios colectivos deberán respetar las normas legales y reglamentarias imperativas, el principio de igualdad de trato y de no discriminación por las causas enumeradas en los artículos 14 CE, y 4.2.c) y 17.1 LET y, por supuesto, los derechos contractuales del trabajador o trabajadora, tanto los expresamente establecidos en su contrato escrito, como las condiciones más beneficiosas de origen contractuales convertidos en derechos adquiridos por el paso del tiempo[25].

Por su parte, la parte obligacional, crea derechos y obligaciones, únicamente, para las partes firmantes del mismo, siendo su contenido material, la regulación de las relaciones colectivas de las personas trabajadoras con la parte empresarial. De ello se deduce que las partes de un convenio se obligan, obviamente, a respetar lo pactado y velar por su observancia. Por ello se afirma que el convenio colectivo es constitutivamente un «tratado de paz»[26]. No obstante, este «deber legal de paz» que fija el convenio colectivo es relativo. Ello se desprende, por ejemplo, del artículo 11.c) del RDL 17/1977, de 4 de marzo, sobre Relaciones de Trabajo, que prohíbe la huelga que pretenda alterar lo acordado en convenio, salvo que se produzca un cambio radical en las circunstancias en que se alcanzó el pacto o un incumplimiento del convenio por parte de la patronal. El artículo 86.3 LET, que regula la ultraactividad de los convenios colectivos, alude asimismo a las «cláusulas convencionales por las que se hubiera renunciado a la huelga durante la vigencia de un convenio».

Por ultimo, el artículo 85.3 LET establece que «sin perjuicio de la libertad de contratación a que se refieren los apartados anteriores, los convenios colectivos habrán de expresar como contenido mínimo lo siguiente», con lo que pasa a enumerar ciertas cláusulas que forman parte del denominado «contenido mínimo obligatorio de los convenios colectivos», y en el que se encuentra el deber de regular los «procedimientos para solventar de manera

---

[24] En este sentido, Vid. artículos 3.1.b) 9.1 y 82.3 LET.

[25] SALA FRANCO, T., «La negociación colectiva», en GOERLICH PESET, J.M., (Dir.), *Derecho del…,* 2018, cit., p. 633.

[26] MONTOYA MELGAR, A., *Derecho del Trabajo,* Tecnos, Madrid, 2014, p. 177., que afirma que por esa razón el convenio colectivo es constitutivamente un «tratado de paz».

efectiva las discrepancias que puedan surgir para la no aplicación de las condiciones de trabajo a que se refiere el artículo 82.3, adaptando, en su caso, los procedimientos que se establezcan a este respecto en los acuerdos interprofesionales de ámbito estatal o autonómico conforme a lo dispuesto en tal artículo».

2. ALGUNAS NOTAS SOBRE EL PROCESO DE LA REFORMA LABORAL DEL AÑO 2012: EL RDL 3/2012 Y SU SUBSIGUIENTE LEY 3/2012 DE MEDIDAS URGENTES PARA LA REFORMA DEL MERCADO LABORAL

La reforma laboral llevada a cabo mediante la Ley 3/2012, de 6 de julio, de medidas urgentes para la reforma del mercado laboral, fue el resultado de la tramitación como proyecto de ley, por el procedimiento de urgencia, del Real Decreto – Ley 3/2012, de 10 de febrero, de medidas urgentes para la reforma del mercado de trabajo.

Se trató de una reforma de envergadura, con numerosas modificaciones que resultaron ser incisivas[27], convirtiéndola en una fuente de numerosas críticas tanto en el plano político – sindical, como en el ámbito jurídico[28]. La mayoría de la doctrina laboralista la calificó como un verdadero terremoto para las estructuras básicas del Derecho del Trabajo[29], que flexibilizó y redujo los derechos laborales. Como muestra se debe mencionar la drástica reestructuración de la negociación colectiva, pues tal y como se argumentará, esta reforma convirtió el convenio colectivo en un instrumento de regulación flexible, que posibilita la adaptabilidad de la empresa a su concreta situación y necesidades, plasmando así, la tan manida expresión «flexiguridad» en la práctica. De esta manera, tal y como apuntó en su día la doctrina[30], se marcó un antes y un después en la fuerza normativa de los convenios colectivos dentro del sistema de fuentes del Derecho español.

---

[27] GOERLICH PESET, J.M., «El Real Decreto – Ley 3/2012: aproximación general», en VV.AA., *La Reforma Laboral en el Real Decreto – Ley 3/2012,* Tirant lo Blanch, Valencia, 2012, pp. 13–14.

[28] GUAMÁN HERNÁNDEZ, A., «Crisis Económica y crisis del Derecho del Trabajo: ¿Hacia un antiguo modelo de relaciones de trabajo?», en VV.AA., *Las reformas del Derecho del Trabajo en el conflicto de la crisis económica: la reforma laboral de 2012: XXII Congreso Nacional de Derecho del Trabajo y de la Seguridad Social,* 2013, p. 199.

[29] GORELLI HERNÁNDEZ, 2012, cit., p. 212.

[30] OLARTE ENCABO, S., «Cuestiones críticas en torno a la ultraactividad de los convenios colectivos», *Comisión Consultiva de Convenios Colectivos Ministerio de Empleo y Seguridad Social,* Madrid, 2013, p. 2.

A mayor abundamiento, se afirma que se trata de una reforma histórica que atenta contra las funciones esenciales de la negociación colectiva[31], rompiendo la relativa estabilidad del sistema de contratación colectiva diseñado en 1980 en el Estatuto de los Trabajadores[32], que desprecia las organizaciones sociales, siendo ese desprecio más incisivo con las asociaciones sindicales[33].

Sin embargo, tanto el legislador como cierta parte de la doctrina laboralista, calificaron esta reforma como una reforma de envergadura, completa y equilibrada para dar respuesta a la insostenibilidad del modelo laboral español y a los problemas estructurales del mercado de trabajo[34]. En otras palabras, una reforma trascendental con el objetivo de neutralizar los aspectos patológicos del mercado de trabajo y el sistema de relaciones laborales[35]. Es más, se ha afirmado que esta reforma se desarrolla dentro del modelo social europeo, para seguidamente recalcar que no ha existido una desviación respecto a los que son los principios esenciales de libertad sindical, derecho de negociación colectiva, protección social y derechos fundamentales que caracterizan dicho modelo[36].

Este tira y afloja ha sido la tónica que ha sobrevolado sobre el sistema de negociación colectiva casi desde la promulgación del Estatuto de los Trabajadores, allá por 1980. Siempre ha habido voces que defendían la utiliza-

---

[31] Siguiendo a ALFONSO MELLADO, C.L., «La reforma de la negociación colectiva en la Ley 3/2012», *Revista Internacional de Organizaciones,* núm. 8, 2012, p. 65: la negociación colectiva aun teniendo varias funciones, las más destacables serían tres, 1) la de evitar vacíos de regulación, 2) se ha convertido en un instrumento de gobierno de relaciones laborales, atendiendo al artículo 7 CE, y 3) adaptar y mejorar la regulación legal.

[32] RODRÍGUEZ – PIÑERO Y BRAVO FERRER, M., y VALDÉS DAL – RÉ, F., *La reforma laboral de 2012 en materia de negociación colectiva,* La Ley, Madrid, 2012, p. 18.

[33] ALFONSO MELLADO, 2012, cit., p. 65.

[34] Preámbulo de la Ley 3/2012, de 6 de julio, de medidas urgentes para la reforma del mercado laboral. Según SAGARDOY BENGOECHEA, J.A., *El derecho del trabajo a mis 80 años,* Editorial Universitaria Ramón Areces, Madrid, 2015, p. 42: «La legislación era un «corsé de hierro» en lo individual (contrato) y en lo colectivo (convenios)».

[35] Ya en 2010, algunos autores apuntaban que una reforma del sistema de negociación colectiva era necesaria y además proponían una hoja de ruta enumerando las posibles modificaciones que deberían aplicarse. En este sentido, PÉREZ DE LOS COBOS ORIHUEL, F. y THIBAULT ARANDA, J., «La reforma de la negociación colectiva», *Relaciones Laborales, núm. 14, Sección Negociación colectiva y conflictividad,* 2010, pp. 115–126 y DEL REY GUANTER, S., «Introducción: la Ley 3/2012 y el «trienio» reformador», en GARCÍA PERROTE ESCARTÍN, I. y MERCADER UGUINA, J.R., (Dires.), *Reforma Laboral 2012, Análisis práctico del RDL 3/2012, de medidas urgentes para la reforma del mercado laboral,* Lex Nova, Valladolid, 2012, p. 29, cuando apunta que «A ello se une un marco regulador de la negociación colectiva que obstaculizaba la renovación de los contenidos de los convenios colectivos...» y al apuntar que «...las reformas posteriores a la crisis no sólo fueron tardías sino que, ... mantuvieron intactos aquellos aspectos regulatorios que agravaban nuestros problemas más endémicos en este ámbito».

[36] DEL REY GUANTER, 2012, cit., p. 31.

ción flexible de las diferentes modalidades de los convenios colectivos en las distintas unidades de negociación. Sin embargo, esta reforma ha ido más allá, pues viene a romper con determinadas funciones atribuidas a la negociación colectiva desde sus orígenes y que ha constituido uno de los elementos característicos del poder sindical, del papel del sindicato frente a la patronal en la negociación. Esta función ha sido puesta bajo sospecha, porque se la considera como obstáculo para la productividad empresarial[37]. Del mismo modo que se han puesto en cuestión determinados aspectos del régimen jurídico del convenio colectivo, como su ultraactividad, lanzando dardos particularmente afilados contra el principio general establecido en la ley de eficacia personal general o *erga omnes* de los convenios colectivos, reforzando el mecanismo de inaplicación parcial de dichos pactos[38].

Además de estas disidencias, que iban sonando cada vez con más fuerza con el paso de los años[39], un cúmulo de circunstancias impulsaron la entrada en vigor de la Ley 3/2012, de 6 de julio, y sus modificaciones tan trascendentales. Se trata por un lado, de las políticas económico – laborales de la Unión Europea cada vez más centradas hacia la flexiguridad[40], convirtién-

---

[37] GUAMÁN HERNÁNDEZ, 2013, cit., p. 204.

[38] PALOMEQUE LÓPEZ, M., «Prólogo», en MORENO DE VEGA Y LOMO, F., *La inaplicación salarial del convenio colectivo,* Tirant lo Blanch, Valencia, 2001, p. 12.

[39] Estos desacuerdos se vieron plasmados en la Ley 11/1994, de 19 de mayo, por la que se modificaron determinados artículos del Estatuto de los Trabajadores. Esta Ley es conocida también porque escudándose en un contexto de crisis económica dio comienzo a la flexibilización del modelo de relaciones laborales para convertir el sistema en uno adecuado para afrontar los retos de una economía cambiante. Para ello, entre una de las muchas modificaciones, introdujo el sistema de descuelgue salarial. Vid. en MANZANARES MARTÍNEZ, D.A., «Cambios y reformas laborales en un contexto de crisis», *Revista Internacional de Ciencias Sociales, n.º 32,* 2013, p. 12.

[40] Tal y como define TANGIAN, A., «Flexiguridad Europea: conceptos (definiciones operativas), metodología (instrumentos de seguimiento) y políticas (implantaciones consistentes)», *Lan Harremanak/16,* 2008, pp. 101–102, la flexiguridad es un enfoque global de la política de empleo que combina una cierta flexibilidad del Derecho del Trabajo, que permite a las empresas adaptar sus efectivos en función de sus necesidades, con el asegurar a las personas trabajadoras una cómoda y rápida transición a nuevos empleos gracias a unas rentas adecuadas. Mediante este sistema que acarrea la flexibilidad laboral, se cree que se mejora la competitividad de las empresas, y por tanto se estimula la producción que, a su vez, estimula los mercados laborales. No obstante, y citando aquí a DE LA CAL, M.L. y BENGOETXEA, A., «La flexiguridad como clave de la política de empleo de la Unión Europea: entre la competitividad, la inclusión social y el respeto a los derechos sociales», *IX Premio Francisco Javier de Landaburu Universitas. EUROBASK,* pp. 23–41, en realidad, esta es la idea de flexiguridad que, en apariencia, quiere trasladar la Unión Europea. Sin embargo, en la práctica, más que una propuesta de flexiguridad es un ejercicio de «neoflexibilidad». Esto se debe, tal y como apuntan los autores, a la gran inseguridad y ampliación de los riesgos de pobreza entre la población trabajadora, derivada de la ausencia de un sistema potente de garantía de rentas y de políticas activas del mercado de trabajo. Además de ser una estrategia que obvia que la seguridad en el empleo es un prerrequisito para incrementar la productividad y la innovación, siendo éstos, aspectos clave para impulsar la competitividad de la economía. Para mayor pro-

dose en la estrategia clave por excelencia de la política de empleo europea, llegando a ser calificada por la Comisión europea como «uno de los métodos más prometedores para modernizar los mercados europeos de trabajo»[41]. Y por otro lado, la profunda crisis económica mundial que se desencadenó en el año 2008[42] y que afectó, no sólo al Estado español[43], sino también a la zona euro, acarreando así una presión por parte de la Unión Europea al Gobierno español para que tomara medidas destinadas a mejorar la oferta de trabajo y reducir el desempleo. Por todo ello se ha dicho que, «si la presión sobre el ordenamiento laboral antes del inicio de la crisis en 2008 ya era realmente fuerte, desde entonces se ha incrementado hasta alcanzar extremos realmente insoportables»[44].

Todo ello equilibró la balanza a favor de otra[45] reforma, materializada sin tener en cuenta 1) el II Acuerdo sobre el Empleo y la Negociación Colec-

---

fundización sobre la flexiguridad de la Unión Europea, MONEREO PÉREZ, J.L. y FERNÁN-DEZ AVILÉS, J.A., «El debate Europeo sobre flexiguridad en el trabajo (reflexiones en torno al «Libro Verde» de la Comisión de las Comunidades Europeas)», *Lan Harremanak/16*, 2008, pp. 167–243.

[41] OJEDA AVILÉS, A. y GUTIÉRREZ PÉREZ, M., «La flexiseguridad como paradigma de las políticas de empleo en Europea: revisión crítica», *THEMIS 65/Revista de Derecho*, 2014, pp. 46.

[42] Para mayor profundización BANCO DE ESPAÑA, *Informe sobre la crisis financiera y bancaria en España*, 2008–2014, Mayo de 2017, Banco de España, Madrid, 2017, pp. 67–72.

[43] Tal y como expone PALOMEQUE LÓPEZ, la economía del Estado español entró en recesión a partir de la segunda mitad de 2008, por el endurecimiento de las condiciones de financiación globales, el descenso de la riqueza del sector privado y el aumento de la incertidumbre y el descenso de las exportaciones que siguió a la fuerte contracción del comercio mundial. Todo ello tuvo un significativo y directo impacto en el mercado laboral. PALOMEQUE LÓPEZ, M.C., «La versión política 2012 de la Reforma Laboral permanente. La afectación del equilibrio del modelo laboral», en GARCÍA PERROTE ESCARTÍN, I. y MERCADER UGUINA, J.R., (Dires.), *Reforma Laboral 2012, Análisis …*, 2012, cit., pp. 35 - 36. En este sentido, el desempleo encuestado, que ofrecía en el cuarto trimestre de 2007, la cifra de un millón novecientas mil personas paradas, con una tasa del 8,53% de la población activa, se incrementaba un año después en setecientas cincuenta mil personas, llegando la tasa de desempleo al 13,79%. Esta tendencia a la subida siguió en los años 2009 y 2010, llegando a superar la tasa de desempleo el 18% y 20,1% respectivamente. El crecimiento de las personas paradas siguió subiendo vertiginosamente hasta superar nada menos que el umbral de los cinco millones de parados, el 22,56% de la población activa española. Datos extraídos de la Encuesta de Población Activa (EPA). Serie Histórica (Datos en miles de personas), disponible en la página oficial del Instituto Nacional de Estadística, INE, www.ine.es.

[44] GORELLI HERNÁNDEZ, J., «El proceso de reformas de la negociación colectiva en España», *Derecho PUCP, Revista de la Facultad de Derecho núm. 98*, 2012, p. 198.

[45] Y es que el Estatuto de los Trabajadores ya había sido reformado con anterioridad, nada más y nada menos que cinco veces. Aunque, en lo que atañe a la negociación colectiva, fue la Ley 11/1994, de 19 de mayo, por la que se modifican determinados artículos del Estatuto de los Trabajadores, del Texto articulado de la Ley de Procedimiento Laboral y de la Ley sobre Infracciones y Sanciones en el Orden Social, la que acarreó mayores cambios y marcó el inicio del camino que han seguido las reformas que conforman el llamado trienio reformador de los años 2010, 2011 y 2012, siendo la más significativa esta última. La mencionada Ley 11/1994

tiva 2012, 2013 y 2014[46] y el V Acuerdo sobre Solución Autónoma de Conflictos Laborales[47] firmados por los agentes sociales y, 2) mediante la utilización del Real Decreto – Ley. Sin quitar relevancia a lo primero, realizar una reforma laboral de esta envergadura mediante este mandato legal produjo un interesante debate sobre la conveniencia de su utilización, adquiriendo especial interés para este trabajo dado que apoya una de sus tesis, donde se plantea la posible inconstitucionalidad de esta Ley.

2.1. El proceso de reforma: la utilización del Decreto – Ley

Tal y como se acaba de decir, la utilización del Real Decreto – Ley produjo un interesante debate sobre la conveniencia de su utilización. Concretamente, se ponía en duda el cumplimiento de los requisitos necesarios que la Constitución exige en su artículo 86.1 CE para recurrir a esta opción legislativa.

2.1.1. *Crítica a la utilización del Decreto – Ley*

Siguiendo el artículo que lo regula, el Real Decreto – Ley es una disposición legislativa provisional y de carácter excepcional que dicta el Gobierno «en caso de extraordinaria y urgente necesidad» y que no podrá afectar «a los derechos, deberes y libertades de los ciudadanos», recogidos en la misma Constitución.

---

introdujo el llamado «descuelgue salarial» ene l artículo 82.3 LET, predecesor del actual descuelgue de condiciones laborales pactadas en convenio colectivo del actual artículo 82.3 LET.

[46] Acuerdo suscrito el 25 de enero por las organizaciones empresariales y sindicatos que ostentan la condición de más representativas a nivel estatal (CEOE/CEPYME y CC.OO y UGT), publicado en el BOE el 30 de enero de 2012. En dicho acuerdo, además de recoger medidas referentes a la estructura de la negociación colectiva, dejaban claro al Gobierno español que los aspectos de la negociación colectiva referidos a la estructura y al contenido de la negociación colectiva pertenecen a la esfera de sus competencias. Resultando cualquier intromisión legal en estas materias de difícil defensa frente a una eventual acusación de inconstitucional de la misma. En este sentido, SALA FRANCO, T., «La reforma de la negociación colectiva», en VV.AA., *La reforma laboral en el…*, 2012, cit., p. 60.

[47] Acuerdo firmado el 7 de febrero por las organizaciones empresariales y sindicatos que ostentan la condición de más representativos a nivel estatal (CEOE/CEPYME y CC.OO y UGT), publicado en el BOE núm. 46, de 23 de febrero de 2012. En dicho acuerdo se abogaba por el arbitraje voluntario, siendo su aplicación posible si existe acuerdo entre las partes. No obstante, debido a la voluntad de adaptar el sistema de negociación colectiva a la situación de crisis económica, permitían que se estableciera un arbitraje obligatorio, siempre que se hubiera establecido de forma expresa en el convenio colectivo denunciado. Estas medidas perseguían respetar siempre, de la misma manera que el II AENC, la autonomía y la negociación colectiva.

No obstante, tal y como pone en evidencia la doctrina, «lo que estaba previsto como un supuesto excepcional de norma con rango de ley emanada del Gobierno para casos aislados (…) se ha deslizado hacia una cierta anormal «normalidad», asumida con mucha frecuencia por el Tribunal Constitucional. «Normalidad» que se advierte desde el momento en que puede decirse en términos generales, que en torno a una cuarta parte del conjunto de las normas con rango de ley proceden del Gobierno y no del Parlamento»[48].

Otro elemento que ha alentado o, por lo menos, no ha limitado su uso ha sido la interpretación que el Tribunal Constitucional ha configurado del presupuesto del hecho habilitante para el ejercicio de esta potestad extraordinaria. El alcance de la denominada extraordinaria y urgente necesidad ha sido muy favorable a la utilización de esta figura. A este respecto, el Gobierno no ha justificado la urgencia o lo ha hecho de forma genérica especialmente en los preámbulos de las normas, y el TC ha dado por buenas valoraciones «globales», o aquellos casos en los que se hace referencia al «conjunto» de las circunstancias que en un determinado momento pueden justificar la utilización de esta figura jurídica. Todo ello se ha hecho, tal y como se reiterará en líneas posteriores, bajo la teoría de que no puede el Tribunal sustituir la valoración política que conllevan las denominadas razones políticas y de oportunidad proporcionadas por el Gobierno[49].

Acrecienta esta mala utilización el que muchos decretos leyes no hagan referencia seguramente a instituciones o regulaciones de una determinada materia o de un determinado aspecto, sino que los decretos leyes han incluido medidas y reformas en las materias más variadas, como podrían ser tributarias, financieras, laborales, o de otro tipo. Por otra parte, los decretos leyes estiman que deben ser o que se aprueban con frecuencia para responder a una situación provisional, cuando sin embargo su utilización ha sido para dictar normas que tienen un carácter permanente[50].

Es importante también resaltar que los decretos leyes pueden ser tramitados como proyectos de ley, lo que ha sucedido en muy pocos casos, habiéndose dado también pocos supuestos en los que se hayan planteado recursos de inconstitucionalidad contra esta forma de legislar. Todo ello lleva a considerar que el decreto ley no se ha utilizado de forma satisfactoria, a pesar de que cuando se ha utilizado esta forma de legislar no existía propiamente lo que podría considerarse una situación de inestabilidad política, sino que se acudía al decreto ley como una forma más cómoda de legislar[51].

---

[48] MARTÍN REBOLLO, L., «Uso y abuso del Decreto – Ley. (Un análisis empírico)», en BAÑO LEÓN, J.M., (Coord.), *Memorial para la reforma del Estado. Estudios en homenaje al profesor Santiago Muñoz Machado*, Centro de Estudios Políticos y Constitucionales, Madrid, 2016, p. 666.
[49] MARTÍN REBOLLO, 2016, cit., p. 696.
[50] MARTÍN REBOLLO, 2016, cit., p. 697.
[51] MARTÍN REBOLLO, 2016, cit., p. 698.

Además del aspecto anterior, la crítica deriva del proceso que se sigue para su aprobación. Una vez que son aprobadas por el Gobierno, estas normas tienen que debatirse y votarse a la totalidad en el Congreso de los Diputados. Sin embargo, se trata de un único debate y votación que evita las fases de toma de consideración, enmiendas totales, parciales y la tramitación en el Senado. De esta manera, en nuestro caso concreto, además de la ausencia de acuerdo sobre el contenido de la reforma entre Gobierno e interlocutoras e interlocutores sociales y la dudosa constitucionalidad de la utilización de un instrumento convertido en recurrente, la utilización del mismo acarrea un inevitable posterior protagonismo del Parlamento en la tramitación legal. Protagonismo que no se da habitualmente cuando la norma que se pretende convalidar ha derivado de un pacto entre los agentes sociales[52].

2.1.2. *La extraordinaria y urgente necesidad*

Según el artículo 86.1 CE, el Real Decreto – Ley es una disposición legislativa provisional que dicta el Gobierno «en caso de extraordinaria y urgente necesidad» y que no podrá afectar, entre otros, «a los derechos, deberes y libertades de los ciudadanos regulados en el título I».

Respecto al primero de los requisitos se refiere, se debe tener en cuenta, en primer lugar, que el TC estableció que la admisión de una situación como extraordinaria y urgente necesidad exige la concurrencia de ciertas notas de excepcionalidad, gravedad, relevancia e imprevisibilidad que determinen la necesidad de una acción normativa inmediata en un plazo más breve que el requerido para la tramitación parlamentaria de las Leyes[53].

En segundo lugar, conforme a la doctrina constitucional, son dos los aspectos que deben tenerse en cuenta a la hora de determinar la concurrencia de la «extraordinaria y urgente necesidad»: En primer lugar, que los motivos hayan sido explicitados de una forma razonada, por el Gobierno, y, en segundo lugar, la existencia de una necesaria conexión entre la situación de urgencia definida y la medida concreta adoptada para subvenir a la misma[54].

Por tanto, es el Gobierno quién debe justificar la constatación de los presupuestos que le llevan a utilizar el instrumento del RD – Ley. Dicha justificación, «justificación política»[55] puede plasmarse en la Exposición de motivos o Preámbulo de la norma, o concretarse en el debate parlamentario de convalidación o incluso derivarse del expediente previo de la norma.

---

[52] GUAMÁN HERNÁNDEZ, 2013, cit., p. 198–199.
[53] STC 137/2011, de 14 de septiembre.
[54] STC 329/2005, de 15 de diciembre, FJ 6.
[55] MARTÍN REBOLLO, 2016, cit., p. 672.

Además de la justificación, el TC exige que exista una conexión entre la situación de urgencia, y las medidas adoptadas para hacerle frente a esa situación. En este sentido el Tribunal estableció que la urgencia no autoriza al Gobierno para que incluya en el Decreto – Ley «cualquier género de disposiciones (…) que, por su contenido y de manera evidente, no guarden relación alguna, directa ni indirecta, con la situación que se trata de afrontar»[56]. A mayor abundamiento matizó que las disposiciones que se incluyan en el Decreto – Ley, deben modificar de manera instantánea la situación jurídica existente, pues de no hacerlo, «difícilmente podrá predicarse la justificación de la extraordinaria y urgente necesidad»[57]. Así que añade posteriormente: «las medidas requeridas para hacer frente a una situación de extraordinaria y urgente necesidad han de ser concretas y de eficacia inmediata y, por tanto, dado su carácter, no pueden alterar la estructura del ordenamiento»[58].

A pesar de introducir mediante estos pronunciamientos el criterio de la inmediatez de la medida, no es un criterio que el Tribunal haya seguido siempre, al menos como exigencia radical[59].

Además de estos requisitos, también se ha dicho[60] que, en el supuesto concreto del RDL 3/2012 debe entenderse aplicable la jurisprudencia de la STC 137/2011, respecto de la utilización del instrumento del RDL para afrontar situaciones de carácter estructural, pues y citando el Preámbulo del RDL, el mismo acomete una reforma estructural orientada a «abordar las deficiencias estructurales del mercado laboral». En este sentido el TC señaló que «aun cuando el RDL se configure como un instrumento normativo constitucionalmente apropiado ante problemas o situaciones coyunturales, no cabe excluir en principio y con carácter general su uso ante problemas o situaciones estructurales siempre que concurran en este caso ciertas notas de excepcionalidad, gravedad, relevancia e imprevisibilidad que determinen la necesidad de una acción normativa inmediata en un plazo más breve que el requerido para la tramitación parlamentaria de las leyes, bien sea por el procedimiento ordinario o por el de urgencia»[61].

Respecto al veto al Real Decreto – Ley, de afectar a los derechos, deberes y libertades de los ciudadanos y ciudadanas regulados en el título I, la jurisprudencia constitucional establece que la prohibición abarca todo el título primero. No obstante, la amplitud concretada en el artículo 86.1 CE ha sido compensada por el Tribunal Constitucional, al afirmar que el Real Decreto – Ley tendrá cabida si no afecta de manera directa a los preceptos del Título I. Lo que significa que «examinar si se ha producido tal afectación «exigirá te-

---

[56] STC 29/1982, de 31 de mayo.
[57] STC 29/1982, de 31 de mayo.
[58] STC 29/1982, de 31 de mayo.
[59] MARTÍN REBOLLO, 2016, cit., p. 673.
[60] GUAMÁN HERNÁNDEZ, 2013, cit., p. 200.
[61] En este mismo sentido STC 68/2007, de 28 de marzo, FJ 10.

ner en cuenta la configuración constitucional del derecho o deber afectado en cada caso y la naturaleza y alcance de la concreta regulación de que se trate»». La conclusión es que el análisis de la afectacíon exigirá un análisis casuístico acerca de la incidencia del RD-Ley en el derecho, deber o libertad que afecta[62].

2.1.3. *Aplicación al caso concreto*

Tras lo dicho hasta ahora, se debe analizar si el procedimiento seguido por el Gobierno, en este caso concreto es el adecuado, teniendo que dilucidar dos cuestiones. Por un lado, si de verdad existen argumentos que sostengan la situación de «urgente necesidad» aludida en la Constitución. Y por otro lado, si el Real Decreto – Ley no afecta a «los derechos, deberes y libertades de los ciudadanos reconocidos en la Carta Magna».

Teniendo en cuenta lo expuesto, es preciso señalar si efectivamente el RDL 3/2012 cumple con las exigencias necesarias para llevar a cabo una reforma estructural por esta vía. Ciertamente, el apartado VII del Preámbulo RDL 3/2012 se dedica a justificar el recurso al instrumento normativo utilizado. Primeramente, reitera la idea general de la concurrencia a juicio del legislador de la premisa para recurrir a esta figura del Real Decreto – Ley, para seguidamente iniciar una justificación de la extraordinaria y urgente necesidad predicables de manera individualizada respecto de cada una de las medidas que se adoptan y no sólo del conjunto que integran[63]. En dicho apartado el legislador justifica la extraordinaria y urgente necesidad de la medida aludiendo a la grave situación del mercado de trabajo, con su alta tasa de desempleo debida a su rigidez, las presiones de los mercados financieros sobre la zona euro y las exigencias de la Unión Europea, que hacen imprescindible abordar las deficiencias estructurales del mercado laboral español que permitan iniciar la recuperación de la economía española, mediante la adopción urgente de las medidas que la reforma contiene[64]. Parece que así el legislador quiere guardarse en salud y no caer así en los errores que el Tribunal Constitucional señaló en la STC 68/2007 de 28 de marzo, que anuló el RDL 5/2002, de medidas urgentes para la reforma del sistema de protección por desempleo y mejora de la ocupabilidad.

Teniendo todo ello en cuenta, varios autores de la doctrina laboral disienten y afirman que una reforma inmediata no equivale a que sea en todo caso urgente, de urgente y extraordinaria necesidad, como exige el art. 86.1 CE. A mayor abundamiento, afirman que de los cuatro requisi-

---

[62] MARTÍN REBOLLO, 2016, cit., p. 676.
[63] PALOMEQUE LÓPEZ, 2012, cit., p. 33.
[64] Vid, apartado VII del RDL 3/2012, de 10 de febrero.

tos enumerados en párrafos anteriores para que el RDL sea procedente, el mismo únicamente cumpliría dos, puesto que es imposible justificar ni la excepcionalidad ni la imprevisibilidad de la situación sobre la que se actúa, ni la urgencia de determinadas medidas enumeradas en la norma[65]. Siguiendo este razonamiento, podría afirmarse el carácter inconstitucional del RDL 3/2012[66].

No obstante, otra parte de la doctrina defiende la imposibilidad de cuestionar la constitucionalidad del RDL 3/2012, basándose en un primer lugar en la importancia del juicio político del Gobierno a la hora de determinar si se dan o no los presupuestos habilitantes para la emisión de un decreto – ley, según el artículo 86.1 CE. Y en segundo lugar, en el papel del Tribunal Constitucional como un «control externo», que tiene que verificar pero no sustituir el juicio político del Gobierno, y en último término del Congreso[67]. Por tanto, el papel del Tribunal Constitucional quedaría limitado a determinar si la definición por los órganos políticos de una situación de extraordinaria y urgente necesidad es explícita y razonada, y de que exista una conexión de sentido o relación de adecuación entre la situación definida que constituye el presupuesto habilitante y las medidas que en el decreto – Ley se adoptan, de manera que estas últimas guarden una relación directa o de congruencia con la situación que se trata de afrontar[68].

En este sentido, el Tribunal Constitucional ha admitido la utilización de este proceso en casos en que el Gobierno ha necesitado acudir a una acción normativa inmediata o en que el contexto económico ha requerido de una

---

[65] En este mismo sentido se pronunció Jueces para la Democracia al afirmar que las necesidades urgentes de reforma alegadas por el Gobierno son discutibles, puesto que el Real Decreto – Ley no puede hacer frente y tampoco soluciona la situación económica descrita en el Preámbulo del mismo. Por tanto, defendieron que la única finalidad del Gobierno mediante esta vía de reforma, era cambiar de pleno el modelo de relaciones laborales, acarreando así la pérdida del carácter compensador del derecho del trabajo en lo que se refiere al tradicional desequilibrio entre las partes de la relación de trabajo. Véase el comunicado de Jueces para la Democracia del 16 de febrero de 2012. Disponible en http://www.juecesdemocracia.es/txtComunicados/2012/16febrero12.htm

[66] CASAS BAAMONDE, M.E., RODRÍGUEZ – PIÑERO, M. y VALDÉS DAL – RÉ, F., «La nueva reforma laboral», *Relaciones Laborales núm. 5,* 2012, pp. 3–4. Es de la misma opinión ESCUDERO RODRÍGUEZ, R., «El Real Decreto – Ley 3/2012, de 10 de febrero: la envergadura de una refroma profundamente desequilibradora de la negociación colectiva», en ESCUDERO RODRÍGUEZ, R., (Coord..), *La negociación colectiva en las reformas laborales de 2010, 2011 y 2012,* Cinca, Madrid, 2012, p. 17, cuando dice que: «Y es claro que, en esta época de tanta tribulación, era precisa una reforma de la legislación laboral y de la estructura y los contenidos de la negociación colectiva, pero lo que no es de recibo (…) es pensar que un cambio en el marco normativo vigente, aunque sea de la envergadura del llevado a cabo a través del RDL 3/2012, pueda producir por sí solo, unas consecuencias taumatúrgicas en el mercado de trabajo y, en concreto, en la reducción de las voluminosas cifras de desempleo».

[67] GOERLICH PESET, 2012, cit., pp. 11–12.

[68] STC 137/2011, de 14 de septiembre, FJ 4.

respuesta rápida[69]. Siguiendo la misma línea interpretativa, el mismo Tribunal determinó que ante la persistencia de una coyuntura económica de crisis industrial, no considera abusiva la utilización del Decreto – Ley[70]. Tomando en consideración lo antedicho, y opinando que el Preámbulo del RDL contiene una extensa justificación del recurso a la legislación de urgencia, parte de la doctrina afirma que las posibilidades de que el artículo 86.1 CE pueda fundamentar una eventual declaración de inconstitucionalidad son ciertamente remotas. Ello no quita para que se admita que algunos preceptos sueltos, puedan ser considerados materia para una norma de urgencia[71].

Coincidiendo con los autores que consideran la posible inconstitucionalidad del Real Decreto – Ley, considero que efectivamente su utilización podría considerarse contraria a la constitución, primero, por no cumplir con los requisitos exigidos en el artículo 86.1 CE de urgente y extraordinaria necesidad de la medida. Y segundo, porque es posible que una de las medidas en concreto, pueda haber afectado a los derechos, libertades y deberes de la ciudadanía, enumerados y reconocidos en la Constitución. Consecuentemente, la utilización del RDL cabría ser por ese motivo también, contraria a la Constitución. Sin embargo, aunque se ha querido mencionar, no va a ser esta la línea de investigación a seguir, queriendo únicamente constatar con la misma que esta gran Reforma de la negociación colectiva comenzó ya haciendo equilibrios entre su constitucionalidad y la inconstitucionalidad.

3. DEL «DESCUELGUE SALARIAL» AL DESCUELGUE DE CONDICIONES DE TRABAJO REGULADAS EN CONVENIO COLECTIVO

Tal y como se mencionaba anteriormente, la Reforma Laboral fue una reforma incisiva puesto que el sistema de negociación colectiva sufrió una modificación profunda, de envergadura e incluso agresiva, tal y como demuestran sus modificaciones más significativas[72], entre las que se encuentra la alteración que sufrió el mecanismo del descuelgue salarial del artículo 82.3 LET. Mediante esta modificación se potencia la flexibilidad de las

---

[69] SSTC 29/1986, de 20 de febrero, FJ 2 y 177/1999, de 15 de noviembre, FJ 3.

[70] STC 29/1986, de 20 de febrero, FJ 2.

[71] GOERLICH PESET, 2012, cit., p. 12.

[72] Dentro de estas modificaciones se encuentran: 1) la prioridad aplicativa del convenio colectivo de empresa respecto del convenio sectorial estatal, autonómico o de ámbito inferior, convirtiéndose así en principio legal imperativo y directo. 2) La posibilidad de los sujetos legitimados a que negocien la revisión del convenio colectivo durante su propia vigencia y sin necesidad de esperar a su denuncia. 3) La limitación de la ultraactividad a dos años de la denuncia del convenio colectivo, sin que se hubiere acordado un nuevo convenio o dictado un laudo arbitral, salvo pacto en contrario. Y, 4) la eliminación, por un lado, y la concreción, por otro lado, de ciertos aspectos del contenido obligatorio de los convenios colectivos.

relaciones laborales, posibilitando la inaplicación de ciertas condiciones de trabajo reguladas en convenio colectivo, introduciendo para los casos en los que haya falta de acuerdo en esta materia, un arbitraje obligatorio, a petición de cualquiera de las partes ante la Comisión Consultiva de Convenios Colectivos o los órganos correspondientes de las comunidades Autónomas en razón al ámbito territorial del asunto. Arbitraje, que se intuye como controvertido. Para ello, en primera instancia, se relatará la evolución de la institución del descuelgue. En segunda instancia, se estudiarán sus actuales características. Por último, en tercera instancia, se analizará el propio procedimiento de descuelgue, en el que se incluye el análisis del arbitraje antes mencionado.

3.1. El artículo 82.3 y 41 LET como precedentes del actual descuelgue de condiciones laborales pactadas en convenio colectivo del artículo 82.3 LET

El descuelgue de condiciones de trabajo pactadas en convenio colectivo es una institución jurídica «nueva» dentro del derecho español, pero no es precisamente novedosa, dado que con la regulación anterior al trienio de reformas producidas entre 2010 y 2012, existían instituciones jurídicas que ofrecían soluciones similares a la pretendida por el legislador con las reformas mencionadas[73].

Dichas instituciones venían recogidas en dos artículos separados de la LET, concretamente en sus artículos 82.3 y 41, y ofrecían como solución la adaptación de las condiciones de trabajo a la situación de la empresa. El primer artículo hace referencia al llamado descuelgue salarial, institución jurídica que fue introducida en la LET de la mano de la reforma laboral de 1994, concretamente gracias a la Ley 11/1994. Esta Ley también trajo la reforma del artículo 41 LET que preveía las modificaciones sustanciales de las condiciones laborales pactadas en convenio colectivo[74]. Ambas medidas se toman

---

[73] GORELLI HERNÁNDEZ, J., «El descuelgue de condiciones del convenio colectivo estatutario», *Revista Internacional y Comparada de Relaciones Laborales y Derecho del Empleo, Volumen 1, núm. 1,* 2013, p. 2. En este sentido también, ARRIETA HERAS, T., «El nuevo modelo normativo de la negociación colectiva. Algunas de sus repercusiones en la CAPV», *Lan Harremanak/27,* 2012, p. 65, cuando dice que: «Con anterioridad a la última reforma laboral, la inaplicación de condiciones de trabajo establecidas en un convenio colectivo estatutario se canalizaba por dos vías distintas. Para la modificación de las condiciones salariales se seguía el cauce del artículo 82.3 (…); y para el resto de condiciones el del artículo 41 ET (…). Esta dispersión provocaba una cierta anomalía formal, ya que el fundamento material de ambos supuestos es el mismo: el desplazamiento de un convenio colectivo durante su vigencia por causas sobrevenidas».

[74] MORENO DE VEGA Y LOMO, F., «El descuelgue salarial o la crónica de una muerte laboral anunciada», en VV.AA., *Las reformas del Derecho del Trabajo en el conflicto…,* 2013, cit., p. 661.

en aras de lograr la flexibilidad que facilitase lograr un adecuado desarrollo de las relaciones laborales, para así permitir la adaptabilidad y competitividad de las empresas y la potenciación de la negociación colectiva[75]. Además de ello, estas medidas se introducen esencialmente como instrumentos alternativos a los despidos colectivos por causas económicas[76].

El descuelgue salarial, regulado en el artículo 82.3 LET hasta el trienio reformista[77], en la versión de la LET aprobada mediante RD Legislativo 1/1995, de 24 de marzo, preveía la posibilidad de que los convenios colectivos de ámbito superior a la empresa pudiesen prever condiciones y procedimientos para la inaplicación de su régimen salarial, teniendo en cuenta el eventual daño para la estabilidad económica de la empresa derivado de su aplicación. En el caso en que dichos convenios colectivos no previesen dicha cláusula, la inaplicación de las condiciones salariales únicamente era posible por acuerdo entre empresa y la representación de las personas trabajadoras. Ante el desacuerdo de estos últimos, la discrepancia sería solventada por la comisión paritaria del convenio colectivo[78]. Una vez decidida la inaplicación, las nuevas condiciones salariales se determinaban por acuerdo entre las

[75] Aunque fuera la primera vez que el legislador introducía este instrumento en el sistema de negociación colectiva regulado en la LET, los interlocutores sociales ya lo venían regulando en Acuerdo Marco Interconfederal para la Negociación Colectiva de 5 de enero de 1980, en el Acuerdo Nacional sobre Empleo de 9 de junio de 1981 o en el Acuerdo Económico y Social de 9 de octubre de 1984, que se constituye también como otro de os antecedentes más destacados de la figura del descuelgue salarial. En AMMADACHOU KADDUR, 2017, cit., pp. 219–220. Por tanto, la reforma de 1994, supuso la generalización *ope legis,* de dichas cláusulas en el panorama de la negociación sectorial en el Estado español. En PASTOR MARTÍNEZ, A., «Aproximación al nuevo marco jurídico del descuelgue salarial. De las cláusulas a los acuerdos de inaplicación salarial», en MORENO GENÉ, J., SOLÉ PUIG, A., (Coords.), *Las reformas laborales del 2010,* Huygens Editorial, Barcelona, 2012, p. 308,

[76] CRUZ VILLALÓN, J., «El descuelgue de condiciones pactadas en convenio colectivo tras la reforma de 2012», *Revista de derecho social núm. 57,* 2012, p. 231.

[77] Con «Trienio reformista» se hace referencia a los tres Real Decretos Leyes y posteriores Leyes aprobados entre los años 2010 y 2012. Concretamente, el Real Decreto – ley 10/2010, de 16 de junio, de medidas urgentes para la reforma del mercado de trabajo, y posterior Ley 35/2010, de 17 de septiembre, de medidas urgentes para la reforma del mercado de trabajo; el Real Decreto – ley 7/2011, de 10 de junio, de medidas urgentes para la reforma de la negociación colectiva; y el Real Decreto – ley 3/2012, de 10 de febrero, de medidas urgentes para la reforma del mercado laboral y posterior Ley 2/2012, de 6 de julio, de medidas urgentes para la reforma del mercado laboral.

[78] En palabras de CAVAS MARTÍNEZ, la Comisión Paritaria es el órgano de composición mixta, empresarial y laboral, encargado de la interpretación, administración y vigilancia del convenio, que recibe, por delegación, las facultades que las partes negociadoras le asignen. Así, este órgano ha tenido formalmente la finalidad de resolver los conflictos de aplicación e interpretación surgidos en su ámbito, actuando también en muchos casos como un elemento dinamizador, propiciando la adaptación del clausulado del convenio a una realidad en permanente cambio. En CAVAS MARTÍNEZ, F., «Las Comisiones Paritarias y la solución de los conflictos laborales derivados de la interpretación y aplicación del convenio colectivo», *Revista del Ministerio de Trabajo y Asuntos Sociales núm. 68,* 2007, p. 116.

partes, y en defecto de acuerdo, éstas podían encomendarse a la comisión paritaria[79].

Se estaba por tanto ante un mecanismo que constituye la excepción a la regla general de que «los convenios colectivos regulados por esta Ley obligan a todos los empresarios y trabajadores incluidos dentro de su ámbito de aplicación durante el tiempo de su vigencia». Es decir, exceptúa el valor normativo *erga omnes* y con vocación de respeto a los contenidos del convenio colectivo durante el periodo de su vigencia, recogido en el artículo 82.1 LET[80].

A mayor abundamiento, se está ante un instrumento que permitía que las empresas dejaran de aplicar la regulación salarial recogida en los convenios colectivos supraempresariales o de sector que les eran de aplicación. Es decir, los convenios afectados eran de ámbito superior a la empresa, y la única condición que se podía inaplicar era la relativa a las condiciones salariales.

Por añadidura, para activar este mecanismo era necesaria una causa, siendo la misma «el eventual daño para la estabilidad económica de la empresa derivado de su aplicación», es decir, derivado de la aplicación del convenio colectivo de sector. Para saber qué se tomaba como el eventual daño para la estabilidad económica de la empresa sirve el convenio colectivo estatal de agencias de viajes de 1996[81], que en su disposición adicional segunda establecía la posibilidad del recurso al mecanismo de descuelgue si la empresa registraba pérdidas en varios ejercicios contables[82]. Según la jurisprudencia, la empresa debía acreditar que concurriera una situación negativa, que hubiera desequilibrado exorbitantemente lo pactado y que justificara la inaplicación de las retribuciones pactadas[83]. Por tanto, queda claro que la aplicación de la cláusula de descuelgue tenía un punto de partida o causa económica, desde el momento en que ésta estaba prevista para supuestos excepcionales en los que se constatasen objetivamente situaciones de déficits o

---

[79] Vid. artículo 82.3 de la LET tras el RDL 1/1995, de 24 de marzo, por el que se aprueba el texto refundido de la Ley del Estatuto de los Trabajadores.

[80] LÓPEZ LÓPEZ, J., *Un lado oculto de la flexibilidad salarial: El incremento de la judicialización*, Bomarzo, Albacete, 2009, p. 100.

[81] Convenio Colectivo – Agencias de Viajes, Normativa Estatal publicado en el BOE el 1 de marzo de 1996, n.º 0053 de 01/03/96.

[82] Así, la disposición adicional segunda del citado convenio establecía lo siguiente: «en aquellas empresas en las que se hayan registrado pérdidas en los ejercicios contables de los años 1991, 1992 y 1993, no serán de necesaria u obligada aplicación los incrementos retributivos establecidos en este convenio y ello con arreglo a la siguiente escala: a) empresas con pérdidas en uno de los tres ejercicios, se aplicará un aumento sobre las retribuciones del año 1993, de un 66,66% del aumento pactado en el presente convenio; b) empresas con pérdidas en dos de los tres ejercicios, un 33,33%; c) empresas con pérdidas en los tres ejercicios, no se aplicará incremento alguno».

[83] SAN 66/2009 de 24 de junio, FJ 4.

de pérdidas, de manera que mediante su aplicación no se dañara la estabilidad económica de la empresa que pretendía hacer uso de la misma[84].

El instrumento habilitante e imprescindible era un acuerdo de empresa entre la representación de las personas trabajadoras a dicho nivel de empresa y la persona empresaria[85]. Esta posibilidad estaba férreamente controlada por la negociación colectiva superior, pues tal y como se ha adelantado, eran los propios convenios colectivos de sector, es decir, los que eran objeto de descuelgue, los que regulaban las circunstancias o situaciones en las que se podía activar el procedimiento del descuelgue[86]. De hecho, la negociación colectiva se encargaba de ordenar el sistema de descuelgue precisando las causas que lo hacían posible, así como los objetivos, el plazo para acordar la inaplicación, la documentación a presentar, el proceso de inaplicación, la duración del descuelgue o cómo se recuperarían las condiciones salariales afectadas[87].

Tras lo analizado, se puede afirmar que la técnica de descuelgue tenía como objetivo principal la inaplicación de las condiciones salariales, pero que, una vez acordada la inaplicación, conllevaba fijar nuevas condiciones salariales en la empresa, lo que suponía al fin y al cabo la modificación de las mismas[88].

En lo que al artículo 41 LET se refiere, permitía la modificación sustancial de determinadas condiciones de trabajo, cuando existieran probadas razones económicas, técnicas, organizativas o de producción. Se entendía que concurrían las causas precitadas cuando la adopción de las medidas propuestas contribuyera a mejorar la situación de la empresa a través de una organización más adecuada de sus recursos, que favoreciese su posición competitiva en el mercado o una mejor respuesta a las exigencias de la demanda[89]. Por tanto, esta segunda vía también constituía otra posibilidad más mediante la que las empresas podrían conseguir la inaplicación de algunas de las pre-

---

[84] STSJ de Cataluña 3796/2000 de 28 de abril, FJ 2.

[85] Ilustrativamente mencionar aquí la SAN 23/2003 de 12 de marzo, que efectivamente afirma a lo largo de los diferentes fundamentos jurídicos, la imposibilidad de descolgarse del convenio colectivo superior aplicable por decisión unilateral, en la precitada sentencia, por parte del empresario.

[86] GORELLI HERNÁNDEZ, 2013, cit., p. 2.

[87] MENDOZA NAVAS, N., «Los procedimientos de inaplicación de condiciones de trabajo al amparo de las decisiones de la Comisión Nacional Consultiva de Convenios Colectivos», *Revista de derecho social núm. 74,* 2016, p. 61.

[88] CASTRO ARGÜELLES, M.A., *Inaplicación o «descuelgue» del convenio colectivo,* Civitas, Aranzadi, Cizur Menor, 2013, p. 36.

[89] Vid. artículo 41.1 del RDL 1/1995, de 24 de marzo, por el que se aprueba el texto refundido de la Ley del Estatuto de los Trabajadores.

visiones contenidas en un convenio colectivo en vigor, cuando concurriese alguna de las cuatro causas antes enumeradas[90].

Se entiende por tanto que la modificación de las condiciones de trabajo no se encontraba vinculada a la superación de una situación económica negativa de la empresa, ni a garantizar su viabilidad futura y el mantenimiento del empleo en la misma. Por ello, la jurisprudencia interpretó que para acudir a dicho mecanismo no era necesario que la empresa se encontrara ante una situación de crisis o emergencia. Bastaba que la modificación contribuyera a mejorar la situación de la empresa en el mercado para que la medida estuviera justificada, siendo posible su aplicación aunque el balance económico de la empresa fuera positivo. Con todo, los tribunales aclararon que no se estaba ante una facultad omnímoda, ilimitada y discrecional que pudiese ser adoptada por la empresa en cualquier momento y circunstancia. Es más, se puntualizó que se trataba de un poder excepcional, únicamente ejercible cuando existieran razones probadas y su adopción pudiera contribuir real y efectivamente a mejorar la competitividad de la empresa[91].

El convenio colectivo afectado en este caso, y a diferencia del descuelgue, podía ser tanto de empresa como de sector. De ello se concluyó que con esta segunda técnica no se contemplaba solamente un descuelgue del convenio superior aplicable, sino también una especie de renegociación parcial previa o *ante tempus* del convenio de empresa. Por tanto, en este caso el objetivo principal del mecanismo era lograr las modificaciones de las condiciones de trabajo, siendo el descuelgue del convenio superior una consecuencia inevitable de su aplicación[92].

Tal y como se puede constatar, estos dos preceptos tienen, aunque denominación diferente, numerosas similitudes tanto en cuanto al procedimiento como en cuanto a las consecuencias de su aplicación. En ambos casos debía seguirse un procedimiento similar de consulta previa con los representantes y se precisaba de un mismo instrumento para llevarlas a cabo, siendo éste, el acuerdo de empresa. Todo ello contribuía a reforzar su proximidad y a plantear la razón de ser de su mantenimiento como vías diferenciadas[93].

De esta manera, para la mayoría de la doctrina, hasta la reforma laboral llevada a cabo por el RDL 3/2012, que posteriormente dio lugar a la Ley 3/2012, cualquier análisis sobre el régimen jurídico aplicable al descuelgue o modificación exigía referirse a dos preceptos legales contenidos en el Estatuto de los Trabajadores: el artículo 41 y el artículo 82[94].

---

[90] LAHERA FORTEZA, J., «La modificación de condiciones de trabajo contenidas en convenios colectivos estatutarios», *Relaciones Laborales: Revista crítica de teoría y práctica núm. 1,* 1997, p. 351.

[91] STSJ de Cataluña, de 14 de enero de 2003, FJ 2.

[92] CASTRO ARGÜELLES, 2013, cit., p. 36.

[93] CASTRO ARGÜELLES, 2013, cit., p. 38.

[94] CRUZ VILLALÓN, 2012, cit., p. 231.

Sin embargo, tal como se ha apuntado[95], estos dos preceptos no preveían el mismo mecanismo, ni acarreaban las mismas consecuencias, siendo estas las del descuelgue. Para desarrollar su tesis el autor acude a la argumentación semántica, es decir, basa su argumentación en el significado de las expresiones lingüísticas *descolgarse* y *modificar*. Así, según la Real Academia de la Lengua define *descolgarse* como el hecho de marginarse, apartarse de una ideología, de una línea de comportamiento, de un ambiente o de un acuerdo. Mientras que *modificar* significa transformar o cambiar algo mudando alguno de sus accidentes, y con ánimo de completar la expresión del artículo 41 LET, *sustancial* implica lo esencial y más importante de algo. De ello se desprende que descuelgue y modificación no podrían entenderse como una dinámica de sinonimia, pues por extensa o notoria que pueda llegar a ser la reorganización en cuestión, siempre permanecerá la esencia de aquello que resulta transformado.

Es más, el autor sigue y hace notar que en el artículo 41 LET se mencionan con carácter expreso las materias sobre las que podía influir una modificación sustancial, quedando fuera de ellas, pues no se mencionaba, el salario. Y, para terminar, también destaca que los convenios colectivos afectados por uno y por otro mecanismo no eran los mismos; afectando el descuelgue salarial únicamente a los convenios colectivos estatutarios supraempresariales, mientras que el artículo 41 LET, además de a éstos también podría ser dirigido hacia los de ámbito empresarial.

No obstante, el autor afirma que con la entrada en vigor de la Ley 3/2012, estos argumentos que diferenciaban el descuelgue de la modificación se pierden, pues, si bien la terminología pervive, el principio de causalidad que puede desencadenar el proceso y sus consecuencias, remiten claramente a la modificación sustancial del artículo 41 ET[96].

Así, coincidiendo con la tesis precedente, para la mayoría de la doctrina, el nuevo artículo 82.3 LET unifica el tratamiento de los diferentes tipos de mecanismo de descuelgue que existían hasta ahora, es decir, la modificación sustancial de condiciones de convenio a la que se aludía en el art. 41 LET y el descuelgue salarial de la anterior versión del art. 82.3 LET, previamente analizados[97]. De esta manera, este artículo regula de forma conjunta la inaplicación de las condiciones pactadas en un convenio colectivo estatutario, mientras que los presupuestos y procedimiento para inaplicar las condiciones de trabajo cuyo origen radique en un convenio, acuerdo o pacto colec-

[95] MORENO DE VEGA Y LOMO, 2013, cit., p. 660.
[96] MORENO DE VEGA Y LOMO, 2013, cit., p. 661–662.
[97] MORENO DE VEGA Y LOMO, 2013, cit., p. 662; CASTRO ARGÜELLES, 2013, cit., p. 38; ALFONSO MELLADO, 2012, cit., p. 78.

tivo extraestatutario, o estén fijadas en virtud de una decisión unilateral de la persona empresaria de efectos colectivos, permanecen en el artículo 41 ET[98].

No obstante, tal y como se ha apuntado[99], esta unificación no solo implica, valga la redundancia, la unificación de los diferentes mecanismos de descuelgue existentes hasta el momento. Sino que, el desplazamiento del tratamiento de la inaplicación al Título III la sustrae del ámbito de la autonomía colectiva. Anteriormente, cuando una parte de la inaplicación se encontraba regulada en el artículo 41 LET, existían más posibilidades para que, mediante convenio, se limitaran las posibilidades de inaplicación empresariales. Sin embargo, con la regulación vigente, aun quedando espacios para los convenios en lo que a la inaplicación se refiere, la regla del descuelgue del artículo 82.3 LET se convierte en indisponible. Lo que conlleva a que los convenios no puedan «suavizar»[100] su régimen.

Antes de entrar a analizar el actual mecanismo de descuelgue de condiciones de trabajo pactadas en convenio colectivo merece centrar la atención en el proceso de reformas llevadas a cabo sobre este artículo durante el trienio reformista.

3.2. La evolución de la institución de descuelgue o del artículo 82.3 LET

La primera modificación del artículo 82.3 LET, vino de la mano de la reforma del año 2010. En ella, se define el mecanismo de descuelgue como una de las mejores medidas de flexibilización interna, colocándolo en una posición preferente frente a las medidas de flexibilidad externa, como los despidos colectivos, que suponen la destrucción de puestos de trabajo. Es más, se parte de la idea de que las cláusulas de inaplicación o descuelgue constituyen un mecanismo defensivo idóneo para que a través de la actuación sobre la presión salarial externa, derivada de la aplicación del convenio supraempresarial, pueda conseguirse la salvaguarda de los niveles de empleo[101]. Por tanto, el descuelgue pasa de ser un mecanismo que tiene como objetivo mejorar la posición competitiva de la empresa, a ser la panacea que evitaría la destrucción de empleo.

---

[98] COLAS NEILA, E., «Descuelgue e inaplicación del contenido normativo del convenio colectivo», en CHACARTEGUI JÁVEGA, C. (coord..), *Negociación colectiva y gobernanza de las relaciones laborales: una lectura de la jurisprudencia tras la reforma laboral*, Bomarzo, 2016, p .60.

[99] GOERLICH PESET, J.M., «Flexibilidad interna y negociación colectiva en la Reforma de 2012», *Documentación Laboral núm. 95–96*, 2012, p. 67.

[100] GOERLICH PESET, 2012, cit., p. 67.

[101] PASTOR MARTÍNEZ, 2012, cit., p. 209 y CRUZ VILLALÓN, J. «La flexibilidad en la reforma laboral de 2010», en RODRÍGUEZ – PIÑERO Y BRAVO – FERRER, M., *La reforma del mercado de trabajo y la Ley 35/2010*, La Ley, Madrid, 2011, p. 140.

Con el ánimo de perseguir y conseguir dicho objetivo, la reforma elimina la frase «los convenios colectivos de ámbito superior a la empresa establecerán las condiciones y procedimientos por los que podría no aplicarse el régimen salarial», para disponer que «por acuerdo entre la empresa y los representantes de los trabajadores legitimados para negociar un convenio colectivo conforme a lo previsto en esta Ley, se podrá proceder, previo desarrollo de un periodo de consultas en los términos del artículo 41.4 LET, a inaplicar el régimen salarial previsto en los convenios colectivos de ámbito superior a la empresa». Ello significa que, desde ese preciso momento, desaparece cualquier referencia a la negociación sectorial como fuente reguladora del régimen del descuelgue salarial. En su lugar, se identifica exclusivamente el acuerdo de empresa, como la vía para determinar la inaplicación salarial[102].

A mayor abundamiento, se especifica una fase o periodo de consultas, ya delimitada mediante la referencia al periodo de consultas del artículo 41.4, teniendo por tanto el mismo una duración no inferior a 15 días. Teniendo todo ello en cuenta, parecía que así la Ley deshabilitaba a los convenios colectivos supraempresariales para precisar el cuándo y el cómo del descuelgue[103], dejando al margen a los sujetos colectivos[104]. Consecuentemente, la nueva regulación cambia radicalmente de orientación, reduciendo considerablemente el papel atribuido a la negociación colectiva[105].

Esta modificación también supuso la ampliación de la circunstancia habilitante del descuelgue. El artículo 82.3 LET pasó de prever la posibilidad del descuelgue cuando la «estabilidad económica» de la empresa «pudiera verse dañada como consecuencia» de la aplicación del régimen salarial recogido en el convenio colectivo de sector, a establecer que las empresas podían acudir a este mecanismo cuando su «situación y perspectivas económicas (…) pudieran verse dañadas (…) afectando a las posibilidades de mantenimiento del empleo en la misma».

Así, se relajaron los requisitos o circunstancias habilitantes del descuelgue, pues mientras en la regulación anterior se hacía referencia al perjuicio en la estabilidad económica de la empresa, en la reforma de 2010 se apelaba al simple daño a la situación y perspectiva de la empresa. Esta más liviana,

---

[102] PASTOR MARTÍNEZ, 2012, cit., p. 210.

[103] CASTRO ARGÜELLES, 2013, cit., p. 92.

[104] BAYLOS GRAU, A., «Unilateralidad empresarial e inaplicación del convenio», en BAYLOS GRAU, E., (Coord.), *Garantías de empleo y derechos laborales en la Ley 35/2010 de reforma laboral*, Bomarzo, Albacete, 2011, pp. 241–242: «El objetivo real del precepto es expropiar esta facultad al ámbito de decisión de los sujetos colectivos y confiarla directamente a la decisión unilateral de la empresa, que previsiblemente será definitiva, al diluir la norma la efectividad del control sindical y judicial de esta medida».

[105] ALFONSO MELLASO, C.L., «Las actuaciones para incrementar la flexibilidad», en VV.AA., *La reforma laboral en la Ley 35/2010*, Tirant lo Blanch, Valencia, 2010, p. 132.

implicó que se pudiesen incluir como causalidad del descuelgue, situaciones de deterioro económico que no tuvieran tal gravedad como para afectar a la estabilidad de la empresa[106].

A esta novedad hay que sumarle otras dos. La primera de ellas hace referencia a que desde el 2010, el mecanismo del descuelgue salarial debe tener una relación de causalidad directa con el objetivo de no destruir empleo, es decir, evitar los despidos colectivos. Dicho de otra manera, la aplicación del régimen salarial debe provocar desequilibrios en la situación económica de la empresa, afectando esta situación directamente a las posibilidades de mantenimiento del empleo en ella[107].

Y la segunda, implica una definición de la causa justificativa establecida por parte de la Ley. De esta manera, no deja margen de maniobra para que otra vía pueda alterar o reducir su margen de actuación. Consecuentemente, mientras que la anterior redacción del artículo 82.3 LET, permitía que fuesen los convenios colectivos sectoriales, objeto de descuelgue salarial, los que determinaran qué se entendía por mala situación económica, la nueva redacción es, en este sentido, restrictiva[108].

En cuanto a los sujetos legitimados para negociar un descuelgue salarial, la Ley estipuló que éstos serían aquellos sujetos legitimados para negociar un convenio colectivo de empresa. En base a lo cual, por parte de las personas trabajadoras se entendían legitimados los y las representantes unitarios o legales, y las y los representantes sindicales, mientras que de la parte empresarial la legitimación podría ostentarla la propia persona empresaria o sus representantes.

En caso de ausencia de representación de las personas trabajadoras en la empresa, el último párrafo del artículo 82.3 LET propuso como solución la creación de una comisión *ad hoc*. Ésta quedaría formada por tres miembros integrada según su representatividad, por los sindicatos más representativos y los más representativos del sector al que perteneciese la empresa[109].

Como última novedad, la Ley interpelaba a los acuerdos interprofesionales de ámbito estatal o autonómico a que regularan procedimientos de aplicación general y directa para solventar de manera efectiva las discrepancias que se pudieran generar en la negociación de los acuerdos de inaplicación.

---

[106] CRUZ VILLALÓN, 2011, cit., pp. 139–140, en el mismo sentido PASTOR MARTÍNEZ, 2011, cit., pp. 314–315.

[107] BODAS MARTÍN, R., «La incidencia de la crisis económica en la negociación colectiva: alternativas a la crisis económica», en BODAS MARTÍN, R., (Coord.), *La negociación colectiva ante la crisis económica,* Bomarzo, Albacete, 2010, p. 21.

[108] CRUZ VILLALÓN, 2011, cit., p. 140.

[109] VV.AA., *Novedades Laborales 2011,* Planificación Jurídica – Centro de Documentación, Barcelona, 2011, p. 126. Y, vid. el artículo 6 de la Ley 35/2010, de 17 de septiembre, de medidas urgentes para la reforma del mercado de trabajo, mediante el que se modifica el apartado 3 del artículo 82 del Texto Refundido de la Ley del Estatuto de los Trabajadores, aprobado por Real Decreto Legislativo 1/1995, de 24 de marzo.

Como uno de esos procedimientos se incluía el compromiso previo de someter las discrepancias a un arbitraje vinculante, en cuyo caso el laudo arbitral tendría la misma eficacia que los acuerdos en período de consultas y sólo sería recurrible conforme al procedimiento y en base a los motivos establecidos en el artículo 91 de la Ley de Procedimiento Laboral[110].

Con esta medida, el legislador pretendía desbloquear la negociación sobre la aplicación del descuelgue laboral y dar una solución rápida, acudiendo a un arbitraje obligatorio, impulsando así la efectividad de esta institución jurídica[111]. Se trataba de una regla de *soft law*, pues se dejaba en manos de la negociación colectiva la posibilidad de incorporar la obligatoriedad de acudir a un arbitraje para dar solución al conflicto. No obstante, en el caso en el que los agentes negociadores apostasen por tal solución en el acuerdo interprofesional, aun siendo el arbitraje obligatorio, no presentaría impedimentos constitucionales, pues sería la autonomía colectiva misma quien fijara sus propios límites y procedimientos[112].

A esta modificación le siguió la recogida en el RDL 7/2011. Éste introdujo algunas novedades importantes acarreando la apertura de la causalidad, incrementando la participación de la comisión paritaria del convenio, con su correspondiente aumento en las competencias, y por último apelando a la vía de los mecanismos de mediación y arbitraje como solución final de las discrepancias causantes del bloqueo en la negociación del descuelgue[113].

Así, con respecto a las causas económicas justificativas del descuelgue salarial, el RDL 7/2011, cambia el texto añadiendo a la dicción «cuando la situación y perspectivas económicas de ésta pudieran verse dañadas», la siguiente: «cuando ésta tenga una disminución persistente de su nivel de ingresos». Con la misma, el legislador pretendía ampliar las causas económicas, si bien, tal y como se ha afirmado, dicha novedad estaba ya recogida en la genérica anterior[114].

Otra de las modificaciones reseñables es la referente a la preferencia de las secciones sindicales «cuando éstas lo acuerden», sobre los representantes unitarios en la participación en el procedimiento objeto de estudio.

Y en último lugar, quedan señalar dos novedades, que atañen a la fase que da lugar cuando el período de consultas finaliza sin acuerdo, sobre el descuelgue salarial, entre la representación de las personas trabajadoras y el empresariado. El legislador establece el deber de acudir a la comisión paritaria del convenio, que dispondrá del plazo máximo de siete días para dirimir y pronunciarse, a contar desde que la discrepancia le fue planteada. Como se-

---

[110] Artículo 6 de la Ley 35/2010, de 17 de septiembre, de medidas urgentes para la reforma del mercado de trabajo, por el que se reforma el artículo 82.3 LET.

[111] PASTOR MARTÍNEZ, 2010, cit., p. 319.

[112] CRUZ VILLALÓN, 2011, cit., p- 24–25.

[113] CRUZ VILLALÓN, 2012, cit., p. 3.

[114] SALA FRANCO, 2012, cit., p. 59.

gundo escalón y novedad en esta fase del procedimiento, se da como solución, en caso de que la comisión no alcanzara un acuerdo, la posibilidad de que las partes recurran a los procedimientos de mediación y arbitraje establecidos en los acuerdos interprofesionales aplicables[115].

Tal y como se puede observar, las dos reformas anteriores, que modificaron el mecanismo de descuelgue regulado en el artículo 82.3 LET, aun siendo incisivas, se podría afirmar que respetaron el derecho a la negociación colectiva y la autonomía negocial de los y las representantes de las personas trabajadoras y empresarios y empresarias, y la fuerza vinculante del convenio colectivo, al dejar en manos de la propia negociación colectiva la regulación de los mecanismos aplicables para agilizar el procedimiento del descuelgue salarial.

3.3. El actual descuelgue de condiciones laborales pactadas en convenio colectivo

Si bien las anteriores reformas supieron mantener el equilibrio entre el aumento de la flexibilidad interna y el respeto a la negociación colectiva y la fuerza jurídica vinculante del convenio colectivo, esta quinta reforma rompe con ello. Esta ruptura, llevada a cabo en dicha reforma operada entre los años 2010 y 2012, fue en perjuicio de las personas trabajadoras y la propia institución de la negociación colectiva[116]. Dicha ruptura se intentará demostrar en el análisis que se expone a continuación.

Dicho esto, y tras el RDL 3/2012 y la posterior Ley 3 /2012, de 6 de julio, de medidas urgentes para la reforma del mercado laboral, el descuelgue de condiciones laborales pactadas en convenio colectivo, regulado en el artículo 82.3 LET, es un mecanismo jurídico, que, aun siendo nuevo, no es novedoso, tal y como se ha mencionado con anterioridad[117]. El precitado mecanismo, en su regulación actual, posibilita dejar de aplicar[118] determinadas condiciones de trabajo reguladas en un convenio colectivo, tanto sectorial como de empresa, sustituyéndolas por una regulación diferente, que lógica-

---

[115] Vid. el artículo 6 RDL 7/2011, de 10 de junio para la reforma de la negociación colectiva.

[116] ALFONSO MELLADO, 2012, cit., p. 66.

[117] GORELLI HERNÁNDEZ, 2013, cit., p. 2.

[118] FERNÁNDEZ LÓPEZ, M.F., «Capítulo 49. La inaplicación del convenio colectivo: dos años de aplicación», en GARCÍA MURCIA, J., (Coord.), *El estatuto de los trabajadores en la jurisprudencia del Tribunal Supremo. Estudios dedicados al catedrático y magistrado Don Antonio Martín Valverde*, Tecnos, Madrid, 2015, p. 871: «(Dejar de aplicar o) inaplicación es crear – mediante la generación de un contenido vinculante alternativo – un área de inefectividad del Convenio aplicado, coincidente con una empresa, un grupo de empresas o un centro de trabajo, que, afectando sin duda al convenio inaplicado, no le quita vigencia para el resto de su ámbito de aplicación».

mente será peyorativa o perjudicial para la parte trabajadora[119]. Para ello, es necesario que exista justa causa y que se logre un acuerdo.

La primera diferencia con respecto a la anterior regulación se encuentra ya en la nueva redacción del artículo 82.3 LET. Lo que era un descuelgue salarial, pasa a ser un descuelgue de condiciones de trabajo. Tal y como se analizará, el mismo precepto enumera las condiciones que son susceptibles de ser alteradas o adaptadas. No obstante, es posible adelantar, que se trata de aquellas condiciones pertenecientes al conocido núcleo duro negocial[120], siendo las mismas la jornada laboral, el horario, el sistema de remuneración y la cuantía salarial[121]. Esta lista es una lista cerrada o *numerus clausus,* no pudiendo añadirse materias nuevas a las reformables ni añadirse materias no previstas en Convenio, si bien es susceptible de interpretación extensiva, tal y como ha puesto de manifiesto la doctrina jurisprudencial[122].

La segunda diferencia o novedad estriba en la causalidad. Tal y como se viene diciendo, el descuelgue, tanto el anterior como el posterior a la reforma de 2012, es una institución causal. Anteriormente, era necesaria una causa económica para poder activar esta institución. No obstante, el precepto actual presenta una notable ampliación de las mismas, añadiéndole a la ya existente causa económica, tres causas más abstractas como las razones técnicas, organizativas y productivas[123].

Y como tercera novedad se encuentra la que atañe al procedimiento del mismo. Hasta ese mismo momento, el procedimiento de descuelgue constaba de tres fases, a saber: el periodo de consultas, la intervención de la comisión paritaria del convenio colectivo, y en caso de no llegar a ningún acuerdo en las dos anteriores, el recurso a las medidas de resolución de conflictos regulados en los acuerdos interprofesionales.

Al considerar la reforma estas modificaciones como insuficientes, introduce un último escalón o una última fase para que, en caso de no obtener acuerdo o laudo arbitral que ponga fin a las discrepancias existentes entre las personas trabajadoras y la empresa, las mencionadas discrepancias se resuelvan. Dicho de otra forma, con esta última fase se garantiza que el procedimiento pueda tener solución en los casos en los que las partes de las consultas no alcancen acuerdo respecto a la procedencia o alcance del des-

---

[119] GORELLI HERNÁNDEZ, 2013, cit., p. 3.

[120] ALFONSO MELLADO, 2012, cit., p. 77.

[121] Secunda esta afirmación ESCRIBANO GUTIÉRREZ, al afirmar que estas prestaciones o condiciones de trabajo son los «más importantes aspectos de la prestación de trabajo», en ESCRIBANO GUTIÉRREZ, J., «La negociación colectiva en España tras las reformas de 2010, 2011 y 2012», *Revista Internacional y Comparada de Relaciones Laborales y Derecho del Empleo, Volumen 1, núm. 1,* 2013, pp. 11–12.

[122] SAN 51/2017, de 7 de abril, FJ 5.

[123] CRUZ VILLALÓN, 2012, cit., p. 10.

cuelgue[124]. Para ello, acude a una fórmula final mucho más expeditiva, regulando un arbitraje público y obligatorio ante la Comisión Consultiva Nacional de Convenios Colectivos o de los órganos correspondientes de las Comunidades Autónomas[125].

3.3.1. *Convenios colectivos objeto de descuelgue y alcance temporal del descuelgue*

Respecto al objeto de lo modificable, de la nueva redacción y lectura conjunta de los artículos 82.3 LET[126] y 41.6 LET[127] se infiere que el descuelgue afecta a cualquier tipo de convenio colectivo, configurado siguiendo los requisitos establecidos en el Título III de la LET. Ello significa que la Ley permite activar este mecanismo en aquellos casos en los que el convenio colectivo sea un convenio colectivo estatutario, configurado siguiendo los requisitos de registro y publicación en el Boletín Oficial que corresponda según su ámbito de aplicación[128].

Entran también dentro de la dicción del artículo los instrumentos que tengan atribuida la misma eficacia que el convenio colectivo estatutario, como el acuerdo de conciliación o el acuerdo alcanzado tras la mediación de un conflicto colectivo[129] por aquellos sujetos en los que concurren los requisitos exigidos por el Título III de la LET, ex art. 156.2 de la Ley reguladora de la jurisdicción social[130]. De esta manera, queda fuera de ser objeto del descuelgue cualquier otro acuerdo colectivo. Consecuentemente, la modificación de las condiciones pactadas en convenios colectivos extraestatutarios se deberá llevar a cabo siguiendo el procedimiento regulado en el artículo 41.4 LET.

Así lo corroboró la pronta sentencia, de unificación de doctrina del Tribunal Supremo, en la que se estableció que en el caso de un convenio colectivo de empresa, que no fue registrado y publicado, se estaría ante un conve-

---

[124] GOERLICH PESET, 2012, cit., p. 30.

[125] CRUZ VILLALÓN, 2012, cit., p. 6.

[126] Vid. art. 82.3 LET: «Los convenios colectivos regulados por esta ley obligan a todos los empresarios y trabajadores incluidos dentro de su ámbito de aplicación y durante todo el tiempo de su vigencia. Sin perjuicio de lo anterior, cuando concurran causas económicas, técnicas, organizativas o de producción, (…) se podrá proceder, (…) a inaplicar en la empresa las condiciones de trabajo previstas en el convenio colectivo aplicable, sea de sector o de empresa».

[127] Vid. art. 41.6 LET: «La modificación de las condiciones de trabajo establecidas en los convenios colectivos regulados en el título III deberá realizarse conforme a lo establecido en el artículo 82.3».

[128] Vid. art. 90 LET.

[129] SAN 178/2014, de 31 de octubre de 2014, FJ 5.

[130] COLAS NEILA, 2016, cit., p. 94.

nio colectivo extraestatutario, por lo que el procedimiento correcto a seguir sería el regulado en el artículo 41 LET, y no en el artículo 82.3 LET[131].

En el mismo sentido se pronunció la Audiencia Nacional en un caso en el que la parte demandante alegaba que la supresión de las tarjetas sanitarias debió acometerse por el procedimiento del art. 82.3 LET y no por el procedimiento del art. 41.4 LET, porque consideraba que las tarjetas sanitarias derivaban de la conciliación alcanzada en el proceso de conflicto colectivo, que tiene el valor de convenio colectivo estatutario. Sin embargo, la Audiencia Nacional estimó que al no probarse que las y los representantes que suscribieron los acuerdos mencionados tuvieran la legitimación exigida en los artículos 87 y 89 LET, ni el registro y publicación de dichos acuerdos, descartó que el acuerdo de conciliación tuviera naturaleza de convenio colectivo estatutario. Por tanto, se estimó que el procedimiento llevado a cabo mediante lo regulado en el artículo 41.4 LET, se ceñía a la legalidad vigente[132]. De esta manera, la jurisprudencia[133] ha venido señalando cuándo procede seguir uno u otro procedimiento, destacando las principales diferencias y similitudes entre ambos[134].

En segundo lugar, uno de los datos más significativos que se introducen en el artículo 82.3 LET, hace referencia a la posibilidad de llevar a cabo el procedimiento de descuelgue de condiciones pactadas en convenios colectivos de ámbito supraempresarial o de sector, y de empresa. Hasta la reforma de 2012, los únicos convenios colectivos que podían ser objeto de descuelgue salarial eran los convenios de ámbito superior a la empresa. Por tanto, la

---

[131] STS de 23 de octubre de 2012, FJ 2: «lo cierto es que el acuerdo continuaría sin poder ser calificado como un convenio estatutario, pues no consta que haya sido tramitado ni aprobado como tal; tampoco que haya sido inscrito, ni que haya sido objeto de publicación oficial, como exige el art. 90 del ET. (…) Estas diferencias han sido tomadas en consideración por el legislador al disciplinar (…) los medios de modificación sustancial de las condiciones de trabajo de carácter colectivo, derivadas de cualquier otra fuente diferente del convenio estatutario, puede ser acordada por el empresario, una vez finalizado el período de consultas que establece el art. 41.4».

[132] SAN 30/2013 de 20 de febrero de 2013, FJ 6.

[133] SAN 102/2012, de 21 de septiembre, FJ 3: Ambas instituciones se asemejan en la medida en que comparten las circunstancias habilitantes que son necesarias para adoptar la medida empresarial y en la existencia de un procedimiento de consultas. A mayor abundamiento el eventual acuerdo entre las partes, supone la presunción de existencia de las causas habilitantes. Se exige también, en ambos preceptos, el deber de negociar de buena fe. Sin embargo, se afirma que se trata de dos procedimiento diferenciados, pues el procedimiento para la inaplicación de cláusulas convencionales estatutarias exige el acuerdo de la representación de los trabajadores o, en caso de desacuerdo en el período de consultas, mediante los procedimientos regulados en el artículo 82.3 ET: resolución de la comisión paritaria; procedimientos extrajudiciales regulados en los acuerdos interprofesionales y Comisión Consultiva Nacional de Convenios o el órgano autonómico correspondiente. Por el contrario, en los supuestos de modificación sustancial de condiciones de trabajo regulados en el artículo 41 ET, no es necesario acuerdo, pudiendo modificarse mediante una decisión unilateral del empresario.

[134] COLÁS NEILA, 2016, cit., p. 90.

última modificación acarrea la ampliación del ámbito material del descuelgue, lo que conlleva un evidente fomento del mismo[135].

A mayor abundamiento, la posibilidad de dejar de aplicar ciertas condiciones reguladas en el convenio colectivo de empresa supone poner en práctica la técnica que la doctrina científica ha denominado como «autodescuelgue» [136]. Ciertamente la introducción de esta técnica ha traído consigo controversias varias.

En primer lugar, la ley, legitima a sujetos diferentes de los que firmaron el convenio colectivo de empresa para negociar el descuelgue. Contraviene así una simple regla de lógica aplicativa del principio de autonomía de la voluntad: que sean las propias partes que negociaron las condiciones de un contrato (convenio), quienes pacten su alteración[137].

Anteriormente, los convenios colectivos de empresa podían ser modificados por el principio de primacía de la voluntad de las partes, al posibilitar la constitución de la comisión negociadora del convenio colectivo, para que novara su contenido. Esto se debía a que la regla de no afectación de lo pactado, regulada en el artículo 84.1 LET, era aplicable cuando los convenios colectivos eran de ámbito distinto, mientras que los del propio ámbito siempre podían reconsiderar lo pactado por ellos. De esta manera, eran los mismos sujetos que pactaron el convenio colectivo de empresa, quienes lo modificaban, pactando de nuevo.

Sin embargo, tal y como se ha adelantado, con la regulación vigente, el «autodescuelgue» escapa de las manos de la propia representación de las personas trabajadoras y personas empresarias que en su día negociaron el convenio colectivo de empresa.

En segundo lugar, cabría mencionar la controversia relativa a la volatilidad de lo pactado en convenio colectivo de empresa. Aunque en su configuración teórica la inaplicación convencional aparece vinculada a la imposibilidad de la empresa de asumir regulaciones supraempresariales, tal y como se viene diciendo, la literalidad de la ley no ofrece duda de que la empresa puede solicitar la inaplicación del propio convenio, que se hubiese pactado pocos meses antes[138]. Mediante la aplicación del mismo, se pretende incidir en la descentralización convencional con el fin de promover la negociación de las condiciones laborales en un nivel más cercano a la realidad de las

---

[135] AMMADACHOU KADDUR, 2017, cit., p. 231.
[136] CRUZ VILLALÓN, 2013, cit., p. 396; GARCÍA - PERROTE ESCARTÍN, I., «Inaplicación de convenios colectivos: causas, procedimientos y efectos sobre las relaciones individuales de trabajo», en RAMOS QUINTANA M.I. y GRAU PINEDA, M.C., (Coords.), *Las reformas sobre el sistema de negociación colectiva en España*, Bomarzo, 2014, p. 94.
[137] CRUZ VILLALÓN, 2013, cit., p. 396.
[138] SAEZ LARA, C., «Descuelgue convencional y arbitraje obligatorio», *Temas Laborales núm. 140*, 2017, p. 323.

empresas[139]. No obstante, permitiendo el «autodescuelgue», se convierten en papel mojado aquellos convenios colectivos en los que existe ya previamente, una inmediación absoluta con la realidad productiva y económica de la empresa[140].

En otro orden de cosas, surgen dudas al delimitar el alcance material del concepto de «convenio colectivo» del artículo 82.3 LET. Es decir, uno, se puede plantear si el artículo hace únicamente referencia al convenio colectivo en vigor en el momento de activarse el procedimiento por la empresa y, en su caso, suscribirse el acuerdo del descuelgue. Dos, también podría suscitarse si en cambio, cabría acordarse la inaplicación de condiciones laborales que se pactaran en un futuro convenio sectorial. El Tribunal Superior de Justicia de Madrid afirmó al respecto que «el legislador ha querido dar viabilidad a la inaplicación salarial estableciendo una flexibilidad que permite descuelgues preventivos para evitar un mal mayor como es la extinción de contratos de trabajo» [141]. En este caso, se aboga por una interpretación muy amplia, lo que conllevaría todavía una posibilidad de flexibilización mayor y consecuentemente a reducir, más si cabe, el derecho a la negociación colectiva. No obstante, matiza que «son los negociadores los que deben valorar, atendidas las concretas y específicas circunstancias de cada empresa, en qué medida una concreta coyuntura económica puede producir efectos actuales o futuros en el mantenimiento del empleo, y en qué medida es necesaria una intervención correctora sobre los salarios establecidos por los convenios colectivos de ámbito sectorial». De esta manera se permite que, mediante la negociación colectiva, se acuerde la inaplicación de regulaciones futuras que, aun no estando todavía en vigor, y por tanto no siendo aplicables en la empresa, estén en proceso de negociación y se pueda prever más o menos el resultado final[142].

Ciertamente, en esa misma línea cabe citar aquí la SAN 100/2013 de 23 de mayo que permitió la inaplicación de ciertas condiciones laborales reguladas en un convenio colectivo que, aunque todavía no se había publicado, estaba en vigor en el momento en el que se acordó el descuelgue[143]. Aun así, y contraviniendo en cierta manera a la STSJ de Madrid antes citada[144], la Audiencia Nacional afirmó en este mismo caso que «es evidente, pues, que el convenio respecto del que opera la inaplicación es el vigente en el momento

---

[139] AMMADACHOU KADDUR, 2017, cit., p. 233.
[140] GORELLI HERNÁNDEZ, 2013, cit., pp. 4–5.
[141] STSJ de Madrid 626/2013 de 25 de septiembre de 2013, FJ Único.
[142] COLÁS NEILA, 2016, cit., pp. 93–94.
[143] SAN 100/2013 de 23 de mayo de 2013, FJ 2: «la publicidad no es un requisito constitutivo de la validez del convenio, «que deviene vinculante y obligatorio para los comprendidos en el mismo desde la fecha en que se acuerden las partes, como establecen el art. 82.3 y 90.4 del ET, que puede ser muy anterior al momento de su publicación».
[144] STSJ Madrid 626/2013, de 25 de septiembre de 2013, FJ Único.

de la misma, puesto que no cabe descolgarse de un instrumento que no existe»[145]. Así, delimita el alcance material del concepto de convenio colectivo del art. 82.3 LET, concretándolo al convenio colectivo que está en vigor en el momento del descuelgue.

Por último, de la redacción del artículo 82.3 LET se colige que quedan fuera del descuelgue aquellos convenios colectivos o acuerdos de ámbito inferior al de la empresa (por ejemplo de centro de trabajo)[146], ya que la facultad prevista por el artículo 82.3 LET es la de «inaplicar en la empresa las condiciones de trabajo previstas por el convenio colectivo aplicable»[147]. Al mismo tiempo que tampoco es posible inaplicar simultáneamente varios convenios colectivos que eventualmente fueran aplicables en una misma empresa[148].

En lo que se refiere al análisis del alcance temporal de esta institución jurídica surgen diversas cuestiones que merecen ser respondidas. En primer lugar, es preciso dejar claro que aunque la inaplicación de un convenio colectivo puede proponerse desde el momento de la firma del mismo, la doctrina judicial ha entendido que la inaplicación no resulta adecuada por falta de causa. Puesto que dado el poco tiempo transcurrido entre la vigencia del convenio y el inicio del procedimiento de descuelgue, no concurrirían circunstancias sobrevenidas en dicho periodo de tiempo que justificaran el descuelgue[149].

---

[145] SAN 100/2013 de 23 de mayo de 2013, FJ 2.

[146] GORELLI HERNÁNDEZ, 2013, cit., p. 5.

[147] SANGUINETI RAYMOND, es de esta misma opinión, y se basa para ello en el tenor taxativo de la norma y la naturaleza excepcional de la facultad reconocida en este caso. En SANGUINETI RAYMOND, W., «La inaplicación parcial o descuelgue de convenios colectivos: puntos críticos y posibles respuestas desde la autonomía colectiva», en RAMOS QUINTANA, M.I. y GRAU PINEDA, M.C. (Coords.), *Las reformas sobre el sistema...*, 2014, p. 116.

[148] SAN 156/2014, de 25 de septiembre de 2014, FJ 5: «A nuestro juicio, el régimen de inaplicación de convenios, regulado en el art. 82.3 ET, no permite la inaplicación simultánea de todos los convenios provinciales de una empresa, aunque concurra causa y haya conformidad con la mayoría de los representantes unitarios de la empresa, porque la inaplicación del convenio constituye una excepción a la regla de eficacia general del convenio (art. 37 CE), como se desprende de la expresión «sin perjuicio de lo anterior...», utilizada por el art. 82.3 ET».

[149] SAEZ LARA, 2017, cit., p. 337. Y en este mismo sentido, STSJ Cataluña de 13 de julio de 2016, FJ 5: «Por todo lo anteriormente razonado, fundamentalmente, por el poco tiempo que tiene transcurrido entre la vigencia del convenio de empresa y el inicio del procedimiento para su inaplicación parcial, por no haberse producido circunstancias sobrevenidas en dicho periodo de tiempo que justifiquen el descuelgue y, por último, por no haber quedado probada debidamente la conexión de razonabilidad entre las medidas de reducción salarial pretendidas (sacrificio de los trabajadores) y la mejora de la situación de la empresa, procede desestimar íntegramente la demanda».

En segundo lugar, es necesario aclarar si cabría la posibilidad o no de retrotraer los efectos del descuelgue a un momento anterior al de su suscripción.

Si bien es cierto que, el artículo 82.3 LET no limita expresamente la posibilidad de dar eficacia retroactiva al pacto modificativo, y que además en Derecho Laboral, y más concretamente en el marco de la regulación estatutaria de la sucesión de convenios, cabe la disposición de derechos del convenio anterior por el nuevo que le sucede, en sentido progresivo o regresivo, la jurisprudencia entiende que en el marco de un procedimiento de descuelgue, no se admite que los sujetos habilitados para inaplicar el convenio, lo hagan hacia el pasado. Esto es debido a que, en estos casos de inaplicación, no se está ante un convenio colectivo negociado con plena libertad y autonomía que fije su vigencia, sino ante un simple acuerdo por el que se concierta la inaplicación de ciertas condiciones del convenio colectivo de aplicación. Ello comporta que los efectos temporales del acuerdo, su vigencia, sea distinta[150].

En consecuencia, la fecha del eventual acuerdo de descuelgue marca el hito temporal de deslinde de efectos jurídicos del convenio. Esta interpretación es la que resulta más congruente desde el punto de vista de la institución misma del descuelgue, ya que la causa que habilita el mismo, económica, productiva, organizativa o técnica, en sí misma se ubica en un momento temporal y despliega efectos allí, no rueda atrás y adelante, sino de un modo lineal, hacia el futuro[151].

Así lo estimó también la Comisión Consultiva Nacional de Convenios Colectivos, entendiendo que la vigencia de la inaplicación debía estar delimitada desde su entrada en vigor, considerando la imposibilidad de que la Decisión pudiera tener efectos retroactivos[152]. Por tanto, tal y como se colige del propio artículo 82.3 LET, cuando se señala que lo que se determina en el acuerdo de descuelgue son las nuevas condiciones de trabajo aplicables en la empresa y su duración, el descuelgue actúa hacia el futuro[153].

En segundo lugar, es necesario centrar el análisis en la duración del descuelgue. A este respecto el artículo 82.3 LET establece un tiempo máximo de duración del acuerdo de inaplicación. Según el mismo, el acuerdo no puede prolongarse «más allá del momento en que resulte aplicable un nuevo convenio en dicha empresa». Esta expresión legal ha de ser entendida en su sentido más amplio. Ello implica que se considerará como nuevo convenio el

---

[150] STS de 7 de julio de 2015, FJ 3.
[151] QUINTERO LIMA, M.G., «La ductilidad del descuelgue convencional (ex artículo 82.3 ET) vs los intentos judiciales de establecer un marco de límites ineludibles: a propósito de la Sentencia de la Audiencia Nacional, Sala de lo Social, de 7 de abril de 2017», *Iuslabor núm. 2*, 2017, p. 9.
[152] CCNCC de 8 de julio de 2013, 8/2013.
[153] STS de 6 de mayo de 2015, FJ 2.

que sustituya al anterior. Por tanto, el nuevo convenio no tiene por qué coincidir con el ámbito funcional ni territorial del anterior[154].

A mayor abundamiento, a tenor de la propia literalidad de la expresión legal antedicha, el acuerdo de inaplicación también es extensible a prórrogas de vigencias y a la fase de ultraactividad del convenio. Este párrafo 6.º del artículo 82.3 LET fue introducido acertadamente mediante la reforma de 2012, como mejora técnica con respecto a la versión del RDL 7/2011, que vinculaba la duración del acuerdo a la vigencia del convenio inaplicado y planteaba dudas sobre la inclusión de prórrogas y periodos de ultraactividad. Aun siendo una mejora técnica respecto a la anterior regulación, con esta nueva modificación desaparece la doble garantía que imponía el párrafo sexto del artículo 82.3 LET, al eliminar el requisito de la duración máxima de tres años del descuelgue. Consecuentemente, la regulación de la duración del descuelgue se desprende de topes máximos y se alarga en un horizonte impreciso. Ha desaparecido así la voluntad de la regulación precedente de lograr que progresivamente se recuperaran las condiciones salariales temporalmente inaplicadas en la empresa[155].

De esta forma, puede afirmarse que, en principio, no existiría ningún límite temporal inicial ni final para activar la inaplicación del convenio durante su vigencia, incluyendo en ella la fase de ultraactividad. Concuerda con esta tesis el TS que añade que es válido el descuelgue respecto del convenio colectivo denunciado, y por tanto en fase de ultraactividad, siempre y cuando el promover un proceso de descuelgue no constituya un claro fraude de ley. El TS estima que no existe fraude de ley cuando en la aplicación del descuelgue se den dos premisas. Por un lado, que el descuelgue se produzca respecto del convenio que está vigente. Y por otro lado, que el acuerdo del descuelgue no sustituya, ni limite, el procedimiento ordinario de negociación de un nuevo convenio[156].

No obstante, esta interpretación del artículo en cuestión ha suscitado cierta estupefacción en el ámbito doctrinal, tanto si el descuelgue se da en los momentos iniciales de la vigencia del convenio colectivo, como cuando se lleve a cabo cuando el convenio se encuentre denunciado y en fase de ultraactividad, y en si se debería renegociar uno nuevo[157]. Ciertamente, esta estupefacción es compartida, pues no cabría tildar de lógico ni un descuelgue de un convenio colectivo recién entrado en vigor, pues se acabaría de negociar, se supone, que teniendo en cuenta el estado económico, organizativo, productivo y técnico de la empresa. Y tampoco se entendería justificado un des-

---

[154] VALDÉS DAL – RÉ, F., «Capítulo V. La inaplicación de condiciones de trabajo pactadas en convenios colectivos estatutarios», en LAHERA FORTEZA, J., (Coord.), *Reforma Laboral 2012: preguntas y respuestas,* Ediciones Cinca, Madrid, 2012, p. 165.

[155] CASAS BAAMONDE, 2014, cit., p. 299.

[156] STS de 23 de diciembre de 2015, FJ 4.

[157] SAEZ LARA, 2017, cit., p. 324.

cuelgue en el momento de ultraactividad de un convenio, entendiendo más conveniente la renegociación del mismo, teniendo en cuenta la situación de la empresa.

3.3.2. *Materias susceptibles de inaplicación*

Con la refundición sistemática de los artículos 41 y 82.3 LET se ha ampliado el descuelgue, afectando ahora a las condiciones de trabajo previstas en el convenio aplicable. Específicamente, el descuelgue afecta a la jornada de trabajo, horario y la distribución del tiempo de trabajo, el régimen de trabajo a turnos, el sistema de remuneración y cuantía salarial, sistema de trabajo y rendimiento, funciones, cuando excedan de los límites que para la movilidad funcional se prevén en el artículo 39 LET y las mejoras voluntarias de la acción protectora de la Seguridad Social. La inclusión de todas estas materias parece obedecer a un mismo criterio: facilitar tanto una mayor eficiencia del funcionamiento de la empresa, como una mayor capacidad de adaptación a las condiciones económicas, facilitando así la competitividad de la misma[158].

A primera vista puede parecer que la cosa es relativamente simple, pues podría afirmarse que el precepto no incluye mayores novedades, al tratarse, supuestamente, de una mera operación de traslado de las condiciones de trabajo susceptibles de inaplicación a un mismo precepto (es decir, del artículo 41 al 82.3 LET)[159]. Sin embargo, lo que inicialmente parecía simple, no deja de provocar algún interrogante y la necesidad de aclaración en ciertos aspectos por parte de la jurisprudencia.

Uno de los aspectos a matizar ha sido la diferenciación del carácter de las listas enumeradas en ambos artículos. Ciertamente, la lista del artículo 82.3 LET abarca una serie de áreas del contenido convencional que guardan un parentesco literal con las del artículo 41 LET, si bien en el primero se incorpora alguna más[160].

No obstante, mientras que el listado de las modificaciones sustanciales de este último artículo es meramente ejemplificativo, por cuanto de la expresión «entre otras» así se concluye, la lista del artículo 82.3 LET, es una lista *numerus clausus*[161]. Ello significa, tal y como se ha explicado previamente, que sólo las condiciones reflejadas en la lista pueden ser objeto de descuelgue, siendo imposible añadir materias nuevas. Consecuentemente,

---

[158] GORELLI HERNÁNDEZ, 2013, cit., p. 10.

[159] CRUZ VILLALÓN, 2013, cit., p. 397.

[160] En el artículo 82.3.g) se incorporan las mejoras voluntarias a la Seguridad Social, que no se incluyen en el artículo 41 LET.

[161] SAN 216/2013 de 2 de diciembre, FJ 2.

cualquier pretensión del empresario o empresaria de alterar una condición distinta de las ahí enumeradas, habrá de calificarse como jurídicamente irregular[162]. A *sensu contrario,* todas las alteraciones de las condiciones de trabajo previstas por el convenio, enumeradas en el artículo 82.3 LET, sean sustanciales o no, e independientemente del número de personas trabajadoras a que afecten, deben quedar sometidas al procedimiento de descuelgue[163]. Dicho de otro modo, en ningún caso se aplican los umbrales cuantitativos del artículo 41 LET, de modo que, aunque la inaplicación que se pretenda sea parcial, porque afecta a un número reducido de la plantilla dentro de la empresa, si la inaplicación/modificación afecta a una de las condiciones citadas en la lista, ésta se deberá tramitar a través del procedimiento del artículo 82.3 LET[164].

Es más, del modo que se ha adelantado, la sustancialidad de la inaplicación tampoco importa aquí. Es decir, cuando el cambio incide en la regulación convencional, en cualquiera de las materias que contempla el artículo 82.3 LET, aunque sea de modo poco importante en términos cuantitativos, sólo permite al empresariado emplear la vía de este último precepto, transformando en nula cualesquiera decisión unilateral que lo ignore. Sin embargo, cuando esa irrelevante modificación no suponga la inaplicación de lo dispuesto en un convenio estatutario, puede formar parte del *ius variandi* empresarial, pudiendo realizar dicho cambio de forma unilateral[165].

Aun teniendo en cuenta el carácter taxativo de la lista, son innegables tanto la amplitud de la misma, como la relevancia de las materias susceptibles de ser inaplicadas. Se describe como una lista amplia por comprender, nada más y nada menos que siete condiciones laborales, abarcando la generalidad de las mismas. A mayor abundamiento, no se aprecia inicialmente por parte del legislador que se deba realizar una interpretación o lectura restrictiva de cada una de las condiciones reflejadas en ella[166]. También ha resultado ser de la misma opinión la doctrina jurisprudencial, manifestando que esta lista es susceptible de interpretación extensiva[167]. Así se consideró que las modificaciones relativas al descanso vacacional tienen cabida en el apartado b) del precepto, relativo a horario y distribución del tiempo de trabajo[168].

---

[162] VALDÉS DAL – RÉ, 2012, cit., p. 161.

[163] STS de 17 de diciembre de 2014, FJ 4.

[164] CRUZ VILLALÓN, 2013, cit., pp. 5–6.

[165] STS 573/2017 de 29 de junio, FJ 2. En este caso la empresa restringió de forma unilateral una compensación diaria para atención de gastos extraordinarios, al introducir en la comunicación unilateral que recogía dicha restricción, la condición de tener que ausentarse del puesto de trabajo por un tiempo superior al de la mitad de la jornada. Cuando en el convenio colectivo en vigor, no se exigía dicha condición.

[166] CRUZ VILLALÓN, 2013, cit., p. 398.

[167] SAN 103/2015 de 9 de junio de 2015, FJ 5.

[168] SAN 103/2015 de 9 de junio de 2015, FJ 5.

Sin embargo, se ha aclarado que la modificación de la fecha de abono de las pagas extraordinarias, en un caso en el que el empresario pretendía modificar la fecha de pago de la extraordinaria de Navidad, aplazando la misma, no sería modificable por esta vía. El TS estimó en este caso que, la fecha de abono de la paga extraordinaria en cuestión no se puede integrar en el artículo 82.3 LET, porque es una retribución que nace del artículo 31 LET y su modificación (aplazamiento) no afectaría a una de las cláusulas del convenio sino a un precepto de la LET[169]. También rechazó la vía del descuelgue en aquellas materias retributivas distintas del salario, como son las dietas, pues se interpreta que en otro caso, el legislador habría optado por decir en el apartado d) del artículo 82.3 LET, «cuantía de las retribuciones» o «cuantía salarial y de los demás conceptos retributivos», en lugar de referirse únicamente a «la cuantía salarial»[170].

Para terminar con este aspecto, el artículo 82.3 LET establece que «el acuerdo de inaplicación no podrá dar lugar al incumplimiento de las obligaciones establecidas en convenio relativas a la eliminación de las discriminaciones por razones de género o de las que estuvieran previstas, en su caso, en el Plan de Igualdad aplicable en la empresa». Así quedan excluidas las cláusulas convencionales que aún referidas a cualquiera de las materias enumeradas, se dirijan a promover la igualdad de trato de oportunidades entre mujeres y hombres[171]. También quedan fuera, y por tanto son intocables, las condiciones laborales relativas a las relaciones colectivas de trabajo, la seguridad y salud laboral, la conciliación de la vida laboral y familiar, etc.[172].

Por otro lado, se ensalza la relevancia de las condiciones de trabajo agrupadas en la lista, puesto que el nuevo artículo 82.3 LET abarca las áreas del contenido convencional que resultan claves en el gobierno de la empresa y por tanto son de vital importancia[173]. Es por ello por lo que se ha defendido doctrinalmente[174] que no importa demasiado el carácter cerrado de la lista, desde el momento en que en ella se encuentran las áreas estratégicas clave de la gestión de la empresa[175].

---

[169] STS 439/2019, de 11 de junio de 2019, FJ 2.

[170] SAN 103/2015 de 9 de junio de 2015, FJ 5.

[171] Tal y como apunta SAEZ LARA, 2017, cit., p. 326, esta cuestión no ha tenido gran incidencia en la práctica, pues la cuestión sólo aparece reflejada de forma indirecta en la STSJ Cataluña 23/2016 de 13 de julio, FJ 4, que conoce la impugnación del laudo arbitral que desestima la petición de inaplicación, por parte de la empresa, entre otras causas, porque no se había acreditado por la empresa el impacto de género que podía tener la implementación de la medida, lo que iba en contra de lo dispuesto en el artículo 82.3 LET.

[172] SANGUINETY RAYMOND, 2014, cit., p. 117.

[173] CASTRO ARGÜELLES, 2013, cit., pp. 126–130.

[174] FERNÁNDEZ LÓPEZ, 2015, cit., pp. 872–873; SANGUINETY RAYMOND, 2014, cit., p. 117.

[175] Así lo sostuvo también el TS en la Sentencia de 28 de febrero de 2007, FJ 3, anterior a la reforma de 2012, al interpretar lo siguiente: «los temas de jornada y horario en cuanto cons-

No obstante, tal y como auguraba algún autor[176], el descuelgue de condiciones pactadas en convenio colectivo ha seguido siendo en la práctica un descuelgue salarial. Es decir, los descuelgues han seguido centrándose en la posibilidad de que la empresa dejara de aplicar la cuantía salarial prevista en el convenio colectivo que estaba en vigor. Así, durante el periodo de 2013–2015, el 90% de los descuelgues afectaron a las condiciones salariales, que curiosamente había venido siendo, hasta la reforma de 2012, la única materia susceptible de inaplicación[177]. Estos datos ponen en duda la efectividad de una de las modificaciones del artículo 82.3 LET operada por la misma.

3.3.3. *Personas trabajadoras afectadas por el descuelgue*

Según lo dicho hasta ahora, el descuelgue de condiciones laborales pactadas en convenio colectivo afecta a la empresa en su conjunto. Siguiendo este principio, y ante el silencio del precepto legal sobre este aspecto, las personas trabajadoras afectadas por el mismo serían únicamente aquellas pertenecientes a la empresa descolgada.

Otra cosa será que, aún siendo el acuerdo objeto de inaplicación de eficacia general, regule alguna condición privativa de un grupo o categoría de personas trabajadoras, como por ejemplo, un complemento salarial u horarios específicos. O que pueda impactar sobre personas trabajadoras con cierta antigüedad de la empresa, cuando afecte a mejoras voluntarias de la Seguridad Social. En estos casos concretos, el descuelgue no afectaría a la totalidad de la plantilla de la empresa, sino a un grupo concreto de la misma[178].

Por tanto, aunque se pretenda una inaplicación parcial de un convenio colectivo estatutario, porque la misma afecta a un número reducido dentro de la empresa, si la condición objeto de descuelgue es una de las enumeradas en el artículo 82.3 LET, se deberá tramitar, siempre, a través del procedimiento del mencionado artículo[179].

---

tituyen condiciones de trabajo que afectan profundamente al régimen de vida de los trabajadores (…) constituyen una de las materias más sensibles sobre las que se impone la necesidad de negociación».

[176] GORELLI HERNÁNDEZ, 2013, cit., p. 11.

[177] COLÁS NEILA, 2016, cit., p. 95. A mayor abundamiento sirve, la información disponible en materia de negociación colectiva que se obtiene de la Estadística de Convenios Colectivos, que elabora mensualmente el Ministerio de Empleo y Seguridad social, con base en la Hoja estadística que tienen que cumplimentar las comisiones negociadoras de los convenios cuando los suscriben. Disponible en mitramiss.gob.es.

[178] SANGUINETI RAYMOND, 2014, cit., p. 116.

[179] CRUZ VILLALÓN, 2012, cit., pp. 5–6 y también en este sentido STS 588/2016 de 20 de junio de 2016, FJ 5, cuando dice que: «el traslado de la modificación del artículo 41 al artí-

3.3.4. *Circunstancias habilitantes para la inaplicación*

Las circunstancias habilitantes o causas justificativas experimentan una reforma sustancial respecto a la anterior regulación, adquiriendo mayor alcance. A partir de 2012, las causas que justifican el descuelgue pasan a ser cuatro; además de la causa económica, ya tradicional en esta figura, se suman las causas organizativas, las técnicas y las de producción. Se puede afirmar así que la reforma de 2012, desde la perspectiva causal, supone una importante ampliación de las posibilidades empresariales y una mayor flexibilidad[180]. En este sentido la doctrina laboral, prácticamente de manera unánime, ha afirmado que gran parte de la flexibilidad aportada por el descuelgue de condiciones de trabajo procede justamente de una débil causalidad[181].

Curiosamente, estas causas son nominalmente las mismas que las exigidas para la modificación sustancial de condiciones de trabajo reguladas en el artículo 41 LET o para los despidos colectivos y objetivos de los artículos 51 y 52 LET.

No obstante, el legislador ha establecido una definición autónoma para cada una de ellas. Mientras que en la modificación sustancial de condiciones de trabajo se establece únicamente como criterio que éstas estén relacionadas con la competitividad, la productividad u organización técnica o del trabajo en la empresa, en el caso del descuelgue y los despidos colectivos y objetivos la ley es más precisa. Esa precisión es más notoria especialmente en lo que respecta a las causas económicas, pero con un matiz diferencial. Así, en relación al plazo estipulado para considerar que la disminución de ingresos, a la que se hace alusión en ambos artículos, es persistente, en el caso de la extinción del contrato de trabajo se toman como referencia tres trimestres consecutivos, mientras que, para el descuelgue el plazo es menor, reduciéndose a dos trimestres consecutivos[182].

De ello, y de la redacción del propio artículo 82.3 LET, se colige que la definición de las causas del descuelgue es más próxima a la de los despidos colectivos[183]. De hecho, en la actualidad la interpretación de cuándo se incurre en estas causas procede realmente de lo previsto en los artículos 51 y 52.c) LET[184], aunque, tal y como se ha argumentado, con ciertos matices di-

---

culo 82.3 por mor del origen de la condición la convierte en colectiva cualquiera que sea el número de los afectados».

[180] GORELLI HERNÁNDEZ, 2013, cit., p. 6.

[181] GORELLI HERNÁNDEZ, 2013, cit., p. 6.

[182] Vid. artículos 51.1 y 82.3 LET. En este sentido, AMAADACHOU KADDUR, 2017, cit., p. 228.

[183] COLÁS NEILA, 2016, cit., p. 97: «El propio precepto indica cuándo se entiende que concurren estas (causas). Valga decir que reproducen las fijadas para los despidos colectivos y objetivos en los arts. 51 y 52.c) ET respectivamente, aunque con algún matiz importante».

[184] GORELLI HERNÁNDEZ, 2013, cit., p. 6.

ferenciales. El legislador sitúa de esta manera el descuelgue como una medida intermedia, en lo que a su gravedad o intensidad se refiere, entre las modificaciones sustanciales de trabajo del artículo 41 LET y el despido colectivo[185].

Siguiendo la redacción del artículo 82.3 LET, la inaplicación del convenio colectivo requiere la concurrencia de alguna de las causas en él previstas. Así, se entiende que concurren causas económicas cuando de los resultados de la empresa se desprenda una situación económica negativa, en casos tales como la existencia de pérdidas actuales o previstas, o la disminución persistente de su nivel de ingresos ordinarios o ventas. Y, tal y como se ha señalado anteriormente, en todo caso, cuando esa disminución se produce durante dos trimestres consecutivos, respecto de los ingresos o ventas obtenidos en los mismos trimestres del año anterior.

Se entiende que concurren causas técnicas cuando se produzcan cambios, entre otros, en el ámbito de los medios o instrumentos de producción. Causas organizativas, cuando se produzcan cambios, entre otros, en el ámbito de los sistemas y métodos de trabajo del personal o en el modo de organizar la producción. Y se entiende que existen causas productivas cuando se produzcan cambios, entre otros, en la demanda de los productos o servicios que la empresa pretende colocar en el mercado[186].

Se podría decir que parece lógico que las causas habilitantes se vean amplificadas, dada la ampliación de las condiciones que pueden ser objeto de inaplicación. Tal y como se explica, «anteriormente las causas justificativas se centraban exclusivamente en el marco de las causas económicas, al ser la finalidad de esta institución jurídica el descuelgue de las condiciones salariales, contemplándose el mecanismo como alternativa a las medidas más traumáticas de los despidos por causas económicas. Sin embargo, ahora junto a las causas económicas se incluyen las de carácter técnico, organizativo o productivo, por traslación de la mecánica de otros procesos de reestructuración empresarial. Es decir, que el aumento de las causas está correlacionado con la ampliación de las materias o condiciones laborales, objeto de inaplicación»[187].

---

[185] SANGUINETY RAYMOND, 2014, cit., p. 118.

[186] Así queda redactado en el propio artículo 82.3 LET.

[187] CRUZ VILLALÓN, 2012, cit., p. 399. En este mismo sentido se pronuncia CASTRO ARGÜELLES, 2013, cit., pp. 118–119, cuando afirma que: «El cambio de formulación de las causas que pueden motivar un acuerdo de inaplicación del convenio tiene su transcendencia en lo que se refiere a las posibilidades de los que se ha conocido como descuelgue salarial, pues parece que la inaplicación de la cuantía salarial prevista en convenio ya no tiene por qué estar relacionada exclusivamente con una causa económica, como venía sucediendo desde que se institucionalizaran las cláusulas de descuelgue salarial (1994)».

Aunque este razonamiento parezca lógico y lícito, lo cierto es que esta modificación, además de multiplicar las causas habilitantes por cuatro, ha acarreado la flexibilización de la justificación de las mismas.

La primera de las evidencias se encuentra en la definición de la causa económica que tal y como se podrá ver, por un lado, se hace más extensa, por imprecisa, y por otro lado se produce una «radical objetivación» de la misma, convirtiéndola en una cuestión aritmética[188]. De la redacción del artículo se desprende que se dará la causa económica por probada cuando de los resultados de la empresa se desprenda una situación económica negativa. Ello se puede producir en dos situaciones diferentes, siendo las mismas: 1) la existencia de pérdidas actuales o previstas; y 2) la disminución persistente de ingresos durante dos trimestres consecutivos comparados con los mismos trimestres del año anterior.

El primero de los casos convierte la causa en extensa e imprecisa. Según la misma existirá la causa económica cuando se den pérdidas actuales, sin que la ley especifique cuál puede ser el nivel de pérdidas que justifique el descuelgue. Y también se dará cuando la empresa sufra pérdidas previstas, introduciendo así una causa económica preventiva. De ello se colige que estaríamos ante un descuelgue salarial al que perfectamente podría denominarse como «preventivo», pues se entiende que podría adoptarse frente a una mera previsión o probabilidad de situaciones futuras y no solo atendiendo a las circunstancias reales y actuales[189].

El segundo de los casos, en cambio, acarrea la objetivación de la causa económica, dictando que existirá causa económica cuando los ingresos sean inferiores durante los dos trimestres anteriores del año anterior. Lo que significa que es posible el descuelgue incluso sin necesidad de que haya pérdidas, siendo suficiente una reducción de la ganancia respecto al año anterior[190]. Además, mientras que en el año 2010 se autorizó a recurrir a la técnica de descuelgue en casos de «disminución persistente de ingresos», la nueva redacción incluye en esa persistencia a las ventas, lo que ayuda a la extensión y flexibilización de la causa.

Otro de los elementos que ayuda a demostrar la tan mencionada flexibilidad es la inclusión de las causas organizativas, técnicas o productivas como habilitantes del descuelgue. El carácter genérico de estas causas conlleva que sea suficiente la verificación de cambios de cualquier tipo en la empresa, pues lo técnico, organizativo y productivo abarca prácticamente todo. Como consecuencia, la ley dibuja una situación en la que cualquier cambio en la

---

[188] GOERLICH PESET, 2012, cit., p. 33. A mayor abundamiento, CASAS BAAMONDE, 2014, cit., p. 298: «aunque esta sea una causa «tradicional» en la institución jurídica del descuelgue, ha de apuntarse que en la Ley 3/2012, además de desligarse de su efecto negativo sobre el mantenimiento del empleo, tiene mayor amplitud y pretensión de automatismo».

[189] AMAADACHOU KADDUR, 2017, cit., p. 235.

[190] GORELLI HERNÁNDEZ, pp. 6–7.

empresa, por más nimio que sea, justifica un descuelgue de cualquiera de las condiciones laborales enumeradas en la lista del artículo 82.3 LET[191].

De lo anterior se desprende que las causas pueden invocarse indistintamente, cualquiera que sea la condición o condiciones laborales que puedan verse afectadas[192]. En la actualidad, por tanto, no es obligatorio que la causa justificativa sea económica para llevar a cabo un descuelgue salarial. Con la redacción vigente, también podrían dejar de aplicarse las cláusulas salariales por razones organizativas, técnicas o productivas, aunque la situación económica de la empresa no sea desfavorable e incluso encontrándose en una situación de obtención de beneficios estables o crecientes[193]. De la misma manera, por razones económicas, pueden verse inaplicadas las cláusulas que regulan el horario y la distribución del tiempo de trabajo.

Las dos evidencias anteriores constatan que además de situar las causas económicas cada vez más en el terreno de la cotidianidad, el descuelgue no exige en modo alguno que la empresa se encuentre en una situación de dificultad económica, pues se incorporan causas mucho más genéricas de carácter técnico, organizativo o productivo, evidenciando aún más, la pérdida del carácter excepcional del descuelgue[194]. A mayor abundamiento, un mínimo cambio en la productividad y competitividad empresarial puede justificar un descuelgue de condiciones pactadas en convenio colectivo, poniendo en grave peligro la garantía de la fuerza vinculante de dicho colectivo[195]. Por consiguiente, tal y como se ha afirmado, «asistimos a la normalización del descuelgue salarial, pese a que desde su propia génesis fue concebido con carácter excepcional y debería continuar siendo así» [196].

Siguiendo con el análisis de la nueva redacción del artículo 82.3 LET, tampoco se desprende del mismo que la empresa que adopte este tipo de medidas esté asumiendo el compromiso de mantener el empleo. Tradicionalmente, el descuelgue se llevaba a cabo por la existencia de una situación económica desfavorable de la empresa y con el ánimo de superar dicha cri-

---

[191] CRUZ VILLALÓN, 2012, cit., p. 399.

[192] CASTRO ARGÜELLES, 2013, cit., p. 120.

[193] AMAADACHOU KADDUR, 2017, cit., p. 228.

[194] LUQUE PARRA, M., «Modificación de condiciones de trabajo reguladas en convenio colectivo, en DEL REY GUANTER, S., (Dir.), *La reforma del mercado de trabajo y su impacto en el sistema de relaciones laborales, 1 ed.*, La Ley Actualidad, Madrid, 2012, pp. 316–317: «Esta conceptuación de la causa económica, convierte la decisión empresarial en una manera de gestión ordinaria, común o fisiológica de las relaciones laborales y de las condiciones de trabajo que la ordenan, lo que la aleja de su caracterización como medida de gestión excepcional o patológica».

[195] CRUZ VILLALÓN, 2012, cit., p. 399.

[196] AMMADACHOU KADDUR, 2017, cit., p. 229. A mayor abundamiento, la misma autora, en la misma obra, pero más adelante, p. 235, afirma que de esta manera, «el legislador reformista flexibiliza las causas del descuelgue salarial con el fin de aplicarlo como medida «paliativa» y, también «preventiva»». Lo que hace que este mecanismo se convierta, más si cabe, en una institución aplicable a situaciones ordinarias y no como medida excepcional.

sis empresarial. Como sostiene la Audiencia Nacional, refiriéndose al artículo 41, pero perfectamente extensible al artículo 82.3 LET, «la nueva versión del artículo 41.1 ET ha limitado, aún más el nivel de exigencia de la legislación precedente (…) ya que ahora el precepto se limita a exigir la concurrencia de probadas razones técnicas, organizativas o productivas entendiéndose como tales las que se relacionan con la competitividad, la productividad u organización técnica del trabajo en la empresa (…) no es la «crisis» empresarial sino la «mejora» de la situación de la empresa la vara de medir (…) sin que haya de acreditarse la superación de vicisitudes negativas» [197]. Es decir, la causa justificativa puede ser una situación empresarial en la que no concurra riesgo alguno para la viabilidad del empleo en la empresa[198]. Se contraría así la redacción del artículo 82.3 LET dada por la reforma de 2010, de la que se desprendía que esta regla incluía en paralelo un compromiso implícito de la empresa de mantenimiento del empleo[199].

La modificación del artículo 82.3 LET también trae consigo, en un primer momento al menos, la pérdida de la obligación de la empresa de conectar la decisión adoptada con la finalidad perseguida. En la nueva redacción del precepto ha desaparecido toda referencia a la motivación que antes exigía la institución del descuelgue[200]. En efecto, se prescinde de la obligación que, hasta el 2012, recaía en la parte empresarial de vincular la decisión adoptada con la finalidad perseguida. Tal como ya se ha escrito por la doctrina laboral[201], esto se debe a la finalidad que se persigue con la Ley 3/2012, siendo la misma la de constreñir el control externo a desarrollar por el poder judicial o la administración, únicamente en la existencia de la causa. Es decir, no permitiendo que dicho control externo se extienda a la valoración de la razonabilidad de la medida.

Aunque de la redacción legal se deduzca que no cabría una valoración de razonabilidad de la medida por parte del juez, el TS estimó que «tras la reforma laboral de 2012, iniciada con el RD.Ley 3/2012 (RCL 2012, 147), a los Tribunales corresponde emitir un juicio no sólo sobre la existencia y legalidad de la causa alegada, sino también acerca de la razonable adecuación entre la causa acreditativa y la acordada» [202].

---

[197] SAN 160/2012, 7 de diciembre de 2012 FJ 5.

[198] CRUZ VILLALÓN, 2012, cit., p. 400: «la causa justificativa puede ser una simple situación de lucro cesante o de ausencia de cambio en las condiciones de trabajo que frene el incremento de los beneficios empresariales por no acometer medidas en el terreno técnico, organizativo o productivo».

[199] CRUZ VILLALÓN, J., «La flexibilidad interna en la reforma laboral de 2010», *Relaciones Laborales núm. 21–22*, 2010, p. 91.

[200] CASTRO ARGÜELLES, 2013, cit., p. 120.

[201] GOERLICH PESET, 2012, cit., p. 34.

[202] STS 26 de marzo de 2014, FJ 10.

No obstante, y coincidiendo con la doctrina laboral, en la citada sentencia se afirma que «la alusión legal a conceptos macroeconómicos (competitividad; productividad) o de simple gestión empresarial (organización técnica o del trabajo), y la supresión de las referencias valorativas existentes hasta la reforma (prevenir; y mejorar), no solamente inducen a pensar que el legislador orientó su reforma a potenciar la libertad de empresa y el «ius variandi» empresarial, en términos tales que dejan sin efecto nuestra jurisprudencia en torno a la restringidísima aplicación de la cláusula «rebus sic stantibus», en materia de obligaciones colectivas, (…), sino que la novedosa redacción legal incluso pudiera llevar a entender —equivocadamente, a nuestro juiciola eliminación de los criterios de razonabilidad y proporcionalidad judicialmente exigibles hasta la reforma, de manera que en la actual redacción de la norma el control judicial se encontraría limitado a verificar que las «razones» —y las modificaciones— guarden relación con la «competitividad, productividad u organización técnica o del trabajo en la empresa»[203].

Sin embargo, el TS entiende que, aunque a los tribunales no les corresponden juicios de «oportunidad», pues al igual que antes de la reforma pertenecen a la gestión empresarial, sí que les compete no sólo emitir un juicio de legalidad en torno a la existencia de la causa alegada, sino también de razonable adecuación entre la causa acreditada y la modificación acordada. Todo ello basado tanto en la remisión que el precepto legal hace a las acciones judiciales, como en la obligada tutela judicial que ello comporta (art. 24.1 CE)[204].

En este mismo sentido se ha pronunciado la Audiencia Nacional, al afirmar que se permite un control, tanto administrativo como judicial, de la realidad de las causas alegadas por la empresa, y de las conexiones de funcionalidad, razonabilidad y proporcionalidad entre la causa acreditada y la inaplicación convencional pretendida por la empresa[205].

A esto se le debe añadir el hecho de que el legislador presume la existencia de las causas cuando el periodo de consultas, entre la empresa y las personas trabajadoras, finalice con acuerdo. Siendo dicho acuerdo únicamente impugnable ante la jurisdicción social por la existencia de fraude, dolo, coacción o abuso de derecho. En esos casos, en los que existe pacto entre los negociadores, la modificación o el descuelgue no podrá ser impugnada por falta de causa. De esta manera se impide el control judicial sobre la causa que ha motivado la decisión de la medida de flexibilidad interna[206]. Esto ha llevado a la mayoría de la doctrina laboral a afirmar que esta modifi-

[203] STS de 28 de octubre de 2016, FJ 2.
[204] STS de 26 de marzo de 2014, FJ 10.
[205] SAN 28 de enero de 2013, FJ 4.
[206] MOLERO MARAÑÓN, M.L., «La flexibilidad interna promovida por las sucesivas reformas laborales», en RODRÍGUEZ PIÑERO Y BRAVO FERRER, M. y VALDÉS DAL – RÉ, F., *La reforma laboral…,* 2012, cit., p. 337.

cación debilita sobremanera las causas, que operan como límites al descuelgue. Pues la causalidad que se ha regulado se caracteriza por no ser un límite estricto. Consecuentemente, la exigencia legal de justa causa se convierte en una mera y simple exigencia de una excusa, en estos casos[207].

Pues bien, esta amplitud de las causas y, en apariencia, la no obligación de la parte empresarial de justificar la conexión entre la causa alegada y la medida propuesta, ha llevado consigo un control judicial estricto de estos presupuestos causales[208].

Consecuentemente, se puede afirmar por un lado que la empresa debe hacer un esfuerzo de justificación de la conexión entre la causa o las causas alegadas y la medida propuesta[209]. Correspondiendo así la carga de la prueba a la empresa. A no ser que se esté ante un supuesto en el que exista acuerdo entre empresa y representación de las personas trabajadoras, en el que por tanto se presume la existencia de la causa. En dicho supuesto se invierte la carga de la prueba y corresponde la misma a quien alegue que la causa que justifica la medida modificativa no existe o es insuficiente, por no ser proporcional y funcional[210]. En consecuencia, el sentido de la reforma legal debe quedar limitado a la variación de las reglas de distribución de la carga de la prueba entre los sujetos implicados, siendo quien reclama el que deberá probar la inexistencia de la causa o la falta de proporcionalidad y funcionalidad de la misma. Por tanto, aun existiendo acuerdo entre los y las representantes de las personas trabajadoras y el empresario o la empresaria, si se demuestra ausencia de causa o, si se prueba que las motivaciones empresariales son otras, la modificación deberá considerarse injustificada mediante control judicial[211].

Por otro lado, los órganos judiciales y administrativos mantienen la capacidad para analizar la existencia de la causa, la proporcionalidad de la medida empresarial adoptada y la relación de funcionalidad con la decisión

---

[207] GORELLI HERNÁNDEZ, 2013, cit., p. 6.

[208] SAEZ LARA, 2017, cit., p. 328.

[209] SANGUINETY RAYMOND, 2014, cit., pp. 118–119: «la entidad de los cambios que se pretende imponer en las condiciones de trabajo ha de guardar necesariamente una relación de adecuación, correspondencia o proporcionalidad con la importancia o gravedad de las causas que se aleguen».

[210] LUQUE PARRA, 2012, cit., p. 319. Es de este parecer también MOLERO MARAÑÓN, 2012, cit., p. 337, al apuntar que: «el precepto legal viene a recoger una interpretación que había defendido ya la Sala Cuarta del TS frente a las modificaciones colectivas que son respaldadas por la representación de los trabajadores, cuando alcanzan un acuerdo con la dirección de la empresa. El Alto Tribunal había declarado que la consecución del pacto otorgaba legitimidad suficiente a la modificación, produciéndose una inversión de la carga de la prueba, sin que la empresa deba probar la existencia de la causa, sino que será quien reclame frente a la modificación, el sujeto que deberá acreditar su ausencia».

[211] MOLERO MARAÑÓN, 2012, cit., p. 338.

adoptada[212]. Por tanto, la reforma no impide que el control judicial continúe existiendo, bien que redimensionando las facultades judiciales[213].

Es esta una interpretación que desde mi humilde óptica se ha de acoger de buen grado, pues de alguna manera limita la superflexibilización que admite la redacción del artículo 82.3 LET. No obstante, aun existiendo esta limitación jurisprudencial, es innegable que la ampliación de la causa económica ya existente y la suma de las otras tres causas «abstractas» (organizativas, técnicas y de producción) han convertido el descuelgue de condiciones de trabajo en un instrumento cotidiano, del que los empresarios y empresarias pueden echar mano, alegando, casi, cualquier razón. Lo que conlleva la desnaturalización de esta institución.

3.3.5. *Procedimiento de descuelgue: el periodo de consultas*

Una vez determinado que la institución del descuelgue es una institución causal, es momento de atender el procedimiento a seguir para que la inaplicación sea factible.

Tal y como se ha adelantado, esta inaplicación está sometida a un procedimiento complejo, que se estructura en cuatro fases, confiándose las tres primeras a la autonomía y negociación colectivas, y la última a una intervención heterónoma y obligatoria de la CCNCC o de los órganos autonómicos correspondientes, estando esta última fase fuera de la negociación colectiva.

Siguiendo lo establecido en el artículo, se podrá proceder al descuelgue por acuerdo entre la empresa y la representación de las personas trabajadoras legitimadas para negociar un convenio colectivo conforme a lo previsto en el artículo 87.1 LET, previo desarrollo de un periodo de consultas en los términos del artículo 41.4 LET.

De ello se desprende que la primera fase de descuelgue consiste en un período de consultas llevado a cabo entre la representación empresarial y la representación de las personas trabajadoras, con el ánimo de alcanzar un acuerdo colectivo en el seno de la empresa.

3.3.5.2. PERÍODO DE CONSULTAS

El procedimiento de inaplicación convencional se iniciará a instancia de la dirección de la empresa, mediante la comunicación de inicio de las consultas. Dicha comunicación estará dirigida a las personas trabajadoras o a sus representantes, de conformidad con el artículo 41.4 LET al que remite el artículo 82.3 del mismo cuerpo legal. Con carácter previo, la dirección de la em-

---

[212] LUQUE PARRA, 2012, cit., pp. 318–319.
[213] GOERLICH PESET, 2012, cit., p. 34.

presa, deberá comunicar de manera fehaciente a las personas trabajadoras o a sus representantes su intención de iniciar el procedimiento de inaplicación de las condiciones de trabajo, dando inicio a la fase de constitución de la comisión negociadora. Para ello las personas trabajadoras o sus representantes dispondrán de un período para conformar dicha comisión, siendo el mismo de siete días, en caso de tener representantes de las personas trabajadoras, y de quince días si se carece de dicha representación.

El requisito de constituir la comisión negociadora, con anterioridad a comenzar el periodo de consultas, es una novedad técnica introducida por el RDL 11/2013, de 2 de agosto, que ciertamente dio solución a la regulación anterior. Según la misma, las personas trabajadoras disponían de cinco días, de los quince que duraba el período de consultas, que empezaban a contar desde que la persona empresaria efectuaba la notificación, siendo indiferente la existencia o no de representación legal de las personas trabajadoras. De esta manera, si en el mejor de los casos, la comisión quedaba constituida en los primeros cinco días, únicamente quedaban diez días para poder llegar a un acuerdo con la empresa[214]. Hay que aceptar que esta novedad debe ser bienvenida, pues supone un «alivio» para el banco social, al tener un período para constituir la comisión, separado del período de consultas[215].

Transcurrido el plazo máximo para la constitución de la comisión representativa, la dirección de la empresa podrá comunicar el inicio del período de consultas a la representación de las personas trabajadoras[216]. La falta de constitución de la comisión no impedirá el inicio y transcurso del periodo de consultas[217].

De ello se derivan dos evidencias. La primera es que la facultad de inicio del periodo de consultas corresponde a la parte empresarial. Y la segunda, que la no constitución de una comisión negociadora, no impide el transcurso del periodo de consultas, y su constitución con posterioridad al inicio del mismo no comporta, en ningún caso, la ampliación de su duración.

En este sentido es preciso señalar que, en los casos de no constitución de la comisión de representación de las personas trabajadoras, no rigen las mismas reglas en el caso de las modificaciones sustanciales de condiciones de trabajo, que en el descuelgue del convenio colectivo estatutario. Mientras que la primera posibilita que cuando no haya acuerdo en la fase de consultas, por la razón que fuera, la empresa tome una decisión unilateral (en determi-

---

[214] CRUZ VILLALÓN, 2010, cit., pp. 20–21.

[215] GARCÍA PERROTE – ESCARTÍN, 2014, cit., p. 95: «El RD Ley 11/2013, de 3 de agosto resuelve un problema que se planteaba en la práctica sobre cómo se constituía la comisión negociadora *ad hoc* en los casos de empresas sin representantes de los trabajadores, de manera que su designación y constitución ya no consume ese período de 15 días, sino que es previo al inicio del cómputo del mismo».

[216] SAEZ LARA, 2017, cit., p. 336.

[217] Vid. artículo 41.4 LET.

nados casos), el procedimiento de descuelgue establece de manera imperativa la necesidad de acuerdo, desechando cualquier posibilidad de unilateralidad. Con esto se quiere decir que, cuando el periodo de consulta termine por la no formación de la comisión negociadora, por no haber representación por parte de las personas trabajadoras, se deberá acudir a las siguientes fases reguladas para el procedimiento del descuelgue; no pudiendo la empresa decidir, en principio, la inaplicación de manera unilateral. Lo contrario no sería atendible en la medida en que sería contraria al reconocimiento constitucional de la fuerza vinculante de los convenios colectivos, reconocido en el artículo 37.1 CE[218].

En otro orden de cosas, el procedimiento de consultas debe desarrollarse en base a lo establecido en el artículo 41.4 LET. Esta remisión que hace el artículo 82.3 LET no deja de ser problemática, dado que el artículo 41.4 LET regula el periodo de consulta en el ámbito de las modificaciones sustanciales de condiciones de trabajo «sin perjuicio de los procedimientos específicos que puedan establecerse en la negociación colectiva». Esto significa que el periodo de consultas, en el caso de la modificación sustancial, tiene carácter potestativo, pudiéndose llevar a cabo, en defecto de éste, otro procedimiento establecido por la negociación colectiva. Sin embargo, este último apunte no sería aplicable en el caso de los descuelgues, dado que la remisión del artículo 82.3 LET se refiere única y exclusivamente al desarrollo de un periodo de consulta «en los términos» previstos por el artículo 41.4 LET. Lo que significa que esta primera fase, prevista para el caso de inaplicación de condiciones de trabajo pactadas en convenio colectivo estatutario, es obligatoria[219].

En cuanto a la duración del procedimiento de consultas, éste durará como máximo quince días[220]. La consulta versará sobre las causas motivadoras de la decisión empresarial y la posibilidad de evitar o reducir sus efectos, así como sobre las medidas necesarias para atenuar sus consecuencias para las y los trabajadores afectados. Todo ello con la obligación de negociar de buena fe, con vistas a la consecución de un acuerdo.

Lo cierto es que el artículo no detalla las vicisitudes del procedimiento. Únicamente deja tres cosas claras: 1) que las partes han de negociar; 2) que han de hacerlo de buena fe y 3) que la duración de estas negociaciones será, como máximo, de quince días. Queda sin regular el significado del deber de negociar de buena fe, y tampoco especifica si el empresario o la empresaria tiene la obligación o el deber de informar a la representación social, ni la ex-

---

[218] CRUZ VILLALÓN, 2010, cit., p. 19.
[219] SANGUINETY RAYMOND, 2014, cit., p. 120.
[220] SAN 43/2013, de 13 de marzo de 2013, FJ 5: «la configuración máxima del período de consultas no limita que continúe la negociación, cuando ambas partes están de acuerdo en continuar negociando, ya que su finalidad es que ninguna de las partes pueda compeler a la otra a continuar negociando contra su voluntad más allá del plazo legal».

tensión de dicha información o documentación a aportar. Por esa razón, por la falta de reglas, la tarea de la jurisprudencia se convierte en sumamente relevante, a la vez que se hace particularmente compleja. En este sentido, la doctrina jurisprudencial insiste en dos requisitos interconectados, la documentación e información que debe aportar la empresa y el principio de buena fe negocial[221].

En relación con el deber de buena fe negocial, la doctrina de la Audiencia Nacional[222] ha defendido que dicho deber exigido a las partes negociadoras en el período de consultas, que se dan en los procedimientos de flexibilidad interna o externa, les obliga a demostrar su voluntad de posibilitar que en el mencionado período se pueden alcanzar sus fines. Ello comporta normalmente el intercambio de propuestas y contrapropuestas, que deben ser valoradas lealmente. Lo que conlleva necesariamente que las partes estén obligadas a modificar sus posiciones iniciales, siempre que intenten convencer a la contraparte de la inviabilidad de sus propuestas.

En este sentido, la Audiencia Nacional ha defendido que no cabe entender existente una verdadera negociación si no se aprecia el juego de propuesta y contrapropuestas, puesto que negociar implica estar dispuesto a ceder. Por ello, no podrá alegarse mala fe, por la inamovilidad del contrario, cuando el que alega no haya ofrecido alternativas razonables y viables. A sensu contrario, habrá mala fe negocial cuando se mantenga una posición inamovible, en el caso de haberse presentado propuestas por la contraparte. Por el contrario, el mero rechazo a las peticiones y alternativas ofrecidas por el banco social no es indicativo de mala fe si fue razonado y justificado[223].

Por tanto, se estimará que se ha cumplido con el deber de buena fe negocial, cuando haya habido propuestas, contrapropuestas, búsqueda real del acuerdo, razonamiento adecuado de las negativas[224], sin ocultar a la representación de las personas trabajadoras datos ni informes que sean relevantes, y proporcionar aquellos datos e informes que estén a su disposición (de la empresa) y le sean reclamados.

---

[221] NAVARRO NIETO, F., «El régimen de inaplicación y modificación de convenios colectivos», *Temas Laborales núm. 120,* 2013, p. 256.

[222] SSAN 63/2013, de 4 de abril del 2013, FJ 3, y 50/2013, de 20 de marzo de 2013, FJ 8.

[223] SAN 122/2012 de 15 de octubre de 2012, FJ 9.

[224] FERNÁNDEZ LÓPEZ, 2015, cit., p. 889. A mayor abundamiento, SAEZ LARA, 2017, cit., p., tomando como referencia la STS de 15 de julio de 2015, FJ 7, sostiene lo siguiente: «Sobre la exigencia de la buena fe en los periodos de consulta legalmente establecidos se ha venido señalando que, (…) ha de examinarse el alcance de la posición empresarial y la manera en la que han discurrido esas negociaciones, debiendo excluirse la mala fe en los supuestos en que se acredita que se cumplieron los deberes de información, se producen numerosas reuniones y hay variación sobre las posturas iniciales de la empresa y, por el contrario, puede apreciarse la falta de buena fe cuando se da la doble circunstancia de la falta de información a la parte social y el mantenimiento a ultranza de la posición empresarial desde el inicio».

He aquí la interconexión entre documentación/información y el principio de buena fe negocial. Queda patente por tanto, que para la doctrina judicial el deber de negociar de buena fe obliga a la empresa a facilitar a la representación de las personas trabajadoras la información y documentación necesaria para asegurar que la negociación llegue a buen fin[225].

Así, aunque la obligación de dar información a la representación de los trabajadores y las trabajadoras no se encuentre regulada para el periodo de consultas[226], que se celebra en caso de modificaciones sustanciales de condiciones de trabajo y en caso del descuelgue en base al artículo 64 LET[227], se entiende que existe dicha obligación. No se debe olvidar que el artículo 41.4 LET es una manifestación propia de la negociación colectiva[228], en la que se debe negociar sobre la posibilidad de evitar o reducir los efectos del descuelgue, siendo para ello necesario que las personas trabajadoras conozcan los datos o circunstancias que han llevado a la empresa a abrir el procedimiento.

A mayor abundamiento, y respondiendo al deber de buena fe, la Audiencia Nacional estima necesario que, para que la representación de las personas trabajadoras pueda analizar razonablemente los objetivos de la consulta, la información se facilite en tiempo hábil. De no ser así, la representación del banco social no dispondría de los elementos de juicio en los que la empresa fundamenta su medida, a su debido tiempo, quedando así el período de consultas vacío de contenido[229].

Queda claro por tanto que el deber de negociar de buena fe pivota sobre la aportación por parte de la empresa de la información suficiente. Se entiende como tal aquella que permita alcanzar los objetivos del período de consulta.

En este sentido, se ha afirmado que la documentación entregada por parte de la empresa no puede limitarse a una mera comunicación escrita, a un mero cambio de pareceres o a una mera propuesta. La información que la empresa debe aportar debe acompañarse de una documentación precisa, concreta y amplia que posibilite una negociación real, «aunque ello no puede su-

---

[225] SAN 29/2013, de 15 de febrero de 2013, FJ 4.

[226] Esta omisión resulta un tanto sorprendente, pues esta obligación sí se contempla expresamente en el artículo 51.2 LET, que establece que la apertura del periodo de consultas se realizará mediante escrito dirigido por el empresario a los representantes legales de los trabajadores, en el que se consignarán una serie de datos, tales como, las causas del despido colectivo, número y clasificación profesional de los trabajadores afectados por el despido, etc.

[227] El mencionado artículo regula los derechos de información y consulta de los representantes de los trabajadores.

[228] SAN 112/2012 de 15 de octubre de 2012, FJ 9: «El período de consultas se constituye, de este modo, en una clara manifestación de la negociación colectiva, garantizada por los arts. 28.1 y 37.1 CE».

[229] SAN 29/2013 de 15 de febrero del 2013, FJ 4.

poner, de ningún modo, que deban cumplimentarse exigencias formalistas o exorbitantes»[230].

Por tanto, cabe afirmar que las exigencias procedimentales y documentales del periodo de consultas se valoran desde un criterio finalista. Así, cabe considerar obligatoria la presentación de aquellos documentos que acrediten la concurrencia de las causas, como los que justifiquen las correspondientes medidas a adoptar[231]. En este sentido se pronunció la Audiencia Nacional[232] quien estipuló que «la empresa debe aportar toda la información, que permita acreditar la concurrencia de causas por las que toma la medida, porque si no se hace así, la representación de las y los trabajadores no podrá constatar la concurrencia de causas, ni estará en condiciones razonables de evitar la medida o reducir sus efectos, que son los objetivos del período de consultas, regulado en el art. 41.4 ET, puesto que no se le proporcionan los elementos de juicio, utilizados por la empresa, para ejecutar la medida».

Tal y como se ha apuntado[233], la recomendación práctica es reproducir sustancialmente la documentación que se exige ante la Comisión Consultiva Nacional de Convenios Colectivos para los despidos colectivos[234].

3.3.5.2. Sujetos legitimados

De conformidad con lo dispuesto en el artículo 82.3 LET, los sujetos competentes para abrir el período de consultas, que tiene como objetivo alcanzar el acuerdo de inaplicación del convenio colectivo aplicable, son aquellos sujetos legitimados para negociar un convenio colectivo, ex artículo 87.1 LET. Así, siguiendo las reglas allí expuestas, la determinación del sujeto negociador por parte del banco empresarial no entraña ningún problema, pues siempre será la propia persona empresaria o la representación nombrada por la misma. A no ser que en la comisión *ad hoc,* que se forma en casos en los que no exista representación de las personas trabajadoras, la misma se constituya por los sindicatos más representativos y representativos del sector al que pertenezca la empresa. En estos supuestos, la empresa queda autorizada por la Ley para atribuir esta representación, si así lo desea, a las organizaciones empresariales en las que estuviera integrada[235].

No obstante, el artículo 82.3 LET realiza un doble apunte[236] sobre el sujeto legitimado por la parte social para negociar y eventualmente acordar con

---

[230] SAN 133/2012 de 14 de noviembre del 2012, FJ 3.
[231] SAEZ LARA, 2017, cit., p. 339.
[232] SAN 29/2013, de 15 de febrero de 2013, FJ 4.
[233] GARCÍA PERROTE - ESCARTÍN, 2014, cit., p. 97.
[234] Regulado en el artículo 20.h) del RD 1362/2012.
[235] CASTRO ARGÜELLES, 2013, cit., p. 151.
[236] LUQUE PARRA, 2012, cit., p. 323: Ese doble apunte se realiza con la referencia a dos preceptos del mismo cuerpo legal, que no son otros que los artículos 87.1 y 41.4, que curiosa-

la empresa la modificación de una condición de trabajo establecida en convenio colectivo.

En primer lugar, en su párrafo segundo, junto con la empresa, se refiere a la representación de las personas trabajadoras legitimada para negociar un convenio colectivo, siguiendo las reglas enumeradas en el artículo 87.1 LET. De esta manera están legitimados los comités de empresa, los delegados y las delegadas de personal o, en su caso, las representaciones sindicales si las hubiere. Es decir, las secciones sindicales de los sindicatos más representativos o de los sindicatos con implantación en la empresa. En definitiva, se refiere a las representaciones sindicales en la empresa a las que el artículo 8 de la Ley Orgánica de la Libertad Sindical atribuye competencias en tal sentido[237]. En estos dos casos, la comisión negociadora estará formada por un máximo de trece miembros. En caso de ser más los y las representantes, estos elegirán por y entre ellos a un máximo de trece, en proporción al número de personas trabajadoras que representen[238].

Seguidamente, en su párrafo quinto, refiere que para aquellos supuestos en los que haya ausencia de representación legal o unitaria de las personas trabajadoras en la empresa, se debe seguir lo dispuesto en el artículo 41.4 del mismo cuerpo legal. De conformidad con el mismo, las personas trabajadoras afectadas deberán atribuir su representación a una comisión *ad hoc,* o, en otras palabras, designada al efecto, que constará de tres miembros. Esta comisión podrá estar integrada por personas trabajadoras de la propia empresa, elegidas por éstas de manera democrática o designadas según su representatividad, o por los sindicatos más representativos y representativos del sector al que pertenezca la empresa y que estuvieran legitimados para formar parte de la comisión negociadora del convenio colectivo de aplicación a la misma[239].

3.3.5.2.1. La prevalencia de las secciones sindicales sobre la representación unitaria

En este orden de cosas, no está de más recordar que, conforme a la nueva redacción del artículo 87.1 LET, introducida por el RDL 7/2011, de 10 de junio, se otorga prioridad a las representaciones sindicales en la empresa. Es decir, en aquellos casos en los que en la empresa existan secciones sindicales y representación unitaria, la negociación del acuerdo corresponderá a las pri-

---

mente no sufrieron modificación alguna en la reforma laboral del 2012, siendo de los pocos. Por tanto, su redacción vigente pertenece a la dada por el RDL 7/2011, o reforma laboral del 2011.

[237] CASTRO ARGÜELLES, 2013, cit., p. 144.
[238] GARCÍA PERROTE – ESCARTÍN, 2014, cit., p. 98.
[239] LUQUE PARRA, 2012, cit., pp. 324–325.

meras, frente a la segunda, cuando las secciones sindicales así lo acuerden[240]. Esta preferencia está condicionada a que se cumpla el requisito de que las secciones sindicales sumen la mayoría de los miembros de la representación unitaria[241]. Por tanto, se requiere que las secciones sindicales, que respalden el acuerdo para prevalecer sobre la representación unitaria, cuenten con la mayoría absoluta, de las y los representantes unitarios existentes en la unidad de negociación[242].

Ciertamente, puede decirse que esta modificación ha traído consigo la resolución del ya tradicional problema de determinación de la representación de las personas trabajadoras, en aquellos casos en los que tanto la representación unitaria como la sindical deseaban asumir las funciones negociadoras. De esta manera, esta regla impide que sea la empresa quien elija el interlocutor para negociar, reconociendo así el carácter constitucional de la representación sindical frente al carácter meramente legal de la unitaria[243]. Dicho de otra manera, el legislador abogó por la revalorización de las secciones sindicales en la empresa, fomentando su participación en la misma, de acuerdo al modelo constitucional que otorga primacía a las organizaciones sindicales (artículos 7 y 28.1 CE), frente a las representaciones de mera creación legal (artículo 129.2 CE)[244], tal y como se estudiará en el capítulo siguiente.

De hecho, la infracción de esta regla conllevaría la vulneración de la libertad sindical que se consagra en el artículo 28.1 CE. Por lo que las secciones sindicales que se vieran marginadas por su inaplicación, tendrían abierta la vía de la tutela judicial prevista en el artículo 177 de la LRJS, que regula el proceso de tutela de los derechos fundamentales y libertades públicas; pudiendo llegar, una vez agotada la misma, al recurso de amparo ante el Tribunal Constitucional, siguiendo lo establecido en el artículo 53.2 CE[245].

Como último apunte, según jurisprudencia reciente, en los casos en los que sean las secciones sindicales las legitimadas, por así acordarlo, para representar a las personas trabajadoras, los tribunales han rechazado la constitución de comisiones híbridas. Es decir, no se podría llevar a cabo una negociación de este calibre mediante la comisión compuesta por secciones

---

[240] Vid. artículo 41.4 LET, que reza de la siguiente manera: «Dicha intervención corresponderá a las secciones sindicales cuando estas así lo acuerden». En este sentido, VALDÉS DAL – RÉ, 2012, cit., p. 162.

[241] Vid. artículo 87.1 LET, que dice lo siguiente: «La intervención en la negociación corresponderá a las secciones sindicales cuando estas así lo acuerden, siempre que sumen la mayoría de los miembros del comité de empresa o entre los delegados de personal».

[242] GÁRATE CASTRO, J., «La nueva regulación de la legitimación (inicial y plena) para negociar convenios colectivos estatutarios», en RODRÍGUEZ – PIÑERO y BRAVO – FERRER, M. y VALDÉS DAL – RÉ, F., La reforma laboral…, 2012, cit., p. 124.

[243] MOLERO MARAÑÓN, M.L., «El nuevo modelo de flexibilidad interna: el diálogo entre la Ley 35/2010 y el RDL 7/2011», Relaciones Laborales núm. 23–24, 2011, p. 284.

[244] MOLERO MARAÑÓN, 2012, cit., p. 348.

[245] VALDÉS DAL – RÉ, 2012, cit., p. 162.

sindicales mayoritarias y representación unitaria, al estimarse que las secciones sindicales mayoritarias representan a la totalidad de los trabajadores de la empresa, lo que impide que compartan esa representación general con representatividades particulares de cada centro de trabajo[246].

3.3.5.2.2. Las comisiones *ad hoc* para la representación de los trabajadores

Previamente ya se ha tenido ocasión de adelantar que, en aquellos casos de ausencia de representación de las personas trabajadoras en la empresa, el RDL 7/2011 introdujo, en el artículo 41.4 LET, la posibilidad de constituir una comisión *ad hoc,* que representase a las personas trabajadoras de la empresa. Redacción que mantuvo la Ley 3/2012.

En las siguientes líneas se pondrá de manifiesto que la aparición de esta vía de representación ha suscitado importantes dudas, preguntas y críticas, además de abrir un intenso debate entre la doctrina laboral española, sobre la naturaleza de la comisión y la posible vulneración de la fuerza vinculante de los convenios colectivos.

El presupuesto que activa su ordenación consiste en la falta de representación de los trabajadores y las trabajadoras en la empresa. A primera vista es una regla clara y concisa. No obstante, prestando más atención, surgen varios interrogantes sobre su alcance. Como primera pregunta, cabría plantearse si la mera ausencia de la representación legal es suficiente para activar la ordenación o, en el caso en el que existiera representación sindical, si podría cubrir el vacío de interlocución negocial. A esta le sigue una segunda cuestión, que consistiría en responder si sería necesario que la ausencia de representación se diera en la totalidad de la empresa, o simplemente se procedería a su elección cuando no hubiera representación en un centro de trabajo.

Conviniendo con la idea que con anterioridad ya fue expresada[247], la problemática planteada se resolvería de la siguiente manera: el presupuesto verdaderamente necesario, para que se active la constitución de la comisión *ad hoc,* es que no exista ninguna representación electiva en el centro de trabajo y no en la empresa. De este modo, las representaciones sindicales no pueden suplir dicho vacío, puesto que para la legitimación negociadora es necesario que las mismas tengan presencia mayoritaria en los órganos de representación unitaria. Consecuentemente, la constitución de una representación sindical por sí misma, no impediría la activación del procedimiento para la conformación de la comisión *ad hoc*[248].

---

[246] SAN 84/2013, 26 de abril de 2013, FJ 7.

[247] MOLERO MARAÑÓN, 2012, cit., p. 352.

[248] En este mismo sentido, CRUZ VILLALÓN, 2010, cit., p. 17, cuando apunta que: «el segundo canal requiere como premisa que se trata de secciones sindicales con presencia en el

Resueltas estas cuestiones, la Ley es clara en que esta comisión constará de tres miembros. Pudiendo estar integrada por personas trabajadoras de la propia empresa, elegidas de manera democrática por las mismas personas trabajadoras. O, se podrán designar tres miembros, según su representatividad, por los sindicatos más representativos y representativos del sector al que pertenezca la empresa, y que estuvieran legitimados para formar parte de la comisión negociadora del convenio colectivo que resultara de aplicación. En este segundo caso, parece claro que la designación de esas tres personas corresponderá a los sindicatos legitimados. No será necesario que la designación se someta a la aprobación de las personas trabajadoras y además las personas designadas no tienen por qué ser parte de la plantilla de la empresa[249].

Al parecer, en la práctica, las empresas están impulsando la creación de la comisión extrasindical frente a la sindical, con el respaldo implícito de las personas trabajadoras, al ofrecer menos resistencias a elegir a trabajadores y trabajadoras del centro de trabajo que a delegar dicha decisión en los sindicatos. Esto conlleva el debilitamiento de la participación sindical en este tipo de empresas[250].

Es preciso aclarar que la designación de esta comisión es potestativa. Es decir, las personas trabajadoras de estas empresas tienen tres opciones: la primera, optar por una designación directa, nombrando como representantes a las propias personas trabajadoras de la empresa; la segunda, una designación «sindical», por lo que las y los miembros de la comisión serán nombrados por los sindicatos que tengan la legitimidad prevista en la Ley; y la tercera, decantarse, por acción o por omisión, por no delegar en una instancia representativa la defensa de sus intereses. Las razones determinantes de esta tercera opción pueden ser muy variadas, pero lo decisivo y significativo es que no están obligados a efectuar una designación entre las dos alternativas que ofrece la norma. Ni siquiera les exige que justifiquen su posible pasividad u oposición al efecto[251].

Es importante apuntar que esta situación de falta de representación legal se puede dar en dos situaciones. Una, en empresas y centros de trabajo que por sus dimensiones no puedan elegir a sus representantes[252]. Y dos, en empresas o centros de trabajo que aun pudiendo elegir representación, ésta no

---

órgano de representación estatutaria, lo cual retorna al mismo presupuesto: de no existir representación legal tampoco puede actuar de forma alternativa la representación sindical».

[249] DEL REY GUANTER, S., «Las medidas sobre flexibilidad interna en la Ley 35/2010. Una aproximación inicial», *Temas Laborales núm. 107,* 2010, p. 172.

[250] MOLERO MARAÑÓN, 2012, cit., p. 357.

[251] CRUZ VILLALÓN, 2010, cit., p. 19.

[252] Según el artículo 62 LET: «La representación de los trabajadores en la empresa o centro de trabajo que tengan menos de cincuenta y más de diez trabajadores corresponde a los delegados de personal. Igualmente podrá haber un delegado de personal en aquellas empresas o centros que cuenten entre seis y diez trabajadores, si así lo decidieran estos por mayoría».

exista, bien porque no se ha llegado a desarrollar el correspondiente proceso electoral, o bien porque por hechos sobrevenidos, ésta ha desaparecido. Pero, ciertamente, esta situación se producirá en empresas pequeñas, que no facilitan la presencia de una interlocución colectiva que actúe en nombre y tutela de las personas trabajadoras[253]. Y ahí se encuentra la primera crítica a esta regla.

Se estima que en estas situaciones, donde la comisión se constituya en pequeñas empresas, se pone en peligro la regla de oro del sistema de negociación y consulta colectiva del sistema jurídico constitucional, que no es otra que el mantenimiento del equilibrio de fuerzas de las partes negociadoras. Se llega a tal conclusión, puesto que se prevé o se presupone que, en dichas pequeñas empresas, la parte empresarial puede tener una gran capacidad de presión sobre las personas trabajadoras, desde el momento de la elección de los y las integrantes de la comisión *ad hoc,* interfiriendo en la designación de sus componentes[254]. A mayor abundamiento, se debe tener en consideración que la elección de las personas trabajadoras integrantes de esa comisión se realiza a través de un proceso electoral informal y sin control externo[255]. De esta manera, es lícito y lógico pensar que la comisión no vaya a realizar una defensa adecuada de los intereses de las personas trabajadoras y que el acuerdo resultante de las negociaciones puede estar desprovisto de toda calidad desde la perspectiva de la función representativa[256].

La segunda cuestión planteada es la naturaleza jurídica de la comisión en la defensa de los intereses de los y las trabajadoras. Esto ha abierto un intenso debate en la doctrina, dividiéndola en dos posturas.

Un sector de la doctrina[257] defiende que la comisión *ad hoc* es una tercera vía de representación de las y los trabajadores, residiendo su única di-

---

[253] CRUZ VILLALÓN, 2010, cit., p. 17.

[254] GORELLI HERNÁNDEZ, 2013, cit., p. 8.

[255] Tal y como apunta CASTRO ARGÜELLES, 2013, p. 149: «La norma se limita a exigir que esa elección de los tres trabajadores se haga democráticamente, pero no aclara cuál ha de ser el procedimiento que deba seguirse. Se ha resistido a incorporar remisión alguna al art. 80 ET por lo que quizás sea suficiente un acuerdo adoptado por mayoría, sin mayores formalidades».

[256] VALDÉS DAL – RÉ, 2012, cit., p. 163 y BODAS MARTÍN, R., «Cuestiones jurisprudenciales sobre la negociación colectiva», *Temas Laborales núm. 139,* 2017, p. 77, cuando afirma que: «Las comisiones ad hoc constituyen sin duda, el punto débil del procedimiento de inaplicación por la indefinición del régimen de elección, así como por la falta de garantías de sus miembros, lo que las hará más vulnerables a las presiones empresariales, lo que aconseja promover regulaciones de ambos aspectos en la propia negociación colectiva».

[257] GARCÍA – PERROTE ESCARTÍN, I., «Medidas de flexibilidad interna en la Ley 35/2010, de 17 de septiembre: movilidad geográfica y modificaciones sustanciales», en GARCÍA – PERROTE ESCARTÍN, I. y MERCADER UGUINA, J., (Dires.), *La reforma del ...,* 2010, cit., p. 174; DEL REY GUANTER, S., «El despido por causas empresariales en la Ley 35/2010: los nuevos artículos 51 y 52 c) del ET», *Relaciones Laborales núm. 21–22,* 2010, p. 123 y MELLA MÉNDEZ, L., «Consultas previas a las modificaciones sustanciales de

ferencia en la temporalidad. Es decir, mientras que la representación legal y la sindical tienen carácter permanente, la comisión *ad hoc* se constituye por y para el período de consultas del descuelgue, siendo su carácter temporal[258]. Por lo demás, defienden que se trata de una representación de las personas trabajadoras, legitimada para llevar a cabo una negociación colectiva que tiene como fin llegar a un acuerdo con la contraparte, la empresa. Consecuentemente, no cabría realizar ningún tipo de crítica sobre la calidad del acuerdo alcanzado por este tipo de comisión[259].

Otro sector de la doctrina, sin embargo, niega a la comisión su condición de verdadero órgano de representación y, por consiguiente, niega al acuerdo alcanzado la naturaleza de acuerdo colectivo[260]. Este sector apoya su argumentación en dos argumentos. El primero sostiene la debilidad de las personas trabajadoras que forman parte de esta comisión. No se debe obviar que una de las diferencias entre la representación legal, tanto delegados y delegadas de personal como comités de empresa, y esta comisión reside en la protección que les otorga la ley. Mientras que el primer tipo de representación adquiere con su nombramiento y formación mecanismos de protección frente a sanciones empresariales o despidos, junto con los derechos de previa información a la hora de negociar con la empresa, la ley no regula nada sobre los derechos ni la protección de la comisión *ad hoc*[261].

Aun así, algún autor ha interpretado que, por analogía, los miembros de la comisión *ad hoc* tendrán la consideración de representantes legales a los efectos de estar protegidos por las garantías que les son propias. Concretamente, se entiende que estarían protegidos frente a posibles medidas reactivas sancionadoras de la persona empleadora en el ejercicio de su labor de defensa de los intereses de sus representados y representadas[262]. Incluso los convenios colectivos podrían otorgar esta protección, arreglando la regulación deficitaria de la Ley. No obstante, existe un vacío legal al respecto, no pudiendo afirmarse que exista tal protección de los miembros de la comisión; lo que lleva a pensar que efectivamente, esta norma rompe el equilibrio entre los sujetos negociadores, a favor de la empresa.

Y en relación con la primera, el segundo argumento sostendría que esta comisión carece de legitimación para negociar la inaplicación de las condiciones pactadas en un convenio colectivo estatutario, siguiendo lo establecido en el artículo 87.1 LET y el propio artículo 37.1 CE. Siguiendo a la postura doctrinal que defiende esta línea argumental, los únicos legitimados y

---

las condiciones de trabajo: algunas novedades de interés», *Temas Laborales, Revista Andaluza de Trabajo y Bienestar Social, núm. 109,* 2011, p. 34.

[258] DEL REY GUANTER, 2010, cit., p. 123
[259] En este sentido, CASTRO ARGÜELLES, 2013, cit., p. 147.
[260] En este sentido, VALDÉS DAL – RÉ, 2012, cit., p. 163.
[261] GORELLI HERNÁNDEZ, 2013, cit., p. 9.
[262] CRUZ VILLALÓN, 2010, cit., p. 22.

legitimadas para formar parte en este tipo de negociaciones serían la representación de las personas trabajadoras y, más concretamente, la representación unitaria y la representación sindical. Esta parte de la doctrina defiende que el legislador debería haberse ceñido a esas reglas, pues afirma que la posibilidad de que una comisión *ad hoc* pueda inaplicar o modificar, junto con la empresa, la regulación de un convenio que es fuente del derecho, lesiona el derecho a la negociación colectiva y la fuerza vinculante de los convenios colectivos, pues se otorga dicho poder a unos meros portavoces[263].

Por todo ello cabe afirmar que el legislador, tanto del 2010 como el del 2012, primaron la perspectiva flexibilizadora, olvidando el mandato constitucional de garantizar la eficacia vinculante del convenio colectivo[264].

Aun así, existe una vía por la cual los sindicatos, aun no formando parte de la comisión, y, por ende, del período de consultas, podrían defender los intereses de las personas trabajadoras. Se estaría hablando aquí de la posibilidad de impugnar el acuerdo, pues de acuerdo con el artículo 17.2 de la Ley de la Jurisdicción Social, los sindicatos firmantes del convenio colectivo objeto de la inaplicación estarían legitimados para impugnar el mencionado acuerdo, ya que existiría un vínculo entre el sindicato demandante y el objeto del pleito, en este caso el convenio colectivo[265].

Para finalizar con este extremo, estas deficiencias podrían ser resueltas de la mano de los convenios colectivos que regulen el procedimiento a seguir, rodeándolo de garantías que lo coloquen al abrigo de posibles injerencias del empresariado[266].

De acuerdo con otro sector de la doctrina, se valora esta comisión *ad hoc* como otro instrumento atentatorio y vulnerador más del equilibrio entre las partes y, por ende, del derecho a la negociación colectiva, pues debilita sobremanera a la representación social y va en contra de las previsiones constitucionales y legales. A pesar de que esta comisión *ad hoc* esté regulada en los convenios colectivos respondiendo a las deficiencias expuestas, se estima que la solución más apropiada y respetuosa con la Constitución sería suprimir estas comisiones *ad hoc* y dejar en manos de la negociación colectiva la respuesta a los problemas que se suscitan en los supuestos arriba reseñados.

3.3.5.3. ACUERDO EN EL SENO DE LA EMPRESA

La fase de consultas y negociación puede culminar con la adopción de un acuerdo colectivo de empresa. Dicho acuerdo, constituye el exponente

---

[263] GORELLI HERNÁNDEZ, 2013, cit., p. 9.
[264] SAEZ LARA, p. 333.
[265] VALDÉS DAL – RÉ, 2012, cit., p. 164.
[266] SANGUINETY RAYMOND, 2014, cit., p. 115.

por excelencia del principio de autonomía colectiva[267]. Este principio requiere la aprobación de la empresa y las y los representantes de las personas trabajadoras legitimados para negociar un convenio colectivo, conforme a lo previsto en el artículo 87.1 LET.

En caso de que el acuerdo haya sido negociado por la representación legal de las personas trabajadoras, requerirá la mayoría de sus representantes, siempre que representen a la mayoría de las personas trabajadoras del centro o centros de trabajo afectados[268]. En caso de representación sindical, el acuerdo deberá ser suscrito por las representaciones sindicales que representen a la mayoría de las y los miembros de la representación unitaria[269].

Siguiendo lo establecido en el párrafo sexto del artículo 82.3 LET, el acuerdo deberá «determinar con exactitud las nuevas condiciones de trabajo aplicables en la empresa y su duración, que no podrá prolongarse más allá del momento en que resulte aplicable un nuevo convenio en dicha empresa». Además, en el siguiente párrafo, la LET alude a la libre voluntad de las partes, tanto para la fijación de las nuevas condiciones de trabajo aplicables a la empresa, como para determinar la duración del propio descuelgue.

De ello se debe concluir, por una parte, que el acuerdo, al determinar con exactitud[270] las nuevas condiciones de trabajo, establece una nueva regulación que tiene preferencia aplicativa respecto del convenio. Por otra, que el acuerdo tiene dos contenidos, un contenido de pura inaplicación del convenio de que se trate, como acto de gestión del mismo; y un contenido regulador adicional que fija nuevas condiciones en sustitución de las previstas en el convenio objeto de inaplicación[271]. Y por último, aunque la ley otorgue libertad para especificar el contenido y duración del acuerdo, esta libertad no es absoluta ni incondicional, existiendo diferentes limitaciones[272].

Así, en cuanto a las nuevas condiciones se refiere, éstas deben respetar los límites legales. Es decir, no podrán prever peores condiciones que las establecidas en la Ley, como por ejemplo, establecer un salario inferior al salario mínimo interprofesional; o superar el límite de cuarenta horas semanales. Aunque nada diga el legislador, además de las condiciones de trabajo aplicables, el acuerdo también debe concretar su ámbito de aplicación funcional, personal y temporal. Se excluye la necesidad de incluir las causas empresariales que justifican la inaplicación, lo que es coherente, pues, como más

---

[267] CRUZ VILLALÓN, 2013, cit., p. 401. Es la expresión del derecho a la negociación colectiva garantizada en el artículo 37.1 CE.

[268] Vid. artículo 41.4, párrafo 7 LET.

[269] NAVARRO NIETO, 2013, cit., p. 260.

[270] Según STSJ de Madrid 1042/2012, de 14 de diciembre de 2012 FJ 5, la palabra «exactitud» implica que a la decisión de inaplicación le siga una concreción precisa y exacta de las nuevas condiciones de trabajo aplicables en la empresa y su duración.

[271] SAN 176/2014 de 30 de octubre, FJ 5.

[272] VALDÉS DAL – RÉ, 2012, cit., p. 164.

tarde se concretará, con la celebración del acuerdo se presume su concurrencia. Dicho en otras palabras, la celebración del acuerdo implica la admisión de las causas que motivan el descuelgue. En cuanto a este último aspecto, ya se ha determinado que este durará, como máximo, hasta que resulte aplicable un nuevo convenio, siendo esta especificación el segundo límite a la libre voluntad de los negociadores. La inobservancia de los mencionados límites legales conllevaría la irregularidad jurídica del acuerdo de inaplicación[273].

Para finalizar con el contenido del acuerdo, merece señalarse una vez más que en el descuelgue de condiciones de trabajo desaparece la referencia, existente en la redacción anterior, a la obligación de prever «una programación de la progresiva convergencia hacia la recuperación de las condiciones salariales establecidas en el convenio colectivo de ámbito superior a la empresa que le sea de aplicación», cuando desaparecen las causas que determinaron el descuelgue. Como resultado, se le exime a la parte empresarial de la obligación de ir acercándose más a las condiciones previstas en el convenio colectivo superior, que lógicamente serán mejores para las personas trabajadoras, pero más costosas para la empresa. Tal como se ha escrito acertadamente, «llama la atención que haya desaparecido del texto de la ley toda vinculación de esta medida (el descuelgue) con el mantenimiento del volumen de empleo, como sí establecía, en contraste, el mismo precepto antes de la reforma. Paradoja que hace difícilmente creíbles las supuestas intenciones o motivos del legislador, pues lo lógico es que dicho ajuste, como vía de facilitar la subsistencia de empresas y de puestos de trabajo, estuviera condicionado legalmente al cumplimiento de una obligación legal de mantenimiento del volumen de empleo»[274].

El acuerdo debe ser notificado a la comisión paritaria del convenio colectivo y a la autoridad laboral, en este último caso, sólo a efectos de registro[275].

Como última característica de estos acuerdos de empresa se ha de mencionar su eficacia, siendo una de las cuestiones más debatidas doctrinalmente. En principio, el artículo 82.3 LET, al referirse a él como acuerdo de empresa, no le atribuye la misma eficacia que al convenio colectivo que inaplica[276]. Puesto que, los acuerdos de empresa son normalmente un tipo especial de negociación colectiva estatutaria, negociada con la representación de las personas trabajadoras, pero que no se encuentran sometidos al proce-

---

[273] VALDÉS DAL – RÉ, 2012, cit., p. 165.
[274] OLARTE ENCABO, S., «El sentido de la intervención de la administración laboral en el convenio colectivo como sujeto coadyuvante de la reforma laboral de 2012», *Temas Laborales núm. 125*, 2014, p. 254.
[275] GARCÍA PERROTE - ESCARTÍN, 2014, cit., p. 101.
[276] GARCÍA PERROTE – ESCARTÍN, 2014, cit., 95: «Si se llega a un acuerdo en periodo de consultas de inaplicación de convenio, probablemente éste no tendrá la naturaleza del Título III y podrá el empresario descolgarse de él por la vía del art. 41 ET».

dimiento y requisitos formales, de registro y publicación, establecido en el Título III LET[277].

Como ya se ha apuntado, «la regulación puede resultar incluso incoherente, si se tiene en cuenta que los acuerdos de interpretación y aplicación del convenio colectivo logrados a través de la mediación tienen la misma eficacia jurídica que los convenios colectivos estatutarios (art. 91.2)» [278]. Sea cual sea la razón de ser de esta diferenciación respecto a los acuerdos relativos a la interpretación de los convenios colectivos, lo cierto es que la doctrina, de forma mayoritaria, se ha mostrado favorable a considerar que, en la medida en que sustituyen a convenios colectivos estatutarios o los modifican, tienen la misma eficacia normativa y general que estos[279]. Ello se debe a que el acuerdo de inaplicación pasaría a integrar el contenido del convenio objeto de descuelgue y estaría vinculado por su propia vigencia temporal[280].

No obstante, para parte de la doctrina esta interpretación sería válida única y exclusivamente cuando las y los representantes del banco social fueran representantes legales o representantes sindicales. En caso de que el acuerdo se celebrase mediante la comisión *ad hoc,* se defiende que, dada la naturaleza de esta representación, el acuerdo también carecería de la eficacia normativa y general, por analogía, otorgada tanto por la doctrina como por la jurisprudencia. Se entiende que si el acuerdo es negociado por la comisión *ad hoc* (laboral o sindical), que no se regula como verdadero instrumento de representación de las personas trabajadoras, el acuerdo de empresa que conlleva la inaplicación del convenio colectivo no es una institución típica y ordinaria de la negociación colectiva[281]. Ello conllevaría poner en duda la constitucionalidad de los acuerdos en los que forma parte esta comisión *ad hoc,* pues se entendería vulnerada la eficacia vinculante de los convenios colectivos, al ser modificada una fuente de derecho, como lo es el convenio colectivo, por un instrumento atípico de la negociación colectiva. Siendo coherente con la opinión antes expresada, se está totalmente de acuerdo con esta última tesis que defiende parte de la doctrina.

La celebración de este acuerdo trae consigo, además de la finalización del procedimiento de descuelgue, la presunción de concurrencia de las

---

[277] PÉREZ DE LOS COBOS ORIHUEL, 2018, cit., p. 84.

[278] SAEZ LARA, 2017, cit., p. 345.

[279] NAVARRO NIETO, 2013, cit., p. 260; PÉREZ DE LOS COBOS ORIHUEL, 2018, cit., p. 84.; ARRIETA HERAS, 2012, cit., p. 70: «En cualquier caso, creo que hay razones de peso para entender que acuerdo y convenio participan de la misma o similar naturaleza jurídica, no solo desde el punto de vista de la eficacia general de ambos, sino también desde la perspectiva de su fuerza de obligar y consecuentemente de la garantía de su contenido durante su vigencia».

[280] STS de 26 de octubre de 2015, FJ 3: «con estos mecanismos jurídicos se produce una función reguladora análoga a la de los convenios colectivos, modificando lo pactado o incorporando nuevas condiciones de trabajo con eficacia general».

[281] GORELLI HERNÁNDEZ, 2013, cit., p. 25.

causas alegadas para justificarlo; lo que significa que este tipo de acuerdo es únicamente impugnable ante la jurisdicción social por la existencia de fraude, dolo, coacción o abuso de derecho en su conclusión. Se trata de una previsión que ya se venía contemplando desde la Reforma Laboral de 2010.

Ciertamente, el alcance de la presunción de la causa ha sido el gran interrogante al que tanto la jurisprudencia como la doctrina han intentado dar respuesta. En primer lugar, puede entenderse que el artículo 82.3 LET enuncia una presunción *iuris et de iure,* atribuyendo un valor jurídico decisivo a la voluntad de las partes, colectivamente expresada, y sin que medie coacción o engaño alguno. En consecuencia se limita, en esta hipótesis, el control judicial sobre la verificación de la causa. Por ello, los tribunales han concluido que cuando el período de consultas finalice con acuerdo se presumirá que concurren las causas justificativas, y sólo podrá ser impugnado ante la jurisdicción social por la existencia de fraude, dolo o abuso de derecho en su conclusión. En otras palabras, en caso de haber obtenido el acuerdo, resultaría inexacta —ex lege— la afirmación judicial sobre la inexistencia de causa[282].

Sin embargo, otro sector de la doctrina[283] considera que, «en una tesis más ajustada a nuestro sistema probatorio, que la finalidad perseguida por el legislador no ha sido otra que la atribución de ciudadanía legislativa a una consolidada orientación jurisprudencial, a tenor de la cual la consecución del pacto produce una inversión de la prueba, correspondiendo acreditar la no concurrencia de la causa justificativa de la modificación sustancial adoptada por el empresario a los sujetos que impugnan el acuerdo (entre otras, sentencia TS de 7 de diciembre de 2005). La reforma legal, en suma, se ha limitado a introducir una alteración en la distribución de las cargas probatorias, de manera que la presunción de validez que, no obstante, puede ser destruida mediante prueba en contrario»[284]. Esta teoría ha sido respaldada por los Tribunales, que han observado que cuando el período de consultas concluye con acuerdo «se presume la concurrencia de causa, lo que alivia a los demandados de la prueba sobre su concurrencia, correspondiendo a los demandantes probar que las causas económicas y organizativas, alegadas por la empresa y asumidas por la mayoría del comité intercentros, no se compadecieran con la

---

[282] STSJ de Madrid 202/2014 de 28 de febrero, FJ 3, citando la STS de 27 de mayo de 2013, que estima que aunque la STS versa sobre el último párrafo del artículo 41.4 LET, ha de admitirse que la misma conclusión es válida para el artículo 82.3 LET.

[283] VALDÉS DAL – RÉ, 2012, cit., p. 166. En este sentido se pronuncia también GOERLICH PESET, 2012, cit., pp. 71–72, al afirmar que «las normas laborales no viven aisladas del resto del Ordenamiento, de modo que determinados principios y cláusulas generales de carácter transversal suministrarán técnicas para valorar (…) el descuelgue. Proscripción del fraude, necesidad de ejercer los derechos de buena fe y prohibición del abuso de derecho (arts. 6 y 7 C.c.) obligarán, según creo, a valorar las causas aducidas por la empresa en relación con las circunstancias concretas de cada supuesto de hecho».

[284] VALDÉS DAL – RÉ, 2012, cit., p. 166.

realidad o se hubieran alcanzado en fraude de ley, dolo coacción o abuso de derecho»[285].

De todo ello se desprende que, estos acuerdos de empresa son impugnables tanto, por fraude, dolo, coacción o abuso de derecho, como en un proceso de conflicto colectivo en el que lo que se discuta sea la concurrencia de la causa. En ambos casos, la carga probatoria se invierte, correspondiendo al demandante[286], que tendrá que demostrar la presunción de validez del acuerdo de inaplicación.

3.3.6. *Procedimiento de descuelgue: mecanismos, provenientes de la negociación colectiva, ante la falta de acuerdo en el período de consultas*

En caso de desacuerdo durante el periodo de consultas, cualquiera de las partes podrá someter la discrepancia a la comisión del convenio. Y en los supuestos en los que no se hubiera solicitado la intervención de la comisión, o esta no hubiera alcanzado un acuerdo, las partes deberán recurrir a los procedimientos que se hayan establecido en los acuerdos interprofesionales de ámbito estatal o autonómico, previstos en el artículo 83 LET.

De esta manera, la Ley 3/2012 y consecuentemente la LET predisponen una doble solución escalonada para la gestión del desacuerdo, antes de solicitar la inaplicación a la CCNCC o el órgano autonómico correspondiente. Así, en una segunda fase establece la oportunidad de solventar la discrepancia ante la comisión del convenio y, en caso de no hallar solución, en la tercera fase intervendrán los órganos de solución autónoma de conflictos colectivos.

De todas maneras, lo cierto es que los datos que arroja la práctica post – reforma muestran la poca importancia de estos mecanismos en tanto en cuanto, de forma mayoritaria, alrededor del 90% de los procedimientos de descuelgue finalizan con acuerdo en la fase anterior, es decir, en la fase del período de consultas[287].

---

[285] SAN 102/2012 de 21 de septiembre de 2012, FJ 6.

[286] SAN 14 de noviembre de 2012, FJ 3: «es doctrina unánime que los vicios del consentimiento habrán de ser cumplidamente acreditados y probados por quien los alega. Debiendo aportar elementos fácticos suficientes y razonables para que de ellos se dedujese la existencia, del fraude o abuso de derecho que se alega».

[287] COLÁS NEILA, 2016, cit., p. 103.

3.3.6.1. LA COMISIÓN PARITARIA DEL CONVENIO

Se sobreentiende que la comisión del convenio a la que se hace referencia es la comisión paritaria del convenio colectivo del que la empresa pretende apartarse. Estas comisiones paritarias, reguladas en el artículo 85.3 LET, son órganos constituidos de forma paritaria por representantes de los y las trabajadoras y empresarios y empresarias. Concretamente, al ser una proyección de la comisión negociadora del convenio colectivo, las comisiones paritarias deben estar constituidas por un número igual de miembros por cada una de las dos partes que han negociado el convenio colectivo[288].

Es por ello por lo que son consideradas como pilares fundamentales de la negociación colectiva y como auténticos órganos de gestión del convenio colectivo, y eje central de su aplicación. En este sentido, en caso de conflicto colectivo relativo a la interpretación o aplicación del convenio colectivo, deberá intervenir la comisión paritaria del mismo con carácter previo al planteamiento formal del conflicto en el ámbito de los procedimientos no judiciales o ante el órgano judicial competente. Sus resoluciones sobre estos aspectos tienen la misma eficacia jurídica y tramitación que los convenios colectivos del Título III LET[289].

Sin embargo, se ha puesto en duda el alcance o eficacia de esta fase, sobre todo cuando se trata de un «autodescuelgue», es decir, cuando el convenio colectivo objeto de este procedimiento sea un convenio colectivo de empresa[290]. Esta crítica se debe a que, en estos casos, los sujetos legitimados para formar parte de la comisión negociadora del período de consultas, y la comisión paritaria, son coincidentes. Por tanto, si en la fase anterior no se ha podido llegar a acuerdo, se cuestiona la posibilidad de llegar a acuerdo en la segunda. Sería acudir a una instancia formalmente diferente pero materialmente idéntica. Siguiendo esta línea argumental, esa fase encuentra sentido cuando el convenio colectivo objeto de descuelgue sea un convenio supraempresarial. En este caso, mientras que en el periodo de consultas los sujetos legitimados son aquellos legitimados para negociar en el ámbito de la empresa, en la segunda fase se saldría de ese ámbito y se apelaría a sujetos que son los legitimados para negociar el convenio sectorial[291].

Con todo, una vez puesta en marcha esta fase, por parte de la persona empresaria o dirección de la empresa, la comisión paritaria cuenta con siete días para resolver, desde el momento en el que tiene conocimiento de la discrepancia.

---

[288] GONZÁLEZ ORTEGA, S., «La comisión paritaria del convenio colectivo», *Temas Laborales núm. 120, 2013,* p. 291.

[289] SALA FRANCO, 2018, cit., p. 634.

[290] GORELLI HERNÁNDEZ, 2013, cit., p. 12.

[291] CRUZ VILLALÓN, 2013, cit., p. 402.

Volviendo al precepto en sí, la expresión «cualquiera de las partes podrá someter» ha traído consigo diversas interpretaciones que atañen a la naturaleza de la segunda fase, en lo que se refiere a su voluntariedad u obligatoriedad. Si se sigue la interpretación de que las fases enumeradas en las diferentes partes del procedimiento del descuelgue se encuentran concatenadas entre sí, de manera que no es posible acudir a los situados en las posiciones segunda o tercera, sin haber previamente agotado las fases procedimentales precedentes[292], se debería afirmar que la segunda fase, tiene, al igual que su precedente, carácter imperativo.

No obstante, si se interpreta que estos procedimientos son sucesivos y que se pueden poner en marcha si no se activa el procedimiento precedente o no se acuerda solución vinculante dentro de él[293], la naturaleza de la segunda fase sería potestativa. Por lo que una vez celebrado el periodo de consultas y haberse terminado éste sin acuerdo, se podría acudir directamente a la fase tres, e intentar solucionar las discrepancias mediante los sistemas autónomos de resolución de conflictos.

Siguiendo a la mayoría de la doctrina[294], este trámite no es legalmente obligatorio, aunque es preceptivo a solicitud de una parte. Lo que significa que si una de las partes requiere presentar el desacuerdo ante la comisión paritaria, el cumplimiento de esta fase se convierte en obligatoria, disponiendo la comisión de un plazo máximo de siete días para pronunciarse, a contar desde que la discrepancia le fuera planteada.

Así se concluye de la redacción del artículo 16.2 del RD 1362/2012, que establece como una de las condiciones de admisión de las demandas para la decisión de la CCNCC que se haya cumplido el trámite de la intervención de la comisión paritaria o los procedimientos que se hayan establecido en los acuerdos interprofesionales de ámbito estatal, en caso de que se hubiese recurrido a dichas instancias. En este mismo sentido, el V Acuerdo sobre Solución Autónoma de Conflictos[295], en su artículo 10.2, recoge en los casos de descuelgue, la obligatoriedad de acudir a la comisión paritaria, cuando así lo establezca expresamente el correspondiente convenio colectivo de aplicación[296].

En otro orden de cosas, esta fase se pone en marcha a instancia de cualquiera de las partes. Dicha expresión ha sido calificada como «una expresión

---

[292] VALDÉS DAL – RÉ, 2012, cit., p. 167.

[293] NAVARRO NIETO, 2013, cit., p. 263.

[294] SÁEZ LARA, 2017, cit., p. 350; CRUZ VILLALÓN, 2013, cit., pp. 403–404; NAVARRO NIETO, 2013, cit., p. 263; GOERLICH PESET, 2012, cit., p. 73.

[295] En adelante V ASAC, de 10 de febrero de 2012, publicado en el BOE núm. 46, de 23 de febrero de 2012.

[296] Según el mencionado artículo, «será preceptiva la intervención previa de la Comisión Paritaria del mismo si así se ha pactado en el convenio colectivo».

marcadamente eufemística»[297] para referirse al sujeto promotor de la apertura de esta fase, y las que le siguen. Formalmente, el legislador atribuye esta facultad a cualquiera de las partes, tanto a la representación de las personas trabajadoras como a la persona empresaria. Sin embargo, teniendo en cuenta los intereses que provocan la apertura del procedimiento de descuelgue, se trata de un eufemismo para atribuir en exclusiva dicha facultad a la dirección de la empresa[298].

La Ley no deja claro cuál es el cometido de la comisión, si ha de pronunciarse sobre la discrepancia, o si debe alcanzar un acuerdo que sustituya al de las partes. En base a lo cual tampoco se puede deducir claramente el contenido del pronunciamiento, es decir, si sería meramente declarativo o sería decisorio de la discrepancia, y por tanto sustitutorio del acuerdo entre las partes.

Según la jurisprudencia de la Audiencia Nacional, siguiendo la regulación del artículo 82.3 LET, la comisión paritaria debe limitarse estrictamente a decidir sobre la inaplicación solicitada, debiendo valorar si se cumplen los requisitos y condiciones previstos en el mismo cuerpo legal. Por tanto, no puede establecer ese contenido regulador adicional, es decir, no puede determinar con exactitud las nuevas condiciones de trabajo aplicables en la empresa y su duración. Todo ello es debido a que la comisión paritaria tiene concedidas facultades de administración del convenio colectivo. Y, por tanto, si estableciese un nuevo contenido regulador, estaría asumiendo una función reguladora propia de la negociación colectiva para un ámbito para el cual no está legitimada[299].

En caso de llegar a acuerdo, no hay ninguna previsión en el artículo 82.3 LET que refuerce la eficacia de ese acuerdo adoptado por la comisión paritaria. No obstante, y aplicando las reglas generales del artículo 91.4 LET, las resoluciones de la comisión paritaria sobre aplicación del convenio deberían tener la misma eficacia jurídica que los convenios colectivos estatutarios[300]. No obstante, cabría interpretar que, si la resolución recae sobre la inaplicación del convenio, su eficacia sería la misma que la que tendría el acuerdo de inaplicación. Se debe traer a colación aquí el debate doctrinal sobre la eficacia del acuerdo celebrado en período de consultas, en el que se dudaba si efectivamente adquiría fuerza vinculante normativa y general o, por el contrario, la fuerza vinculante de un convenio extraestatutario. Al ser resuelta esta duda, concluyendo que dicho acuerdo, al sustituir el contenido del convenio colectivo estatutario del que se descuelga la empresa,

---

[297] CRUZ VILLALÓN, 2013, cit., p. 402.
[298] CRUZ VILLALÓN, 2013, cit., pp. 402–403 y VALDÉS DAL – RÉ, 2012, cit., p. 167.
[299] SAN 176/2014 de 30 de octubre, FJ 5.
[300] CASTRO ARGÜELLES, 2013, cit., p. 159.

tendría la misma eficacia vinculante que aquél, se entiende que la misma interpretación es aplicable sobre la decisión de la comisión paritaria.

En referencia a la eficacia del acuerdo celebrado en la comisión, lo que ha suscitado mayor problemática es la determinación de la eficacia de la decisión de la comisión paritaria que desestima la inaplicación solicitada. Concretamente, desde la perspectiva de la posible continuidad del procedimiento de inaplicación[301]. A este respecto, el Tribunal Supremo no ha dudado en dar relevancia al pronunciamiento de la comisión paritaria por la que se desestimó la solicitud de descuelgue, planteada por la dirección de la empresa, al estimar que no había causas que justificaran dicha solicitud, afirmando que este acuerdo da por finalizado el procedimiento de descuelgue, siendo por tanto nulo el posterior laudo arbitral de la CCNCC, al no ser ésta competente[302].

En todo caso, tal y como se ha afirmado, «más allá de la coherencia de la regulación legal y del mayor o menor alcance de la obligatoriedad de acudir a la comisión paritaria, lo decisivo es que si en su seno se alcanza acuerdo nos mantenemos plenamente en el ámbito del respeto a la autonomía colectiva y a la consideración de la fuerza vinculante de los convenios colectivos»[303].

Se entiende, conviniendo con la doctrina, que se estaría ante una fase legítima y concordante con los derechos fundamentales, dando por buena la fase que constituye. Aunque sea cierto que la misma pierde su razón de ser en aquellos supuestos en los que el descuelgue que se pretende llevar a cabo sea un «autodescuelgue», para lo cual, la ley y la jurisprudencia dan una solución válida al estimar la voluntariedad de la misma, salvo en aquellos casos en los que una de las partes solicite su aplicación.

3.3.6.2. Procedimientos regulados por los acuerdos interprofesionales estatales o autonómicos: mediación y arbitraje voluntarios

Cuando no se hubiera solicitado la intervención de la comisión paritaria o en caso de haberla solicitado, no se hubiese alcanzado un acuerdo en su seno, pasados siete días desde la petición de su intervención, las partes deberán recurrir a los procedimientos que se hayan establecido en los acuerdos interprofesionales de ámbito estatal o autonómico, previstos en el artículo 83 LET, incluido el compromiso previo de someter las discrepancias a

---

[301] SAEZ LARA, 2017, cit., 350.
[302] STS 350/2016 de 28 de abril, FJ 3 y 4.
[303] CRUZ VILLALÓN, 2013, cit., p. 404.

un arbitraje vinculante[304]. Tal y como se ha afirmado, acudir a estas medidas va a depender, de entrada, de si están reguladas o no; y de otro lado, si son voluntarias u obligatorias para la parte que las promueve[305].

Antes de proseguir es preciso señalar que los sistemas de solución autónoma de conflictos laborales son sistemas fundamentales del derecho a la negociación colectiva. Esa relevancia queda demostrada en la normativa internacional, tal y como demuestra la Recomendación núm. 92 de la OIT sobre Conciliación y el Arbitraje voluntarios, de 1951[306]. Respecto al ordenamiento jurídico español, ha sido frecuente la regulación de los mecanismos extrajudiciales de resolución de conflictos mediante convenios colectivos. Encontrando dicha regulación su justificación en la capacidad normativa reconocida a la autonomía colectiva en el artículo 37.1 CE[307].

En el ámbito estatal se encuentra el V ASAC, que regula el sistema estatal de solución autónoma de conflictos mencionado anteriormente, firmado el 7 de febrero de 2012. No obstante, la solución de los conflictos derivados del artículo 82.3 LET, puede quedar sujeta también a algún acuerdo interprofesional de ámbito autonómico. En este sentido, tal y como se ha apuntado, «en qué casos la discrepancia nacida de la iniciativa de la empresa de descolgarse del convenio ha de quedar sometida a uno u a otro, es una cuestión que ha de resolverse mediante la técnica del caso concreto, analizándolo a la luz de los respectivos ámbitos de imputación normativa»[308].

Puede arrojar un poco de luz a este respecto el art. 4.2 del V ASAC, en base al cual, entran dentro de su ámbito competencial las tres siguientes modalidades que puedan ser más conflictivas para determinar el acuerdo interprofesional que ha de ser de aplicación: a) las de sector o subsector de actividad que excedan del ámbito de una Comunidad Autónoma; b) las de empresa, grupo de empresa o empresas vinculadas cuando el conflicto afecta a varios centros o empresas radicadas en diferentes Comunidades Autónomas y c) las que afecten a empresas, grupos de empresas o empresas vinculadas radicados en una misma Comunidad Autónoma, que pretendan inaplicar un convenio colectivo de ámbito estatal, cuando de dicha inaplicación puedan derivarse consecuencias para empresas o centros de trabajo radicados en otras Comunidades Autónomas[309].

---

[304] CASTRO ARGÜELLES, 2013, cit., p. 160: «Además, se mantiene la posibilidad de que se establezca el compromiso previo de someterse a un arbitraje, como procedimiento directo y no sólo en caso de falta de avenencia en la mediación».

[305] GORELLI HERNÁNDEZ, 2013, cit., p. 12.

[306] DÍAZ AZNARTE, M.T., «La mediación y el arbitraje como vías de gestión de la conflictividad laboral», *Temas Laborales, núm. 140,* 2017, p. 370.

[307] CIALTI, P.H., «Los mecanismos autónomos de resolución extrajudicial de conflictos colectivos laborales: el caso español y apuntes sobre la legislación colombiana», *Revista de Derecho, Universidad del Norte, núm. 45,* 2016, p. 178.

[308] VALDÉS DAL – RÉ, 2012, cit., p. 169.

[309] Vid. artículo 4.2 del V ASAC.

En otro orden de cosas, el legislador no determina cuáles han de ser los mecanismos que deban regular los acuerdos interprofesionales. Simplemente, se limita a prever la posibilidad de que se comprometan a someterse a un arbitraje vinculante, para lo cual será necesario que ambas partes afectadas estén de acuerdo y firmen un compromiso arbitral previo. Por tanto, dichos mecanismos que se aplicarán como las diferentes vías de solución de conflictos, serán aquellos que los sujetos negociadores establezcan. Tradicionalmente, en el derecho laboral se ha recurrido a la conciliación, mediación y arbitraje para la resolución de conflictos colectivos.

Tampoco se pronuncia sobre cuál debe ser el procedimiento de solución adecuado o, dicho de otra manera, no determina si debe haber prioridad aplicativa de un procedimiento sobre otro[310]. A este respecto, cabe acudir al V ASAC, que puede servir como referente, pues en el párrafo siete de su Preámbulo prevé que «Respecto de los acuerdos de ámbito territorial, particularmente del ámbito autonómico, los firmantes del ASAC, sin perjuicio del respeto a la libertad de negociación, se comprometen a promover que en los distintos acuerdos la regulación de estos procedimientos se fundamente en los principios básicos que informan el sistema en el ASAC, con el fin de dotar de homogeneidad al sistema en su conjunto, lo que facilitará la labor de empresas y trabajadores y de los operadores jurídicos en la tarea de resolver las discrepancias en las materias de índole colectivo».

Antes de iniciar el estudio de los procedimientos previstos en este acuerdo interprofesional, debe apuntarse que podría darse una pequeña disfunción entre el ámbito material del ASAC y el artículo 82.3 LET, en tanto en cuanto el primero contempla su intervención únicamente para los descuelgues de las condiciones de trabajo pactadas en los convenios sectoriales, sin prever la hipótesis del autodescuelgue del propio convenio de empresa previsto en el segundo[311]. No obstante, la doctrina entiende que se trata de un defecto menor, fácilmente acomodable en la nueva regulación de los descuelgues de los convenios colectivos de empresa[312].

Una vez aclarado ese extremo, el V ASAC contempla dos procedimientos distintos, a saber, la mediación y el arbitraje, que no mantienen una relación de sucesión. Por tanto, las partes pueden acudir a la mediación, descartando el arbitraje, o pueden acudir directamente al arbitraje, sin necesidad de haber agotado previamente el trámite de mediación[313]. O, incluso, se podrá acudir al arbitraje por haberlo acordado así en la mediación.

---

[310] Tal y como apunta CASTRO ARGÜELLES, 2013, cit., p. 160, la nueva redacción del artículo 82.3 LET abandona de esa forma la preferencia manifestada en un primer momento, por el RDL 10/2010, por los procedimientos de mediación.

[311] CRUZ VILLALÓN, 2013, cit., p. 405.

[312] ARRIETA HERAS, 2012, cit., p. 82 y CRUZ VILLALÓN, 2013, cit., p. 405.

[313] VALDÉS DAL –RÉ, 2012, cit., p. 169 y SAEZ LARA, 2017, cit., p. 351.

En cuanto a la mediación se refiere, se nombra a una persona mediadora quien ayudará a que las partes lleguen a un acuerdo, pudiendo proponer alguna solución, que no se convertirá en vinculante hasta que las partes se avengan[314]. Así, el artículo 12.3 del ASAC dispone que «en los supuestos a que se refieren los artículos 40, 41, 44.9, 47, 51 y 82.3 del texto refundido de la Ley del Estatuto de los Trabajadores, y a fin de resolver las discrepancias que hubieran surgido en el período de consultas, deberá agotarse el procedimiento de mediación si así lo solicita, al menos, una de las partes». Por tanto, en el ámbito estatal, o el ámbito de aplicación del ASAC, la voluntad de una sola de las partes ya será suficiente para iniciar el procedimiento de mediación ante el SIMA, (Servicio Interconfederal de Mediación y Arbitraje)[315].

Sigue el ASAC diciendo que la mediación será desarrollada preferentemente por un órgano unipersonal, aunque también podrá llevarse a cabo mediante la modalidad colegiada, en caso de así elegirlo expresamente las partes. La legitimación para solicitarla recae en la empresa y la representación de las personas trabajadoras que participe en el período de consultas[316]. No está sujeta a ninguna tramitación preestablecida y no cierra la posibilidad de que la persona mediadora pueda erigirse con posterioridad en árbitro o árbitra[317]. La propuesta de solución deberá ser aceptada por las partes, de no ser así, se tendrá por no puesta[318]. Y, por último, el acuerdo conseguido en mediación, tendrá la misma eficacia que lo pactado en el acuerdo tras el periodo de consultas al que se refiere, entre otros, el artículo 82.3 LET[319].

En lo que al arbitraje se refiere, en este caso es una tercera persona imparcial, nombrada por acuerdo de las partes, quién impone una solución que será vinculante desde su emisión[320]. En este caso, este instrumento sólo será posible cuando ambas partes, de mutuo acuerdo, lo soliciten[321] o cuando así se haya establecido de forma expresa en el convenio aplicable, que tal y como se podrá ver más adelante puede imponerlo como obligatorio. El arbitraje consiste en encomendar a una tercera persona, imparcial, la solución de la discrepancia que en tal caso deberá ser aceptada. Según el artículo 24 del V ASAC, los laudos arbitrales serán vinculantes e inmediatamente ejecutivos, al mismo tiempo que el artículo 82.3 LET dispone que el laudo arbitral tendrá la misma eficacia que los acuerdos en periodo de consultas y solo será recurrible conforme al procedimiento y en base a los motivos establecidos en

[314] CRUZ VILLALÓN, 2013, cit., p. 405.
[315] LUQUE PARRA, 2012, cit., p. 329.
[316] Vid. artículo 13 del V ASAC.
[317] Vid. artículo 12 del V ASAC.
[318] CASTRO ARGÜELLES, 2013, cit., p. 161.
[319] Vid. artículo 16 del V ASAC.
[320] CRUZ VILLALÓN, 2013, cit., p. 405.
[321] Vid. artículo 18.1 V ASAC.

el artículo 91 LET[322]. Como ya se ha mencionado anteriormente no es necesario que para acudir al arbitraje, se haya tenido que agotar la vía de la mediación[323].

Un último aspecto a mencionar es la posible participación de la Comisión Paritaria del convenio colectivo en esta fase, pues cabe la posibilidad de que los convenios colectivos o acuerdos sectoriales hayan acordado que sea ésta la encargada de actuar como órgano de mediación o arbitraje. Esta intervención, agotará el trámite de mediación, de manera que de no alcanzar el acuerdo, se dará por finalizada la tercera fase y no habrá otro remedio que acudir a la intervención de los órganos públicos[324], que se analiza en el siguiente apartado.

Si se recuerda lo previsto en el párrafo siete del Preámbulo del ASAC, este sería el sistema que el propio ASAC insta a seguir en todos los acuerdos interprofesionales autonómicos, y también en los convenios colectivos, cuando regulen la resolución autónoma de conflictos colectivos. Consecuentemente, en principio, éstos configurarían el arbitraje como un mecanismo que requiere acuerdo previo de ambas partes del conflicto, es decir, completamente voluntario y consensuado; mientras que, con relación a la mediación, se insta a que la sola voluntad de una de las partes sea suficiente para su sustanciación o, en otras palabras, sea suficiente para que sea preceptivo[325]. Sin embargo, en base a la libertad de negociación, existen diferentes regulaciones convencionales respecto al sistema de resolución autónoma de conflictos.

A diferencia de la fase anterior, esta tiene carácter obligatorio al dictaminar la ley que los sujetos negociadores «deberán recurrir» a estos procedimientos. El carácter preceptivo de esta fase se ve reforzado mediante el artículo 16.2.b) del RD 1362/2012, al establecer que únicamente podrá reclamarse la actuación de la CCNCC cuando se garantice que los procedimientos no eran aplicables al caso que se debate o cuando, habiéndose recurrido a dichos procedimientos, estos no hubieran resuelto la discusión. La inobservancia de estas premisas conducirá a la no admisión de la solicitud de inaplicación. Así lo estimó la propia CCNCC, en el expediente 7/2014 de 24 de septiembre, en el que se ordena su archivo porque, en el plazo requerido en el artículo 19.2 del RD 1362/2012, no se aportó la documentación necesaria que justificara que la empresa hubiera recurrido a los procedimientos establecidos en los acuerdos interprofesionales de ámbito estatal o autonómico del artículo 83 LET para solventar, de manera efectiva, la discrepancia surgida en la negociación del descuelgue[326]. Así ha sido resuelto también por

---

[322] SAEZ LARA, 2017, cit., p. 352.
[323] CASTRO ARGÜELLES, 2013, cit., p. 161.
[324] CASTRO ARGÜELLES, 2013, cit., p. 161. Y Vid. artículos 21 y 22 del V ASAC.
[325] LUQUE PARRA, 2012, cit., p. 329.
[326] MENDOZA NAVAS, 2016, cit., p. 70.

los Tribunales, al afirmar que la nueva redacción del artículo 82.3 LET, dada por la Ley 3/2012, «exige con carácter preceptivo, no tratándose pues de un trámite dispositivo, acudir a los procedimientos establecidos para solucionar las discrepancias en los acuerdos interprofesionales»[327].

El artículo 82.3 LET especifica que los procedimientos a los que debe recurrir son aquellos regulados en los acuerdos interprofesionales a los que hace referencia el artículo 83. Sin embargo, es preciso tener en cuenta que los convenios colectivos también concretan reglas sobre este aspecto, como consecuencia de lo establecido en el artículo 85.3 LET. De hecho, deben concretarlas pues, tal y como prevé específicamente en la letra c) del mencionado artículo, los convenios colectivos habrán de expresar como contenido mínimo los procedimientos para solventar las discrepancias surgidas durante el procedimiento de descuelgue del artículo 82.3 LET, adaptando, en su caso, los procedimientos que se regulen a este respecto en los acuerdos interprofesionales del artículo 83.

En base a estas previsiones ¿qué poder otorga la posibilidad de «adaptar» estipulada en el artículo 85.3.c) LET? Realizando una interpretación sistemática de los dos preceptos concernidos, parece claro que, por genérica que sea la expresión legal utilizada, la adaptación implica un cierto cambio sobre los contenidos de algo, tal y como hasta entonces estaba configurado. Significa entonces que los contenidos del acuerdo interprofesional pueden ser configurados por el convenio colectivo, para posibilitar la operatividad de compromisos pactados por las partes de dicho convenio que les es de aplicación[328]. Tal interpretación no vulnera la autonomía colectiva, sino que la respeta plenamente, pues nacen en definitiva de un acto voluntario de los propios afectados por el compromiso o de sus representantes, no planteando dudas de constitucionalidad ni de legalidad[329].

Es más, siguiendo la doctrina laboral, de respetarse este mandato legal, la resolución de la controversia quedaría en manos de los procedimientos de solución extrajudicial de conflictos. Consecuentemente, se podría afirmar que es ésta una competencia decisiva, ya que a través de ella los agentes negociadores de los convenios colectivos pueden marginar el arbitraje público y obligatorio, perteneciente a la cuarta fase de este procedimiento[330]. Esta posibilidad se vería significativamente aumentada en aquellos casos en los que se regulara un arbitraje de futuro obligatorio o «en frío»[331]. Posibilidad de la que se hablará más adelante, cuando se aborden las posibles soluciones

---

[327] STSJ Madrid 1042/2012 de 14 de diciembre, FJ 5.

[328] ARRIETA HERAS, 2012, cit., p. 84.

[329] ALFONSO MELLADO, C., *El impacto de la reforma laboral iniciada con la ley 35/2012 en los sistemas de conflictos laborales pactados. Comisión Consultiva Nacional de Convenios Colectivos,* Ministerio de Empleo y Seguridad Social, 2012, p. 33.

[330] PEREZ DE LOS COBOS ORIHUEL, cit., pp. 1450–1451.

[331] SANGUINETY RAYMOND, 2014, cit., p. 122.

para modificar el artículo 82.3 LET, con visos de convertirlo en un precepto acorde a la CE.

De esta manera, los convenios colectivos podrán remitirse a los procedimientos extrajudiciales regulados en los acuerdos interconfederales de ámbito estatal o autonómico[332]; o, podrán ordenar los procedimientos extrajudiciales en función del ámbito de inaplicación del convenio de empresa[333]; o introduciendo la obligatoriedad de acudir a dichos procedimientos[334]; o incluso en algunos convenios se establece la obligación de someter las discrepancias a un arbitraje obligatorio[335]. Las dos primeras adaptaciones, en principio, no constituyen problema alguno, la tercera y última, sin embargo, al establecer como vía de solución de la discrepancia un arbitraje obligatorio, podría contradecir lo articulado en el acuerdo interprofesional estatal o autonómico, que regula como medios de solución la mediación y el arbitraje voluntarios.

En estos casos, cabría preguntarse qué instrumento prevalece, si el convenio colectivo aplicable en la empresa, o, por el contrario, el acuerdo interprofesional. Se participa de la opinión, al estimar la argumentación coherente con lo estipulado en la ley, siempre que exista una cláusula compromisoria libremente pactada por sus negociadores en el convenio, para que el mo-

---

[332] Convenio colectivo de Industria Siderometalúrgica de Gipuzkoa para 2010–2011, actualizado el 29 de enero de 2018, que en su Disposición Adicional Sexta estipula que, «Ambas partes asumen el Acuerdo Interconfederal sobre Procedimientos Voluntarios de Resolución de Conflictos Colectivos (PRECO) publicado en el *Boletín Oficial del País Vasco* n.º 66 de 4 de abril de 2000, que será de aplicación en el ámbito del presente Convenio, referido a la resolución de los conflictos colectivos derivados de la aplicación de las cláusulas del mismo».

[333] VI Convenio colectivo de Vodafone España, de 27 de marzo de 2013, que establece en su Anexo V, que «las partes se comprometen a recurrir a los procedimientos establecidos en los acuerdos interprofesionales de ámbito estatal o autonómico (cuando la inaplicación de las condiciones de trabajo afectase a centros de trabajo de la empresa situados en el territorio de más de una comunidad autónoma, o a los órganos correspondientes de las comunidades autónomas en los demás casos».

[334] I Convenio colectivo de la Empresa Doctus España, de 18 de febrero de 2013, que en su artículo 7 prevé que «de persistir el desacuerdo en la Comisión Paritaria, la discrepancia será sometida en plazo máximo de quince días al SIMA (Servicio Interconfederal de Mediación y Arbitraje), para que manifieste opinión mediante arbitraje no vinculante».

[335] Convenio colectivo de Sistemas de Encofrado de Navarra, SLU, de 11 de abril de 2013, artículo 35: En caso de que la Comisión Paritaria del Convenio Estatal de la construcción, no alcance ningún acuerdo, las discrepancias se someterán a un arbitraje vinculante, en cuyo caso el laudo arbitral tendrá la misma eficacia que los acuerdos en el período de consultas y solo será recurrible conforme al procedimiento y por los motivos establecidos en el artículo 91 del Estatuto de los Trabajadores. Será la Comisión Paritaria del Convenio Estatal de la Construcción, la que remitirá al Servicio Interconfederal de Mediación y Arbitraje (SIMA) estatal, u órgano que lo sustituya, en el plazo de cinco días siguientes a la finalización del plazo para resolver, las actuaciones y documentación necesaria. El arbitraje se someterá y dictará con la intervención, formalidades y procedimientos establecidos en los vigentes acuerdos de solución extrajudicial de conflictos y asumido por el Convenio de la Construcción estatal en su artículo 117».

delo sea eficaz los acuerdos interprofesionales deberían posibilitar la tramitación de estos arbitrajes, incluso aunque el único arbitraje que el acuerdo interprofesional contemple sea el estrictamente voluntario[336]. Este argumento encuentra su base en el artículo 85.3.c) LET, que atribuye a los convenios colectivos la capacidad de adaptar lo estipulado por los propios acuerdos interprofesionales, precisamente para solventar estas posibles contradicciones. Es esta una argumentación que, en mi opinión, hay que tener muy en cuenta, por hacer una interpretación coherente con lo estipulado en la Ley. Y, además, y en correlación con lo que se expresa en el párrafo siguiente, porque, puede dar una solución *lege ferenda* acorde a la constitución, al incidir en una vía única y exclusivamente en manos de los titulares de la negociación colectiva.

Por último, cabe referirse a ese arbitraje obligatorio al que pueden acudir las partes, siempre que previamente hayan adquirido el compromiso previo para someterse al mismo. Se estaría ante un arbitraje obligatorio, como consecuencia del compromiso previo, pero de carácter totalmente voluntario, pues proviene directamente de la autonomía de las partes negociadoras. Esta podría ser la solución «estrella», para poder así terminar el procedimiento de descuelgue, mediante un instrumento proveniente, en su integridad, de la autonomía negocial y de la negociación colectiva, y evitar la participación de la administración, participación legalmente obligatoria, de la que se hablará más adelante.

Dicho compromiso previo puede celebrarse en dos momentos, que son: a) ante el conflicto concreto y en caliente, es decir en el momento en el que el conflicto ya exista, o b) puede serlo por anticipado, o en frío, como previsión de una discrepancia que pueda surgir sobre el descuelgue, que es precisamente lo que se contempla en el acuerdo estatal cuando establece que el arbitraje «será obligatorio en aquellos supuestos previstos en el convenio colectivo»[337]. Nada impide por tanto que los convenios colectivos puedan establecer un compromiso previo de sumisión a arbitraje, con el objeto de solventar las discrepancias surgidas en el procedimiento de descuelgue. Sirva de ejemplo el artículo 35 del Convenio colectivo de Sistemas de Encofrado de Navarra, precitado anteriormente. Todo ello lleva a pensar el porqué de las razones por las que el legislador optó por imponer un arbitraje público y obligatorio ante la CCNCC u órgano autonómico asimilable, y no por obligar por ley, mediante el artículo 85.3.c) LET a que en los convenios colectivos se debiese incluir el compromiso/deber previo a someterse a un arbitraje o incluso a una mediación[338].

---

[336] ARRIETA HERAS, 2012, cit., pp. 83–85.
[337] Vid. artículo 8.1.b) del V ASAC.
[338] NAVARRO NIETO, 2013, cit., p. 267. «La solución que podía haberse seguido en los supuestos de bloqueo en procesos de consulta sobre inaplicación del convenio ex art. 82.3 LET es la extensión de los mecanismos de arbitraje a petición de cualquiera de las

Tras lo analizado en este apartado, se abogaría por empujar a los interlocutores sociales a que, 1) en los acuerdos interprofesionales estatales o autonómicos, estipularan para estos casos de conflicto colectivo, un arbitraje o mediación obligatorias, u 2) obligar, en virtud del artículo 85.3.c) LET a que en los convenios colectivos incluyeran una cláusula de compromiso a someterse a un arbitraje obligatorio, siendo el mismo, un arbitraje obligatorio «en frío», o a una mediación. Se evitaría así el último paso de este descuelgue que se está analizando, siendo esta previsión más acorde, a la CE. Aun así, esta misma propuesta puede resultar controvertida, por introducir la ley una obligación de regular mediante convenio colectivo un arbitraje obligatorio. No obstante, se volverá a esta cuestión más adelante.

3.3.7. *Procedimiento de descuelgue: último escalón, el arbitraje público y obligatorio*

La falta de acuerdo o solución en las anteriores fases no impide la inaplicación del convenio colectivo, pues el legislador de 2012 previó un arbitraje ante la Comisión Consultiva Nacional de Convenios Colectivos u órganos similares de las Comunidades Autónomas, «(…) llegando a forzar, más allá de lo razonable, los procedimientos destinados a dar una solución a los conflictos derivados de las iniciativas empresariales que inciden en la disciplina normativa del convenio colectivo aplicable»[339]. Por tanto, en aquellos casos en los que el período de consultas termine sin acuerdo y no fuesen de aplicación los procedimientos de solución autónoma de conflictos, o siendo aplicables, no se hallara solución en ellos, cualquiera de las partes, incluso con la oposición de la otra, podrá acudir a la mentada Comisión u órgano similar de la Comunidad Autónoma.

Esta última fase fue creada por la Ley 3/2012, de 6 de julio, de medidas urgentes para la reforma laboral. El artículo 82.3 LET introduce así un elemento ajeno a la autonomía colectiva, pues tal y como se mostrará, se trata de un arbitraje público y obligatorio, de naturaleza asimilada a los antiguos laudos de obligado cumplimiento resueltos por la Administración[340].

La razón por la que se quiere establecer este arbitraje es porque el legislador parece querer primar la finalidad de eliminar la discrepancia surgida entre las partes, en relación con la intención del empresariado de inaplicar las condiciones de trabajo pactadas en el convenio colectivo, entendiéndose que se debe dar una respuesta a cualquier precio, cueste lo que cueste. Así, y

partes en conflicto a través de los convenios colectivos o por la vía de los procedimientos autónomos de solución de conflictos».

[339] VALDÉS DAL – RÉ, 2012, cit., p. 170.

[340] CRUZ VILLALÓN, 2013, cit., p. 12.

viendo el riesgo de que, manteniendo la regulación anterior, la discrepancia se quedara sin resolver[341], ante la clara disparidad de intereses concurrente en este supuesto, el legislador acude a una fórmula mucho más expeditiva.

Tal y como ha sido dicho, se podría decir que «la intervención «terminal» de la Comisión Consultiva Nacional de Convenios Colectivos en el procedimiento del descuelgue, es el punto más problemático del mismo, desde un punto de vista constitucional» [342]. No obstante, tanto el legislador como la jurisprudencia y parte de la doctrina defienden la constitucionalidad de la intervención de dicho órgano, basándose en el absoluto carácter subsidiario de la fase, la mínima intervención de la CCNCC o el órgano autonómico[343] y el carácter tripartito del órgano en cuestión.

Así, en el preámbulo se justifica que «se trata en todo caso, de órganos tripartitos con presencia de las organizaciones sindicales y empresariales, junto a la Administración cuya intervención se justifica por la necesidad de que los poderes públicos velen por la defensa de la productividad tal y como se deriva del artículo 38 de la Constitución Española». Mientras que la jurisprudencia viene insistiendo en el carácter subsidiario de la intervención de la CCNCC en los procedimientos de inaplicación, reafirmando la necesidad del fracaso de todas las medidas de negociación previa que, en todo caso, deben haberse desarrollado de buena fe[344].

Para desbrozar las razones que llevan a la doctrina a calificar a ésta última fase como un arbitraje público y obligatorio es necesario el estudio de la misma CCNCC y el procedimiento que se lleva ante la misma.

---

[341] Preámbulo de la Ley 3/2012, de 6 de julio, de medidas urgentes para la reforma del mercado laboral: «La última reforma del mercado de trabajo pretendió hacer más viable la posibilidad del descuelgue, pero, a la luz de los datos de 2011, en un contexto de agravamiento de la crisis económica, no parece que se haya avanzado significativamente en este terreno. La norma estatal no ha garantizado el desbloqueo ante la falta de acuerdo con los presentantes de los trabajadores para dejar de aplicar las condiciones previstas en convenio colectivo».

[342] OLARTE ENCABO, 2014, cit., p. 256.

[343] PÉREZ DE LOS COBOS ORIHUEL, 2016, cit., p. 1451.

[344] STC 119/2014, de 16 de julio, sobre la que se volverá en un capítulo posterior, STS de 15 de septiembre de 2015, FJ 4: «La subsidiariedad, en buena lógica jurídica, exige que los previos escalones o requisitos se hayan superado con suficiencia. Únicamente cabe instar el pronunciamiento de terceros cuando ha fracasado la negociación; y esto último solo ha podido ocurrir cuando haya mediado verdadera negociación colectiva. Si no ha existido auténtica negociación directa (en terminología constitucional) entre la empresa y los trabajadores será imposible que entre en juego el mecanismo subsidiario; y si éste se activa de manera indebida se estará desconociendo ese carácter último que posee el arbitraje de la CCNCC» y en este mismo sentido, SAN 28/2014, de 11 de febrero de 2014, FJ 11:«Lo característico en estos casos es que se trata de procedimientos excepcionales y supletorios en cuanto, por un lado, existe la necesidad de cubrir un vacío regulatorio y, por otro, la negociación colectiva ha fracasado o no tienen posibilidad de llenar tal vacío».

3.3.7.1. La Comisión Consultiva Nacional de Convenios Colectivo

Ciertamente, sorprende el protagonismo otorgado a este órgano por la Ley 3/2012, cuando el RDL 7/2011, en su disposición transitoria segunda, establecía que el Consejo de Relaciones Laborales y Negociación colectiva sustituiría a la Comisión Consultiva Nacional de Convenios Colectivos. Es más, la Ley 3/2012 derogó la disposición transitoria segunda del RDL 7/2011, consolidando así el papel de la Comisión, ampliando sus competencias[345].

3.3.7.1.1. El origen, definición y conceptuación de la Comisión Consultiva Nacional de Convenios Colectivos

La Comisión Consultiva Nacional de Convenios Colectivos tiene su origen en la Disposición Adicional Octava de la Ley 8/1980 de 10 de marzo, del Estatuto de los Trabajadores, que vino a establecer lo siguiente: «Se crea una Comisión Consultiva nacional, que tendrá por función el asesoramiento y consulta a las partes de las negociaciones colectivas de trabajo en orden al planteamiento y determinación de los ámbitos funcionales de los convenios». Mediante Real Decreto 2976/1983, de 9 de noviembre, cumpliendo aquel primer mandato legal, se constituyó la Comisión Consultiva Nacional de Convenios Colectivos. A su vez, la Orden Ministerial de 28 de mayo de 1984, aprobó su reglamento y funcionamiento.

Se configuró así un órgano atípico, en el que participaba la Administración Pública con la finalidad de cooperar con los agentes sociales en la promoción de la negociación colectiva, facilitando a las partes sociales los medios materiales y personales necesarios para tratar de resolver los problemas que plantea la vertiente funcional de la negociación colectiva, haciéndola más efectiva[346].

---

[345] CASTRO ARGÜELLES, 2013, cit., p. 164 y QUINTANILLA NAVARRO, R.Y., «La Comisión Consultiva Nacional de Convenios Colectivos», *Revista del Ministerio de Empleo y Seguridad Social núm. 123,* 2016, p. 159.

[346] VALDÉS DAL – RÉ, F., «La Comisión Consultiva Nacional de Convenios Colectivos», *Revista Española de Derecho del Trabajo núm. 7,* 1984, pp. 7 y ss. Se está de acuerdo en la calificación de la CCNCC como órgano atípico, y por tanto no administrativo, puesto que sus funciones iniciales eran sólo de asesoramiento y consulta no vinculante, por lo tanto, tal y como apunta SEPULVEDA GÓMEZ, M., «La nueva Comisión Consultiva Nacional de Convenios Colectivos y su Reglamento 2012», *Temas Laborales núm. 118,* 2013, p. 64 «no se le podía calificar de órgano administrativo que llevara a cabo funciones político – administrativas». No obstante, tanto antes como ahora, al estar adscrito a una Administración pública (en este caso concreto, al Ministerio de Empleo y Seguridad Social), la CCNCC ha formado parte y sigue formando parte de la Administración pública, y por tanto sometido al Derecho Administrativo.

Siguiendo lo estipulado en la Disposición Adicional Octava de la LET de 1980, que estableció el punto de partida de la CCNCC, se trataba de una Comisión que funcionaba de manera autónoma o conectada con alguna otra institución ya existente de análogas funciones. Ello significa que, se trataba de un órgano, aun perteneciente a la Administración Pública, con cierta independencia. En cuanto a su conformación, fue estructurada como un órgano tripartito, con la participación de la Administración Pública y de los sindicatos y asociaciones empresariales. No obstante, la Ley no determinó la necesaria paridad de las tres representaciones previstas[347].

En lo que a sus funciones se refiere, eran básicamente consultivas, tales como el asesoramiento y consulta a las partes de las negociaciones colectivas de trabajo en orden al planteamiento y determinación de los ámbitos funcionales de los convenios, y el estudio y documentación que sirviese de indicador para la determinación de los ámbitos funcionales de la negociación colectiva. Es relevante recalcar que los planteamientos de la CCNCC no eran vinculantes para las partes consultantes[348].

Teniendo todo ello en cuenta, tal y como se ha constatado, se afirmaba que su capacidad de intervención era muy limitada, porque dentro de un sistema basado en el principio de autonomía negocial de los interlocutores y las interlocutoras sociales, la complejidad de la estructura de la negociación colectiva debe ser gobernada y administrada por la propia representación de las personas trabajadores y las personas empresarias, sin que la misma pueda ser dirigida ni condicionada desde los poderes públicos, ni siquiera a través de organismos en los que tienen una importante presencia las propias organizaciones sindicales y empresariales, lo que explica el reducido alcance de sus competencias[349].

Por último, apuntar que su participación se activaba únicamente por la previa solicitud de las partes, siendo los sujetos legitimados para ello las partes de las negociaciones colectivas, comprensivas tanto de la negociación colectiva estatutaria como de la negociación colectiva extraestatutaria[350].

Aunque a lo largo de los años sufriese ciertos cambios, tanto en lo que se refiere a sus funciones, viéndolas ampliadas[351], como en la consecuente redefinición de su naturaleza como órgano exclusivamente consultivo de la Ad-

---

[347] SALA FRANCO, T., «La Comisión Consultiva Nacional de Convenios Colectivos», *Revista del Ministerio de Trabajo e Inmigración núm. 68*, 2007, p. 170.

[348] SALA FRANCO, 2007, cit., p. 170.

[349] SEPULVEDA GÓMEZ, 2013, cit., p. 62; CRUZ VILLALÓN, J., RODRÍGUEZ – RAMOS VELASCO, P. y GÓMEZ GORDILL, R., *Estatuto de los Trabajadores Comentado*, Tecnos, Madrid, 2003, p. 1184.

[350] SALA FRANCO, 2007, cit., p. 170.

[351] SALA FRANCO, 2007, cit., p. 170, que apunta que con el RD 2976/1983 se le atribuyó una nueva función, no prevista en la Disposición Final Octava del ET, de dictaminar los expedientes de extensión de los convenios colectivos (arts. 2.3 del RD 2976/1983 y 2.2.b) de la Orden Ministerial de desarrollo de 1984).

ministración Pública de las partes sociales[352], su gran remodelación se dio con la Ley 3/2012. No obstante, antes de entrar a analizar la «nueva» CCNCC regulada por esta Ley, se estima oportuno el estudio de la labor de carácter arbitral, excepcional, atribuida a la misma, a tenor de la previsión contenida en la reforma laboral de 1994.

La Ley 11/1994, de 19 de mayo, y posterior Real Decreto Legislativo 1/1995, de 24 de marzo, modificaron la Disposición Transitoria Sexta de la LET, estableciendo el fin de la vigencia de las Ordenanzas de Trabajo que quedaban aún vigentes. Para ello «se establecieron un conjunto de previsiones, en las que se encontraba atribuir a la CCNCC de ciertas facultades con vistas a evitar los vacíos de regulación que pudieran derivarse de la decadencia al término de las Ordenanzas Laborales»[353]. Tales facultades quedaron concretadas, en síntesis, en las dos siguientes. De un lado, se atribuyó a la CCNCC el poder de convocar a las partes legitimadas para emprender negociaciones en el ámbito de cada Ordenanza, con el objetivo de iniciar tratos contractuales encaminados a una sustitución pactada de la correspondiente norma reglamentaria. De otro lado, para la hipótesis de frustración de dicha negociación, se habilitó también al citado organismo de carácter tripartito para acordar someter la solución de la controversia a arbitraje[354].

Tal y como queda patente, dicha reforma conllevó a que la CCNCC efectuara una labor de carácter arbitral[355], siendo dicho arbitraje, al mismo tiempo, de carácter público, al llevarse a cabo la designación del árbitro o árbitra en el seno de un organismo, que aun siendo autónomo e independiente, formaba parte de la Administración Púbica[356]. No obstante, es preciso reseñar la especialidad y singularidad de este arbitraje público, que lo diferencia con el que introdujo la Ley 3/2012 que se estudiará seguidamente. Se está haciendo referencia a que aquel arbitraje público lo era para sustituir una norma estatal de rango reglamentario, más específicamente una Ordenanza

---

[352] VALDÉS DAL – RÉ, 1984, cit., p. 23: «(la CCNCC) deja de ser expresión de la actuación cooperativa de la Administración en punto al logro de intereses singulares y específicos para transformarse en un órgano consultivo de participación de los intereses sociales en el ejercicio de funciones administrativas, en un instrumento de actuación orgánica de sindicatos y patronales en la realización de actividades de índole pública».

[353] VALDÉS DAL – RÉ, F. y LAHERA FORTEZA, J., «La sustitución de las ordenanzas laborales: fases, instrumentos y balance de un proceso caso acabado», en VALDÉS DAL –RÉ, F., (Dir.), *Balance material del proceso de sustitución de las ordenanzas laborales: continuidad y crisis de sus contenidos normativos,* Ministerio de Trabajo y Asuntos Sociales, Madrid, 1999, p. 17.

[354] VALDÉS DAL – RÉ, y LAHERA FORTEZA, 1999, cit., p. 17.

[355] QUINTANILLA NAVARRO, 2016, cit., p. 160, respecto a esta función decisoria de la CCNCC: «Función decisoria para la que no fue concebida la CCNCC. Solo excepcionalmente, y como consecuencia de la reforma laboral de 1994».

[356] SEPÚLVEDA GÓMEZ, 2013, cit., p. 63: «la adscripción de un órgano a una Administración pública es un acto que hace que el mismo pase a formar parte de esa Administración pública y, por tanto, sometido a Derecho Administrativo».

Laboral, que no tenía su origen en la negociación colectiva[357]. Por tanto, la diferencia reside en que mientras el arbitraje público de 1994 tenía por objeto sustituir una norma estatal de rango reglamentario, el arbitraje público de 2012 tiene por objeto sustituir un convenio colectivo estatutario, fruto de la negociación colectiva. Siendo esta característica la que lleva a plantearse la constitucionalidad del mismo.

Tal y como se ha adelantado, el RDL 7/2011, de 10 de junio, procedió a sustituir la CCNCC por la creación de un Consejo de Relaciones Laborales y de Negociación Colectiva, al modificar la Disposición Final Segunda LET. No obstante, este Consejo no llegó a formarse pues la Ley 3/2012 cambió el tenor literal de la mencionada Disposición, para incorporar, como una de las funciones de la CCNCC, «la intervención en los procedimientos de solución de discrepancias en los casos de desacuerdo en el período de consultas para la inaplicación de condiciones de trabajo establecidas en los convenios colectivos de acuerdo con el art. 82.3 de esta ley» [358].

El contenido del mismo ha pasado a ubicarse en la Disposición Adicional Novena del Real Decreto Legislativo 2/2015, de 23 de octubre, por el que se aprueba el Texto Refundido de la Ley del Estatuto de los Trabajadores. Aunque esta Disposición Adicional ofrece una breve referencia a la naturaleza, composición y funciones de la Comisión, es el RD 1362/2012, de 27 de septiembre, quien reglamentariamente establece la composición y organización de la misma, así como sus procedimientos de actuación y las medidas de apoyo para el desarrollo de sus funciones[359].

Esta nueva regulación, que toma como punto de partida la existencia de dicho órgano, ha operado otros cambios sustanciales tales como su composición legal no solo tripartita, sino también paritaria, así como su consideración como órgano colegiado, y su funcionamiento ordinario a través de la Comisión Permanente. En lo que se refiere a sus funciones, esta CCNCC sigue cumpliendo con el asesoramiento y consulta en orden al planteamiento de los convenios, y con la función de observatorio de la negociación colectiva[360]. Esto es, se trata de un órgano cuya finalidad principal es la consulta y asesoramiento, característica que viene distinguiendo desde su creación a la CCNCC.

Siendo esto así, se inscribiría dentro de las manifestaciones del Estado social y democrático de derecho, pues asesora a los sujetos negociadores y negociadoras en materias que son expresión del ejercicio a la negociación colectiva que a ellos y ellas les corresponde. Por todo ello, cabría afirmar, teniendo en cuenta únicamente sus funciones de

---

357 CRUZ VILLALÓN, 2013, cit., p. 16.
358 Disposición Final 2.ª, apartado 1.º, letra c) de la LET.
359 QUINTANILLA NAVARRO, 2016, cit., pp. 158–159.
360 QUINTANILLA NAVARRO, 2016, cit., p. 160.

consulta y asesoramiento, que su creación o remodelación no sustrae a las organizaciones empresariales y sindicales u otros sujetos legitimados para la negociación colectiva las legítimas competencias y funciones inherentes a este derecho constitucional[361].

No obstante, la función arbitral otorgada mediante la modificación de la Disposición Final Segunda de la LET, surge como protagonista respecto de las otras funciones, dada su trascendencia. Ciertamente, la misma ha supuesto la desnaturalización del órgano en cuestión. Se ha viciado un órgano que era en esencia un órgano consultivo y cuyas resoluciones no eran vinculantes, que hasta ahora servía de apoyo a la negociación colectiva, convirtiéndolo en un órgano administrativo de carácter colegiado, que resulta ser decisorio[362]. Se ha alterado así el rasgo de identificación que ha acompañado a la CCNCC desde siempre. Y es que la reforma 2012, aunque «no crea formalmente un nuevo órgano, materialmente sí lo está creando porque le atribuye una función propia de los órganos administrativos de la Administración pública»[363], esto es, potestad para decidir y con esa decisión producir actos jurídicos «que hacen nacer, modificar o extinguir derechos subjetivos»[364]. Dado este nuevo carácter, ha resultado sorprendente el mantenimiento de la denominación tradicional de la Comisión «Consultiva» Nacional de Convenios Colectivos[365].

3.3.7.1.2. Naturaleza jurídica y composición

De acuerdo con el primer apartado de la Disposición Adicional Novena de la LET, la CCNCC es un órgano colegiado, adscrito al Ministerio de Empleo y Seguridad Social a través de la Dirección de Empleo, que tiene carácter tripartito y paritario y se encuentra integrado por representantes de la Administración General del Estado, así como de las organizaciones empresariales y sindicales más representativas.

A primera vista, se configura como un órgano, a excepción de su nueva función arbitral, sobre las mismas bases que ya existían, pudiendo afirmarse en una primera aproximación, que la nueva disposición adicional Novena de la LET da continuidad al régimen jurídico de la anterior CCNCC[366]. No obs-

---

[361] GARCÍA BLASCO, J., «La Comisión Consultiva Nacional de Convenios Colectivos en la reforma laboral de 2012: del non nato Consejo de Relaciones Laborales a su nueva función arbitral», en RODRÍGUEZ – PIÑERO y BRAVO – FERRER, M. y VALDÉS DAL – RÉ, F., *La Reforma Laboral…,* 2012, cit., p. 536.

[362] MOLINA NAVARRETE, C., «La desnaturalización de la CCNCC en la inaplicación de convenios», *Temas Laborales núm. 125,* 2014, p. 195.

[363] SEPÚLVEDA GÓMEZ, 2013, cit., p. 64.

[364] SEPÚLVEDA GÓMEZ, 2013, cit., p. 63.

[365] SEPÚLVEDA GÓMEZ, 2013, cit., p. 59.

[366] GARCÍA BLASCO, 2012, cit., pp. 535–540.

tante, la regulación de la Comisión configura novedosamente a este órgano respecto de su regulación precedente.

De entrada, cabe destacar que ahora es la ley la que establece directamente una parte del diseño de la Comisión, que anteriormente se dejaba al desarrollo reglamentario. Así, la Ley especifica la adscripción de la CCNCC al Ministerio de Empleo y Seguridad Social, su carácter paritario, la especificación de su integración por representantes de la Administración General del Estado, así como por organizaciones empresariales y sindicales más representativas[367], especificando de esta manera qué grupos o sujetos conforman el órgano tripartito. En este sentido, el RD 1362/2012, mantiene la composición tradicional, Presidente o Presidenta, cuya designación corresponde al titular o a la titular del Ministerio de Empleo y Seguridad Social, al que se le ha atribuido voto de calidad para dirimir con su voto los empates a efectos de adoptar acuerdos. El Secretario o la Secretaria, que será una persona funcionaria adscrita a los servicios administrativos de la Comisión, y paritariamente seis vocales por la Administración General del Estado, y seis más por cada uno de los agentes sociales[368].

Mediante esta composición paritaria de la Comisión se vendría a defender, por un sector de la doctrina[369], que el respeto al principio constitucional de autonomía colectiva de las partes se daría por asegurado en esta ocasión. Se entiende que al brindar la oportunidad de la participación institucional, paritariamente, de las partes de la negociación colectiva, el conflicto lo dirimiría una instancia que es expresión de la voluntad de las propias organizaciones sindicales y empresariales. Nada más lejos de la realidad, pues lo que define a la CCNCC es que dicta actos administrativos, en tanto en cuanto, es un órgano administrativo colegiado del Ministerio de Empleo y Seguridad Social[370], tal y como se verá más adelante. El rasgo que mejor demuestra lo lejos que queda la CCNCC de ser la expresión de la autonomía de las partes es su carácter tripartito, por tanto, ya no son las partes quienes dirimen la discrepancia[371].

A mayor abundamiento, se recoge por primera vez a nivel legal, pues el reglamento anterior ya lo recogía, el carácter paritario del órgano, de manera que el reglamento no puede configurar al órgano con una distribución no paritaria de los grupos que lo integran. Por último, se erige también como novedad la calificación legal expresa de la Comisión como órgano colegiado. Por tanto, la nueva regulación reglamentaria contempla necesariamente la

---

[367] Tal y como recoge GARCÍA BLASCO, 2012, cit., p. 541, en la práctica de la CCNCC, la mayor representatividad por parte de los sindicatos se ha materializado en 2 representantes de UGT, 2 de CCOO, 1 de CIG y 1 de ELA – STV.

[368] Vid. artículo 4 del RD 1362/2012.

[369] PÉREZ DE LOS COBOS ORIHUEL, 2016, cit., p. 1455.

[370] SAN 28/2014, de 11 de febrero, FJ 10.

[371] CRUZ VILLALÓN, 2013, cit., p. 406.

formación de la voluntad de los miembros de la Comisión como colegio y no como sujetos individuales[372].

De aquí que se haya afirmado que, «la decisión de que estos elementos configuradores de la Comisión se residencien ahora en el ámbito de la ley, sin posibilidad de configuración diferente por el reglamento, evidencia una preocupación del legislador que puede apuntar hacia la necesidad de reforzar la legitimidad del órgano para poder asumir la función de decisión en la inaplicación de convenios colectivos»[373].

3.3.7.1.3. Ámbito de actuación y objeto de las funciones decisorias de la CCNCC

La CCNCC está regulada por el Real Decreto 1362/2012, de 27 de septiembre. Concretamente su artículo 17 delimita la competencia de la CCNCC para conocer los procedimientos de inaplicación o descuelgue de convenio colectivo. Siguiendo lo dispuesto en este artículo, las partes podrán acudir a la CCNCC cuando la inaplicación de condiciones de trabajo del convenio colectivo afecte a centros de trabajo de la empresa situados en el territorio de más de una comunidad autónoma, así como cuando afecten a las empresas situadas en las ciudades de Ceuta y Melilla. Para tal delimitación, no se valora el ámbito del convenio, sino el de los centros donde están ubicados los trabajadores[374].

El mismo artículo, manteniendo la diferenciación ya prevista en el artículo 82.3 LET, recoge que para los demás supuestos de inaplicación, la competencia para conocer sobre ellos corresponde a los organismos autonómicos equivalentes a la CCNCC. En un principio parecía que esta función sería asumida en gran parte por las Comunidades Autónomas, por los Consejos de Relaciones Laborales autonómicos, ante la práctica inexistencia de órganos consultivos especializados a nivel autonómico[375].

---

[372] SEPÚLVEDA GÓMEZ, 2013, cit., pp. 60–61.

[373] SEPÚLVEDA GÓMEZ, 2013, cit., p. 61.

[374] Expediente de inaplicación 4/2012, en el que la CCNCC especifica que el artículo 82.3 ET limita la intervención de la misma en la fase final del sistema de arbitraje, en el supuesto de que la inaplicación de condiciones de trabajo pudiera afectar a centros de trabajo de una empresa situados en el territorio de más de una comunidad autónoma, pero no para el caso de que la inaplicación de condiciones de trabajo afectase al centro de una empresa que estuviese situado en una comunidad autónoma, como es el caso que analizó. La empresa pedía la inaplicación del convenio colectivo de empresa que regía en el centro de trabajo que tenía dicha empresa en Gijón (Asturias), en relación a 215 trabajadores de dicho centro de trabajo. Para mayor profundización Expediente de inaplicación 15/2012, en el que estimó la no competencia de la CCNCC porque el convenio colectivo de inaplicación únicamente afectaba a dos centros de trabajo sitos en la provincia de León, aunque en la empresa estuviese en vigor otro Acuerdo privado, no estatutario, referente a las incorporaciones de los trabajadores del Principado de Asturias.

[375] QUINTANILLA NAVARRO, 2016, cit., p. 170.

Como solución a la falta de un órgano tripartito equivalente a la CCNCC en el ámbito de la Comunidad Autónoma, se previó la posibilidad de la actuación de la Comisión, sujeta a la previa celebración de un convenio de colaboración entre el Ministerio de Empleo y Seguridad Social y la Comunidad Autónoma. En estos casos, la actuación de la CCNCC se mantendría hasta que se constituyese dicho órgano autonómico equivalente a la CCNCC[376].

Ante esta situación y ateniéndose al riesgo de «resistencia pasiva» [377] de las Comunidades Autónomas, el RDL 5/2012, de 15 de marzo, de medidas para favorecer la continuidad de la vida laboral de los trabajadores de mayor edad y promover el envejecimiento activo, en su Disposición Adicional Sexta creó una regla provisional, que ciertamente es muy cuestionable desde la óptica de las competencias de autoorganizacion autonómicas (art. 148.1.1 CE) [378]. Según la mencionada regla, si en el plazo de tres meses desde la entrada en vigor del mencionado RDL las Comunidades Autónomas no hubieran constituido un órgano tripartito equivalente a la CCNCC o suscrito un convenio de colaboración con el Ministerio de Empleo y Seguridad Social acordando la actuación de la Comisión en ámbito territorial de las Comunidades firmantes, la CCNCC podrá, subsidiariamente y en tanto en cuanto no se constituyan dichos órganos tripartitos equivalentes, en su caso, conocer de las solicitudes a las discrepancias surgidas por falta de acuerdo sobre la inaplicación de las condiciones de trabajo, presentes en el convenio colectivo de aplicación, cuando dicha inaplicación afectase a centros de trabajo de la empresa situados en el territorio de una Comunidad Autónoma[379].

No obstante, en la práctica, la gran mayoría de las Comunidades Autónomas han constituido órganos equivalentes a la CCNCC, como por ejemplo, Andalucía[380], Islas Baleares[381], Castilla y León[382], Castilla – La Mancha[383],

---

[376] QUINTANILA NAVARRO, 2016, cit., p. 170.

[377] FERNÁNDEZ LÓPEZ, 2015, cit., p. 891.

[378] FERNÁNDEZ LÓPEZ, 2015, cit., p. 891.

[379] CASTRO ARGÜELLES, 2013, cit., p. 168.

[380] En este caso, de acuerdo con lo establecido en la Disposición Adicional Única del Decreto 68/2013, de 2 de julio, por el que se modificó el Decreto 149/2012, de 5 de junio, por el que se regula la estructura orgánica de la Consejería de Economía, Innovación, Ciencia y Empleo, es el Consejo Andaluz de Relaciones Laborales el órgano competente, en el ámbito de la Comunidad Autónoma de Andalucía, para ejercer la función prevista en el artículo 82.3 LET.

[381] En esta comunidad autónoma el órgano competente es el Tribunal de Arbitraje y Mediación de las Islas Baleares, regulado por el II Acuerdo Interprofesional sobre renovación y potenciación del «Tribunal d´Arbitrage i Mediació de les Illes Balears» de 12 de enero de 2005, (publicado en el BOIB de 3 de febrero de 2005).

[382] En este caso, por Decreto 14/2014, de 3 de abril, se procedió a la creación de la Comisión de convenios Colectivos de Castilla y León, dentro del Consejo Regional de Trabajo de Castilla y León (órgano que ya existía aunque con un carácter meramente consultivo).

[383] En base a la Ley 6/2014, de 23 de octubre, de modificación de la Ley 9/2002, de 6 de junio, de creación del Consejo Regional de Relaciones Laborales de Castilla – La Mancha y de la Ley 8/2008, de 4 de diciembre, de creación de la Comisión Consultiva Regional de Conve-

la Comunidad Valenciana[384], Región de Murcia[385], Cataluña[386] y Euskadi[387]. Y en otras optaron por prever la intervención de la CCNCC a través de convenios de colaboración, como fue el caso de Cantabria, Extremadura, Galicia y Navarra[388]. Hoy en día en cambio, las únicas dos Comunidades Autónomas que siguen con esta sistemática son Extremadura[389] y Navarra[390].

Una vez determinado su ámbito de actuación, el artículo 16 determina el objeto de las funciones decisorias de la CCNCC. Básicamente se limita a reproducir lo establecido en el artículo 82.3 LET. Por tanto, la CCNCC resolverá la discrepancia surgida entre la empresa y las personas trabajadoras por

---

nios Colectivos, es este último órgano quién ejercerá las funciones decisorias sobre la solución de discrepancias surgidas por falta de acuerdo sobre el descuelgue de condiciones laborales pactadas en convenio colectivo, es decir, en los supuestos establecidos en el artículo 82.3 LET.

[384] En este caso, es el Consejo Tripartito para el Desarrollo de las Relaciones Laborales y la Negociación Colectiva de la Comunidad Valenciana quién asumió esta función, por Decreto 88/2013, de 5 de julio, publicado en el DOCV de 8 de julio de 2013, por el que se regula el mencionado Consejo.

[385] Es el Consejo Autonómico de Relaciones Laborales de la Región de Murcia quién se ocupa de estos asuntos, mediante Decreto 33/2013, de 12 de abril, publicado en el BORM de 16 de abril de 2013, por el que se crea el Consejo Autonómico de Relaciones Laborales de la Región de Murcia, CARLA.

[386] Función asumida por el Consejo de Relaciones Laborales de Cataluña, a través de su Comisión Ejecutiva de Convenios Colectivos (Decreto 245/2013, de 5 de noviembre, de organización y funcionamiento de la Comisión de Convenios Colectivos del Consejo de Relaciones Laborales, publicado en el DOGC de 7 de noviembre de 2013 y Orden EMO/353/2014, de 1 de diciembre, por la que se regula la designación de árbitro y la compensación económica de la solución de discrepancias por falta de acuerdo en procedimientos de inaplicación de condiciones de trabajo previstas en convenio colectivo vigente, publicado en el DOGC de 11 de diciembre de 2014).

[387] Función asumida por el Órgano para la Resolución de los Procedimientos para la Inaplicación de Convenios Colectivos Estatutarios (ORPRICCE) del País Vasco, que se crea por Decreto 471/2013, de 30 de diciembre. COLÁS NEILA, 2016, cit., p. 104. En este sentido SAEZ LARA, 2017, cit., p. apunta que «el análisis de las regulaciones autonómicas (…) mayoritariamente (…) se limitan a regular los aspectos organizativos y de funcionamiento de los respectivos órganos autonómicos competentes para la inaplicación convencional, remitiendo en buena técnica jurídica a la regulación estatal (País Vasco) o reiterando la normativa estatal en las cuestiones procedimentales y sustantivas (Baleares, Asturias, Madrid)».

[388] QUINTANILLA NAVARRO, 2016, p. 171.

[389] En base a la Resolución de 5 de febrero de 2014, de la Secretaría General Técnica, publicada en el BOE de 4 de febrero de 2014, por la que se establece que esta función está asumida por la CCNCC sobre la base del Convenio de Colaboración entre el Ministerio y la Comunidad Autónoma de Extremadura. En Galicia esta función fue asumida por Decreto 101/2015, de 18 de junio, por la Comisión Tripartita Gallega para la Inaplicación de Convenios Colectivos. Y en lo que respecta a Cantabria, por el Consejo de Relaciones Laborales de Cantabria, mediante Decreto 19/2014, de 20 de marzo, por el que se modificó el Decreto 56/2010, de 2 de septiembre, de creación del Consejo de Relaciones Laborales de Cantabria.

[390] Establecido por Resolución de 15 de julio de 2013, de la Secretaría General Técnica, publicada en el BOE de 12 de agosto de 2013, en el que se recoge el Convenio de Colaboración entre el Ministerio y la Comunidad Foral de Navarra para la actuación de la CCNCC en este ámbito territorial.

falta de acuerdo en los procedimientos de inaplicación de las condiciones de trabajo previstas en el convenio colectivo aplicable a que se refiere el artículo 82.3 LET, siempre que concurran las condiciones señaladas en dicho artículo.

Seguidamente indica que la intervención de la CCNCC únicamente podrá solicitarse, si concurren conjuntamente las siguientes circunstancias: a) que no se hubiera solicitado la intervención de la comisión paritaria del convenio o, en caso de haberse solicitado, ésta no hubiera alcanzado un acuerdo y b) que no fueran aplicables los procedimientos establecidos en los acuerdos interprofesionales de ámbito estatal previstos en el artículo 83 LET, o que habiéndose recurrido a dichos procedimientos, estos no hubieran resuelto la discrepancia.

3.3.7.1.4. Legitimación para solicitar la actuación de la CCNCC

El artículo 82.3 LET indica con nitidez que, una vez en que en las fases anteriores no se haya podido dar solución a la discrepancia, «cualquiera de las partes podrá someter la solución de la misma a la CCNCC». En este aspecto, el artículo 18 RD 1362/2012 reitera el contenido del artículo 82.3 LET.

Así, tanto la empresa como la representación legal de las personas trabajadoras pueden solicitar este procedimiento arbitral. Ni la Ley ni el reglamento especifican aquí la necesidad de acuerdo entre las partes de un compromiso previo de someter la discrepancia a un arbitraje. Por tanto, a *sensu contrario* se concluye que este procedimiento, ante un organismo público, puede iniciarse contra la voluntad de una de las partes.

Se reitera aquí lo que ya se indicó al analizar la comisión paritaria del convenio, ese a iniciativa de «cualquiera de las partes» es una expresión legal eufemística, pues por razón de sus respectivos intereses, la iniciativa la adopta, necesariamente la dirección de la empresa. Nunca la representación de la parte social va a plantear la discrepancia en instancias diferentes, pues su mera pasividad llevará a la pervivencia del convenio colectivo. Por tanto, lo que la ley permite aquí es el inicio de un arbitraje público y obligatorio por iniciativa unilateral de la dirección de la empresa, aun en contra de la voluntad de la representación de las personas trabajadoras[391]. De hecho, la ex-

---

[391] CRUZ VILLALÓN, 2013, cit., pp. 403 y 407. En este sentido también MONEREO PÉREZ, J.L. y ORTEGA LOZANO, P.G., «Acuerdos colectivos, mediación y arbitraje en los descuelgues», *Temas Laborales, Revista Andaluza de Trabajo y Bienestar Social, núm. 154, 2020,* p. 270 al afirmar que: «Que la norma indique que cualquiera de las partes podrá acudir a dicho arbitraje, realmente es una manera de otorgar, a la dirección de la empresa, la posibilidad de poner en marcha este arbitraje con el que pretende inaplicar alguna condición más beneficiosa para el trabajador en evidente perjuicio de los intereses de los mismos». En contraposición con la tesis aquí defendida, DE CASTRO MARÍN, E., *El «descuelgue» de convenio*

periencia aplicativa del procedimiento de resolución ante la CCNCC lo evidencia sin duda, dado que todos los expedientes han sido iniciados por la parte empresarial[392].

3.3.7.1.5. Procedimiento ante la CCNCC

El procedimiento se iniciará mediante solicitud de parte presentada por vía electrónica en la sede electrónica del Ministerio de Empleo y Seguridad Social[393], y no ante la Comisión. Esa solicitud deberá indicar el motivo de la discrepancia y deberá determinar con exactitud las nuevas condiciones de trabajo aplicables a la empresa y su periodo de aplicación. Junto con la solicitud, se debe presentar una prolija documentación señalada en el artículo 20 RD 1362/2012[394].

Ni la LET ni el RD dicen nada sobre el momento oportuno para presentar la discrepancia. Es decir, existe un vacío legal y reglamentario sobre el plazo de presentación de la solicitud de solución de la discrepancia ante la CCNCC. En este sentido, se ha señalado que entre la finalización sin acuerdo del periodo de consultas y aquella solicitud debe mediar un plazo razonable, que no sea excesivo. La jurisprudencia ha estimado excesiva y no razonable, la presentación de la solicitud transcurridos nueve meses desde la celebración del periodo de consultas. Se considera que habiendo transcurrido tanto tiempo, el periodo de consultas pierde toda virtualidad, por lo que en el caso en el que se acordara la inaplicación en el seno de la CCNCC, se haría sin haberse seguido el preceptivo periodo de consultas en relación a la situación existente en la fecha en que se acuerda tal inaplicación[395]. En esa misma

---

colectivo, Universidad Complutense de Madrid, Madrid, 2015, p. 356, que justifica el carácter potestativo de la intervención de la CCNCC, puesto que el legislador no impone de manera obligatoria la actuación del órgano decisorio, activándose exclusivamente a solicitud de una de las partes en conflicto. No obstante, a renglón seguido, apunta que «una vez solicitada su intervención, normalmente por el empresario, resultará preceptiva para la parte no solicitante».

[392] NAVARRO NIETO, 2013, cit., p. 267. En este sentido, de los quince expedientes (entre los que se encuentran los actos administrativos de la CCNCC y los laudos arbitrales) emitidos en el año 2012, todas se iniciaron por solicitud de la empresa. Respecto al año 2013, de los veintinueve expedientes, en este caso también, la totalidad de las mismas fueron incoadas por solicitud de la empresa. Lo mismo ocurre en los años siguientes, que aun experimentando una bajada de solicitudes, todas ellas son formuladas por parte de la empresa (se hace referencia a los años 2014, en el que se pueden encontrar 10 expedientes; 2015, con tan solo 2 expedientes; 2016 con 4 expedientes; 2017, con 2 expedientes y 2019 con otros 2 expedientes). Esta información está disponible en mites.gob.es/es/sec_trabajo/ccncc/B_Actuaciones/Inaplicacion/index.html

[393] Vid. artículo 19 RD 1362/2012.

[394] QUINTANILLA NAVARRO, 2016, cit., p. 172: «El texto reglamentario no prevé la inadmisión a trámite cuando falte alguno de los documentos previstos, lo que deja esa circunstancia sin resolver hasta la resolución final del procedimiento».

[395] STSJ Islas Baleares 552/2013 de 17 de diciembre FJ 3.

línea, la propia CCNCC entendió no razonable la presentación de la solicitud habiendo transcurrido seis meses desde el inicio del periodo de consultas, ya que ello podría implicar un cambio sustancial de, en ese específico supuesto, la situación económica de la empresa[396].

De todo ello se deriva la «razonabilidad» del plazo para comparecer ante la CCNCC al finalizar el período de consultas, estipulado en torno a los seis meses como máximo[397]. No obstante, también se ha defendido, en mi opinión más acertadamente, que la «razonabilidad» del plazo reside en la extemporaneidad, es decir, en la posibilidad de desestimar la solicitud por la pérdida de conexión entre las consultas y la situación existente al someter la cuestión ante la CCNCC, lo que equivale a falta de período de consultas[398].

No obstante, por ahora parece que este aspecto habrá de ser resuelto caso por caso, al no existir previsión normativa, ni jurisprudencia del Tribunal Supremo.

En otro orden de cosas, el RD 1362/2012 reguló los dos mecanismos de solución de la discrepancia en el seno de la CCNCC. La discrepancia podrá ser resuelta, a saber, por la propia comisión o por un árbitro o árbitra designado o designada al efecto. Según el artículo 16.3 de esta norma estatal, la elección entre uno u otro corresponderá en principio a las partes en conflicto. A falta de acuerdo sobre este extremo, la elección del procedimiento la hará la propia Comisión, por mayoría absoluta. Si no se alcanza tal mayoría, la discrepancia se resolverá en el seno de la Comisión[399].

Dentro de la misma Comisión, podrá resolverse o mediante decisión directa de la Comisión Permanente[400], o mediante decisión del Pleno por remisión, en su caso, de la Comisión Permanente[401]. La gran mayoría de los

---

[396] Expediente 14/2013.
[397] FERNÁNDEZ LÓPEZ, 2015, cit., p. 893.
[398] SÁEZ LARA, 2017, cit., p. 358.
[399] Vid. artículo 19.4 RD 1362/2012. Tal y como indica SÁEZ LARA, 2017, cit., pp. 355–356, respecto a lo que a las Comunidades Autónomas se refiere, las regulaciones son diversas a la hora de promocionar tanto, uno u otro procedimiento, como el procedimiento para designar a un árbitro. No obstante, en términos generales, sí incorporan una preferencia de las partes del conflicto para que sean éstas las que realicen la elección del procedimiento, pero no adoptan de forma unánime la solución del artículo 19.4 del RD 1362/2012 y algunas optan por establecer el arbitraje externo, cuando no exista acuerdo sobre el procedimiento en el seno del órgano competente. Es el caso, por ejemplo, de Cataluña, Aragón o Euskadi. Sirva como ejemplo el artículo 18 del PRECO de Euskadi, en el que se establece lo siguiente: «Designación del conciliador, mediador o árbitro. Serán designados por mayoría de quienes participen por cada parte. Si no logran tal acuerdo, se les presentará una lista impar de profesionales, de la que una y otra parte descartarán nombres alternativamente hasta que quede uno solo».
[400] Vid. artículo 21 RD 1362/2012.
[401] Vid. artículos 19.4 y 19.5 RD 1362/2012.

expedientes resueltos en el seno de la CCNCC, en los que ha entrado en el fondo del asunto, han sido abordados por la vía de la decisión del Pleno[402].

En todo caso, tanto la persona designada como árbitro como la propia Comisión, cuentan con un plazo no superior a veinticinco días para resolver la controversia, a contar desde la fecha del sometimiento del conflicto ante dichos órganos. El incumplimiento del plazo determina la nulidad de la decisión administrativa o laudo arbitral[403]. En caso del árbitro o árbitra, la decisión tendrá la naturaleza jurídica de un laudo arbitral, mientras que, en el caso de la decisión tomada en el seno de la Comisión, tanto por el Pleno como por la Comisión Permanente, la misma tendrá la naturaleza de un acto administrativo.

Son los artículos 22 y 26 del RD 1362/2012 los que regulan, de manera idéntica, el contenido de la decisión como del laudo arbitral. Tanto una como el otro, deberán estar motivados y deberán resolver sobre la inaplicación de las condiciones previstas en el convenio colectivo. Por tanto, deberá pronunciarse sobre la concurrencia de las causas alegadas o, de no concurrir estas con la declaración de que no procede la inaplicación solicitada[404].

Cuando se aprecie la concurrencia de la causa alegada (económica, técnica, organizativa o de producción), la Comisión o la persona designada como árbitro o árbitra, deberá pronunciarse sobre la pretensión de inaplicación de las condiciones de trabajo, para lo cual se valorará su adecuación en relación con la causa alegada y sus efectos sobre las personas trabajadoras afectadas. Hecho lo cual, resolverá sobre la inaplicación total o parcial del Convenio afectado y sobre las nuevas condiciones de trabajo. Para ello, se valorará la adecuación de las nuevas condiciones de trabajo a la causa (control de idoneidad), y su efecto sobre las personas trabajadoras (control de proporcionalidad)[405]. Esto significa que puede darse el caso en el que la propuesta de inaplicación no se acepte en sus propios términos, por lo que la decisión (acto administrativo) o el laudo se limitan a realizar una propuesta de inaplicación del convenio cuya efectividad es facultad de la empresa[406]. En

---

[402] NAVARRO NIETO, 2013, cit., p. 271.

[403] STSJ Andalucía (Granada) 2043/2016 de 22 de septiembre, FJ 3: «la única distinción que lleva a cabo es la de la competencia orgánica en virtud de su ámbito territorial, pero ninguna establece sobre los plazos en que debe dictarse la resolución, ya que cualquiera que sea el órgano llamado a la resolución del conflicto «habrá de dictarse en plazo no superior a veinticinco días»».

[404] GARCÍA BLASCO, 2012, cit., p. 570.

[405] CASTRO ARGÜELLES, 2013, cit., p. 166, FERNÁNDEZ LÓPEZ, 2015, cit., p. 892 y SAN 15/2013 de 28 de enero de 2013, FJ 4: «Por consiguiente, constatada la concurrencia de causa económica, técnica organizativa o de producción, la Comisión deberá examinar si concurren las conexiones de funcionalidad, razonabilidad y proporcionalidad entre la causa acreditada y la medida propuesta por la empresa».

[406] Tal y como indica NAVARRO NIETO, 2013, cit., p. 273: cuando el contenido de la decisión sea ésta última, «no se condiciona la libertad empresarial, aunque materialmente

último término, el acto administrativo o laudo se pronunciará sobre la duración del período de inaplicación de las condiciones de trabajo.

La decisión de la Comisión y el laudo arbitral que ponen fin al procedimiento del descuelgue serán vinculantes e inmediatamente ejecutivos[407]. Siendo ambos impugnables por la vía del artículo 91 LET.

En lo que a la eficacia del acto administrativo o laudo arbitral se refiere, el artículo 82.3 LET les confiere la misma eficacia de los acuerdos alcanzados en período de consultas, siendo, tal y como se ha dicho, ambos recurribles conforme al procedimiento y en base a los motivos (ilegalidad y lesividad) establecidos en el artículo 91 LET[408].

Este aspecto es uno de los más controvertidos de la modificación introducida en el artículo 82.3 LET, mediante la reforma laboral de 2012, pues deja que una decisión (acto administrativo), dictada por un órgano público administrativo, o un laudo dictado por un árbitro o árbitra designado o designada en el seno de dicha Comisión, sustituya el contenido de un convenio colectivo estatutario, que tiene naturaleza jurídica de norma y es por tanto fuente del derecho. Aquí reside uno de los aspectos que suscita la dudosa constitucionalidad de la figura desde la perspectiva de los artículos 37.1 y 28.1 CE.

Siguiendo la doctrina laboral, el legislador, al indicar que estas decisiones y laudos, tendrán la misma eficacia jurídica que los acuerdos alcanzados en periodo de consultas, no les atribuye la misma eficacia que a los laudos arbitrales sobre interpretación y aplicación del convenio colectivo. Sí les atribuye en cambio, la misma eficacia jurídica que a los convenios colectivos estatutarios, pues dichas decisiones y laudos, sustituyen unas condiciones laborales por otras[409]. Esta conclusión es coherente, pues en definitiva, pasarían a integrar el contenido del convenio colectivo inaplicado y estarían vinculados por su propia vigencia temporal. En definitiva, integrarían el bloque normativo regulador de las condiciones de trabajo en la empresa, por tanto el acto administrativo o el laudo arbitral, se integran en la norma, adquiriendo su valor jurídico[410].

No obstante, la Audiencia Nacional, en su extensa sentencia del 11 de febrero de 2014, defendió y descartó el carácter de norma de la decisión o laudo, pues en ese no surgir de una norma descansa en buena medida la afir-

---

puede actuar como un condicionante al limitar la posibilidad para la empresa de justificar otras soluciones distintas a las propuestas (por ejemplo, suspensiones o despidos)».

[407] Vid. artículos 22 y 24 RD 1362/2012.

[408] COLÁS NEILA, 2016, p. 105: «En particular, es posible, en atención al art. 91 ET, recurso contra el laudo cuando la actuación arbitral no se desarrollase observando los requisitos procedimentales o cuando el laudo resolviera sobre puntos no sometidos a arbitraje».

[409] GORELLI HERNANDEZ, J., *La negociación colectiva de empresa. Descuelgue y prioridad aplicativa del Convenio de Empresa*, Comares, Granada, 2013, p. 97.

[410] SAEZ LARA, 2017, cit., p. 364.

mación de la constitucionalidad del procedimiento. Para ello, la Audiencia Nacional argumenta que «es cierto que en el artículo 82.3 LET se dice que «tal decisión tendrá la eficacia de los acuerdos alcanzados en período de consultas y sólo será recurrible conforme al procedimiento y en base a los motivos establecidos en el artículo 91». Sin embargo, de la interpretación de dicho precepto no se puede concluir que la resolución de un órgano administrativo o de la persona por él designada, (aun cuando ésta cumpla estrictos requisitos de imparcialidad), tenga la naturaleza jurídica de convenio colectivo. Una cosa es que la Ley le confiera la eficacia de un acuerdo colectivo o establezca que la impugnación pueda hacerse por los cauces procesales propios de los convenios colectivos, y otra cosa muy distinta es que se interprete que se está ante un producto de la negociación colectiva, lo que obviamente no es así. De hecho, el acto administrativo o decisión de la CCNCC se produce, precisamente, por la inexistencia de un acuerdo colectivo sobre la inaplicación de un convenio colectivo, que tiene como objeto dejar sin efecto lo que sí es resultado de la negociación colectiva»[411].

Ciertamente, y dando la razón a la Audiencia Nacional en este aspecto, aunque en la CCNCC estén representados los sujetos de la negociación colectiva, no se está ante un producto de la misma, al participar en dicho procedimiento la Administración pública, con voz y voto. No obstante, y haciendo alusión al argumento anteriormente esgrimido, no se puede negar que la decisión o el laudo tienen la misma eficacia que los convenios colectivos, convirtiéndose por extensión en norma para aquellas personas trabajadoras y empresarias a los que les es aplicable la misma.

Por tanto, aunque la propia CCNCC delimita su propia competencia y se aferra a consensos y mayorías, éstas no ocultan la naturaleza del resultado final, siendo el mismo, un acto administrativo o laudo arbitral con eficacia normativa, sustitutorio de la negociación colectiva, que no tiene su origen en ella, tanto si la resolución es de la propia CCNCC como si lo es del árbitro o árbitra designado o designada para tal efecto, en los términos del artículo 16.3 del RD 1362/2012[412].

3.3.7.2. LA NATURALEZA PÚBLICA Y OBLIGATORIA DEL ARBITRAJE LLEVADO A CABO MEDIANTE ESTA COMISIÓN

No cabe duda de que el procedimiento arbitral, pues es una tercera persona, ajena a las partes en conflicto, bien sea la propia CCNCC o el árbitro o árbitra designado o designada al efecto, quien resuelve el asunto, siendo su decisión vinculante e inmediatamente ejecutiva. Por otro lado, gran parte de la doctrina ha defendido que dicho arbitraje tiene carácter público y obliga-

---

[411] SAN 28/2014, de 11 de febrero, FJ 11.
[412] FERÁNDEZ LÓPEZ, 2015, cit., p. 891.

torio[413], llegando a afirmar que forma parte de un nuevo modelo de intervencionismo administrativo[414].

Su naturaleza pública se debe a la elección del legislador de residenciar el arbitraje ante un organismo de carácter público, bien la CCNCC, o bien el órgano autonómico correspondiente. Aunque se haya dicho que es un órgano que goza de cierta independencia, es innegable su carácter público, pues queda adscrita al Ministerio de Empleo y Seguridad Social. A mayor abundamiento, el arbitraje mantiene este carácter en aquellos casos en los que el que despacha la discrepancia es un árbitro o árbitra, pues dicha persona, ha sido elegida en el seno de la propia CCNCC[415].

En lo que se refiere a su carácter obligatorio, este arbitraje no es más que uno que viene impuesto por el legislador en el nuevo artículo 82.3 LET. Un arbitraje impuesto a las partes, pues tal y como se ha venido esgrimiendo la redacción del artículo no deja margen, pues en ningún momento se prevé que sean las partes quienes decidan libre y voluntariamente firmar un compromiso arbitral. Al contrario, se trata de una fase impuesta, incluso contra la voluntad de una de las partes, que teniendo en cuenta los intereses en juego siempre será en contraria a la voluntad de la parte social. Es decir, que se trata de un arbitraje obligatorio, que se activa por una decisión unilateral de la parte empresarial, sin mutuo acuerdo y además en contra de la voluntad de la representación de las personas trabajadoras[416].

A mayor abundamiento, lo que el artículo 82.3 LET prevé, de forma camuflada, es un arbitraje resuelto por la Administración, previa audiencia de las organizaciones sindicales y empresariales. Se llega a esta afirmación teniendo en cuenta la lógica del conflicto en lo que respecta a la inaplicación de un convenio colectivo y el mecanismo de adopción de acuerdos en el seno de la CCNCC.

Parece claro e indiscutible que las representaciones sindicales y empresariales se limiten a reproducir las discrepancias de origen, pues, si no se ha logrado acuerdo en las fases precedentes, no cabe imaginar otro escenario que el que la representación sindical, se oponga al descuelgue en tanto

---

[413] En este sentido, AMAADACHOU KADDUR, 2017, cit., pp. 240–245; CASAS BAAMONDE, 2014, cit., p. 292; SANGUINETY RAYMOND, 2014, cit., p. 122 y GUAMÁN HERNÁNDEZ, A., «Las críticas del Comité de Libertad Sindical de la OIT a la Reforma Laboral de 2012: una nueva muestra de la importancia del derecho laboral internacional», *Revista de derecho social, núm. 66*, 2014, pp. 210 y ss. entre otros.

[414] OLARTE ENCABO, 2014, cit., p. 256.

[415] GORELLI HERNÁNDEZ, 2013, cit., pp. 12–13.

[416] CASAS BAAMONDE, M.E., «Mediación, arbitraje y períodos de consultas», *Relaciones laborales: Revista crítica de teoría y práctica, núm. 4*, 2013, p. 10, cuando afirma que, es importante subrayar que es perfectamente posible alcanzar el arbitraje obligatorio con la sola voluntad de la parte empresarial, pues el artículo 82.3 LET así lo permite, de manera que el procedimiento de descuelgue se inicia sólo con su voluntad, y si no se consigue el acuerdo, su voluntad unilateral conducirá a un arbitraje.

que la representación empresarial se manifieste a favor. Por tanto, y teniendo en cuenta la composición paritaria de la Comisión, el voto final de calidad queda otorgado *ex lege* a la representación de la Administración. Al final, «aunque acontezca de forma algo oculta, lo que se produce no es otra cosa que un laudo de obligado cumplimiento dictado por la Administración Pública, a instancias de la dirección de la empresa»[417].

Esta es una cuestión discutible y discutida, tanto en el seno de la doctrina laboralista como en el propio Tribunal Constitucional, quien en sendas sentencias concluyó que aunque, efectivamente, la última fase del artículo 82.3 LET previese un arbitraje, éste resulta ser completamente acorde con la CE. Se tendrá oportunidad de ahondar más sobre este extremo en el tercer capítulo de esta tesis.

3.4. A modo de síntesis. Características del descuelgue de condiciones de trabajo reguladas en convenio colectivo y del arbitraje público y obligatorio del artículo 82.3 LET

A modo de síntesis, el descuelgue de condiciones de trabajo reguladas en convenio colectivo es un mecanismo que permite dejar de aplicar ciertas condiciones de trabajo reguladas en convenio colectivo sectorial o de empresa, sustituyéndolas por otras condiciones de trabajo que lógicamente van a ser perjudiciales para las personas trabajadoras. Se trata de un mecanismo introducido con el ánimo de otorgar mayor flexibilidad a las empresas para que éstas puedan adaptarse mejor y más rápido a los cambios del mercado de trabajo.

Los convenios colectivos que pueden verse afectados son aquellos convenios colectivos que se han constituido de acuerdo a los requisitos establecidos en la LET, los llamados convenios colectivos estatutarios, que pueden ser convenios sectoriales o supraempresariales, y los empresariales. En el caso de estos últimos se estaría ante, lo que la doctrina ha denominado como el fenómeno del «autodescuelgue», puesto que es uno de los sujetos que pactaron el convenio de empresa quien decide descolgarse del mismo.

Las materias susceptibles de inaplicación son siete, a saber: jornada de trabajo, horario y distribución del tiempo de trabajo, régimen de trabajo a turnos, sistema de remuneración y cuantía salarial, sistema de trabajo y rendimiento, funciones, cuando excedan de los límites que para la movilidad funcional prevé el artículo 39 y mejoras voluntarias de la acción protectora de la Seguridad Social, siendo esta lista de carácter taxativo. No obstante, tal y como ha defendido la doctrina, el carácter taxativo de la lista no quita relevancia a la envergadura de la misma. Además de ser una lista amplia, en la

---

[417] CRUZ VILLALÓN, pp. 406–407.

misma se enumeran aquellas condiciones de trabajo que forman parte de su núcleo duro. Es decir, son materias que resultan clave en la organización de la empresa, siendo por ello de vital importancia.

En lo que al ámbito personal se refiere, las personas trabajadoras afectadas por el mecanismo del descuelgue son la totalidad de los y las trabajadoras pertenecientes a la empresa descolgada, excepto en aquellos casos en los que la condición de trabajo objeto de descuelgue regule alguna condición privativa de un grupo o categoría de personas trabajadoras. En esos casos, el descuelgue no afectaría a la totalidad de la plantilla de la empresa, sino a ese grupo concreto, por lo que se estaría ante un descuelgue parcial.

Para poder aplicar el mecanismo de descuelgue es preciso que exista justa causa. Así, en comparación con el anterior descuelgue salarial, las causas habilitantes para el actual descuelgue se han visto aumentadas. Es decir, de poder acudir a este mecanismo por aducir causas económicas, hoy en día es posible que la modificación de las condiciones de trabajo se justifique por acreditarse una razón económica, técnica, organizativa o de producción. Las tres nuevas causas que acompañan a la económica, son extremadamente abstractas, siendo suficiente la verificación de cambios en la empresa de cualquier tipo para justificar el descuelgue. Además, se lleva a cabo la objetivación de la causa económica, siendo suficiente demostrar que los ingresos se han visto reducidos durante dos trimestres consecutivos en comparación con los mismos trimestres del año anterior. Y, además, se convierte en una causa más extensa e imprecisa, pues se entiende que existe causa económica cuando se den pérdidas actuales, sin que la ley haya especificado cuál puede ser el nivel de pérdidas que justifique el descuelgue, o incluso pérdidas previstas, convirtiendo al descuelgue en un mecanismo de carácter preventivo. Por todo ello se afirma que gran parte de la flexibilidad que aporta el descuelgue se fundamenta en una débil causalidad. A mayor abundamiento, se cambia la razón de ser del descuelgue. Tradicionalmente éste se activaba por la existencia de una situación económica desfavorable de la empresa, con el objetivo de superar dicha crisis empresarial y por extensión, poder evitar los despidos. En el contexto actual en cambio, lo que motiva el descuelgue no es que concurra riesgo alguno para la viabilidad del empleo en la empresa. Lo que motiva el mismo, o el objetivo que se pretende alcanzar aplicando este mecanismo simple y llanamente, es la mejora de la situación de la empresa.

En cuanto al procedimiento en sí, se compone de cuatro fases. Las primeras tres pertenecen al ámbito de la autonomía colectiva, es decir, las mismas respetan el derecho a la negociación colectiva de las partes en conflicto. El primer escalón o la primera fase tiene como objetivo lograr un acuerdo de empresa, para lo cual se lleva a cabo un período de consultas en el seno de la misma.

Si esta primera negociación falla, es decir, no se llega a acuerdo, cualquiera de las partes podrá someter la discrepancia a la comisión paritaria del convenio. Sobre esta fase cabe destacar primero que no es obligatoria, pero sí que se convierte en preceptiva a petición de cualquiera de las partes. Segundo, que tal y como se ha afirmado, la expresión «cualquiera de las partes» es a mi parecer, eufemística, pues por lógica siempre será la dirección de la empresa quién tenga el interés de seguir adelante con el mecanismo de descuelgue. Y tercero, que se duda de la eficacia de esta fase sobre todo cuando el convenio objeto de descuelgue es un convenio de empresa, puesto que los sujetos legitimados para formar parte de la comisión negociadora del período de consultas, que precede a esta segunda fase, son coincidentes con aquellos sujetos legitimados para formar parte de la comisión paritaria del convenio. Por lo que se entiende que si en la fase precedente no se ha llegado a acuerdo, en esta segunda fase tampoco se llegará.

Cuando no se hubiera solicitado la intervención de la comisión o esta no hubiera alcanzado un acuerdo, las partes deberán recurrir a los procedimientos que se hayan establecido en los acuerdos interprofesionales de ámbito estatal o autonómico, previstos en el artículo 83 LET, incluido el compromiso previo de someter las discrepancias a un arbitraje vinculante. En esta fase se pueden dar varios supuestos, tales como: 1) que las partes se comprometan a someter el conflicto a un arbitraje vinculante, para lo cual es necesario un acuerdo previo entre las partes; 2) que los procedimientos extrajudiciales no estén regulados en los acuerdos interprofesionales; o 3) que, los procedimientos estén regulados en los acuerdos interprofesionales de ámbito estatal o autonómico pero que los que estén previstos sean voluntarios, y por tanto, si no hay acuerdo entre las partes para someter la discrepancia a cualquiera de ellos, la misma siga sin resolverse. En otro orden de cosas, es preciso apuntar que esta fase tiene carácter obligatorio.

Antes de pasar al arbitraje, es preciso indicar que se entiende que el acuerdo al que se llegue en período de consultas, como la decisión que pueda dar la comisión paritaria del convenio colectivo o la decisión fruto de la aplicación de los procedimientos extrajudiciales de resolución de conflictos, ponen fin al mecanismo de descuelgue. Y todos ellos tendrán la misma eficacia jurídica que los convenios colectivos estatutarios, puesto que todos ellos pasarían a integrar el contenido del convenio objeto de descuelgue y estarían vinculados por su propia vigencia temporal.

Si tras la celebración de las fases anteriores no se hubiese llegado a acuerdo o no se hubiese solucionado la discrepancia, cualquiera de las partes podrá someter la discrepancia ante la CCNCC, cuando la inaplicación de las condiciones de trabajo afectase a centros de trabajo de la empresa situados en el territorio de más de una comunidad autónoma, o a los órganos correspondientes de las comunidades autónomas en los demás casos.

Una vez trasladada la discrepancia a la CCNCC, la misma puede ser resuelta en el seno de la propia Comisión, que es un órgano tripartito formado paritariamente, por la representación social, la representación empresarial y la representación de la propia Administración, o por árbitro o árbitra designado al efecto por la misma Comisión. Por tanto, la discrepancia puede ser resuelta o por laudo arbitral o por la decisión tomada en el seno de la Comisión, tratándose en este caso de una decisión que no es otra cosa que un acto administrativo. Ambos son vinculantes e inmediatamente ejecutivos, otorgándoseles la eficacia jurídica de los acuerdos alcanzados en período de consultas, es decir, la eficacia jurídica de un convenio colectivo.

Para finalizar, destacar los motivos que llevan a calificar a este arbitraje como público y obligatorio y, donde descansan los argumentos de su inconstitucionalidad. El legislador opta por residenciar el arbitraje en un órgano, la CCNCC, que tiene naturaleza pública al estar adscrita al Ministerio de Empleo y Seguridad Social. Y esta naturaleza pública es extensible incluso cuando quién dirime la discrepancia es el árbitro designado al efecto, en tanto en cuanto el mismo ha sido elegido en el seno de la CCNCC. Haciendo referencia al segundo de los calificativos, se está ante un mecanismo obligatorio puesto que es impuesto por el legislador. La redacción del artículo 82.3 LET no deja margen a que sean las partes quienes voluntariamente firmen un compromiso arbitral. Y, a mayor abundamiento, se impone en contra de la voluntad de una de las partes, que lógicamente será la del banco social, puesto que la Ley posibilita presentar la discrepancia ante la CCNCC a petición de cualquiera de las partes. Por todo ello, se prevé un arbitraje resuelto por la Administración, previa audiencia de las partes, puesto que siguiendo la lógica de la discrepancia que lleva a las partes a esta última fase, cada una seguirá defendiendo su postura, por lo que la Administración ostenta el voto de calidad. El resultado de todo ello es, un laudo de obligado cumplimiento que choca frontalmente con el derecho a la negociación colectiva y la libertad sindical.

CAPÍTULO II

Los derechos a la libertad sindical y a la negociación colectiva en el ordenamiento jurídico español

Este segundo capítulo tiene el objetivo de analizar los dos derechos con los que colisiona el arbitraje público y obligatorio del artículo 82.3 LET, concretamente el derecho a la libertad sindical y el derecho a la negociación colectiva. Si bien es cierto que existe abundante literatura sobre el contenido subjetivo y material de ambos derechos y, por tanto, hayan sido profusamente analizados por la doctrina, se ha creído necesario el estudio de aquellos extremos que resultan necesarios y fundamentales para mantener la coherencia de la estructura sistemática de este trabajo y para la construcción argumentativa del capítulo final.

1. LA LIBERTAD SINDICAL EN LA CONSTITUCIÓN ESPAÑOLA DE 1978

Siguiendo esta línea metodológica, se darán unas pinceladas generales sobre el derecho de la libertad sindical en la CE, deteniéndonos especialmente en la posible titularidad de las personas que ostentan la representación unitaria en la empresa y en determinar el contenido esencial de este derecho, concretamente, aquellos derechos denominados como derechos colectivos de actividad sindical.

1.1. Consideraciones generales

La Constitución Española de 1978 consagra el derecho de libertad sindical en su artículo 28.1., artículo que se encuentra dentro del Título I, Capítulo Primero, Sección Primera, dedicado a los derechos fundamentales. De su situación en la Carta Magna se concluye por una parte que el ejercicio del derecho de libertad sindical sólo podrá regularse por Ley Orgánica[418], no pudiendo disminuir dicha ley, el contenido esencial de este derecho[419]. Por tanto, el legislador podrá regular su ejercicio pero no puede menoscabar ni desconocer la masa de atribuciones, facultades e intereses en juego[420]. Por otra parte se colige que la vulneración de este derecho es susceptible del recurso de amparo ante el Tribunal Constitucional, y que los Jueces y Tribunales deberán interpretar y aplicar el derecho de libertad sindical teniendo en cuenta lo establecido por los tratados y acuerdos internacionales ratificados por el Estado Español[421].

El artículo 28.1, ha configurado las libertades sindicales como auténticos derechos subjetivos públicos, ello significa que son derechos *erga omnes* e indisponibles para sus titulares[422]. Es más, se trata de un derecho de aplicación directa e inmediata, que podrán invocar ante los poderes públicos y ante los propios particulares[423].

El precepto en cuestión, reconoce a «todos», el derecho a fundar sindicatos y a afiliarse a los de su elección, así como el derecho de los sindicatos a formar confederaciones y a fundar organizaciones sindicales internacionales o afiliarse a las mismas. Aunque parezca un precepto preciso y técnico[424], ciertamente el precepto por sí solo es insuficiente para concretar el verdadero

---

[418] A la luz del artículo 81.1 CE que dice lo siguiente: «Son leyes orgánicas las relativas al desarrollo de los derechos fundamentales y de las libertades públicas, las que aprueben los Estatutos de Autonomía y el régimen electoral general y las demás previstas en la Constitución».

[419] A la luz del artículo 53.1 CE que dice lo siguiente: «Los derechos y libertades reconocidos en el Capítulo segundo del presente Título vinculan a todos los poderes públicos. Sólo por ley, que en todo caso deberá respetar su contenido esencial, podrá regularse el ejercicio de tales derechos y libertades, que se tutelarán de acuerdo a lo previsto en el artículo 161, 1.a)».

[420] BORRAJO DACRUZ, E., *Introducción al Derecho del Trabajo,* Tecnos, Madrid, 2011, p. 229.

[421] A la luz del artículo 10.2 CE que dice lo siguiente: «Las normas relativas a los derechos fundamentales y a las libertades que la Constitución reconoce se interpretarán de conformidad con la Declaración Universal de Derechos Humanos y los tratados y acuerdos internacionales sobre las mismas materias ratificados por España».

[422] VIDA SORIA, J. y GALLEGO MORALES, A., «Derechos sindicales y de huelga», en ALZAGA VILLAAMIL, O. (Dir.), *Comentario a la Constitución Española de 1978, Tomo III, Artículos 24 a 28*, Cortes Generales Editoriales de Derecho Reunidas, Edersa, Madrid, 1996, pp. 289–290.

[423] BORRAJO DACRUZ, 2011, cit., p. 229.

[424] SANTAMARÍA PASTOR, J.A., «Artículo 28», en GARRIDO FALLA, F., (Dir.), *Comentarios a la Constitución*, Civitas, Madrid, 1985, p. 562.

significado de este derecho público subjetivo[425]. Por tanto, para determinar el contenido y alcance del derecho de libertad sindical es sumamente necesario tener en cuenta todos los preceptos de la constitución[426], aunque dispersos, hacen referencia a dicha libertad[427].

No obstante, los artículos que alcanzan mayor relevancia son tres: 1) el artículo 7 CE, donde se considera a los sindicatos y las asociaciones empresariales entes fundamentales para que promocionen y defiendan los intereses económicos y sociales que les son propios. Es decir, reconoce a los sindicatos (junto con las patronales) como instituciones clave del Estado social y democrático de derecho[428]; 2) el propio artículo 28 CE que reconoce explícitamente la libertad de sindicación y de fundar sindicatos y el derecho de huelga; y, 3) el artículo 37 CE que reconoce, en dos apartados, el derecho a la negociación colectiva y fuerza vinculante de los convenios colectivos, y las medidas de conflicto colectivo. La importancia de estos artículos se debe a que juntos construyen un bloque denominado como «hecho sindical», que determina el modelo de relaciones colectivas resultante de la Constitución[429]. Dicho de otro modo, estos tres artículos conforman el tratamiento constitucional del sistema de la autonomía laboral. Así, el artículo 28.1 y el artículo 7 CE, tratarían de los sindicatos en sí, y los arts. 37 y 28.2 CE de la acción sindical, englobando acciones de negociación, de conflicto y de lucha sindicales. De este modo, la libertad sindical se configura como una especie de *derecho nodriza* o casa común en la que se integran los distintos derechos de acción[430].

---

[425] VIDAL MARÍN, T., «La libertad sindical», *Parlamento y Constitución. Anuario n.º 4*, 2000, p. 202. Así lo declaró el Tribunal Constitucional STC 23/1983, de 25 de marzo, FJ2, al expresar que «por muy detallado y concreto que parezca (su) enunciado (…) no puede considerarse como exhaustivo (…), sino meramente ejemplificativo, con la consecuencia de que la enumeración expresa de los derechos concretos que integran el genérico de libertad sindical no agota en absoluto el contenido global de dicha libertad (…)». En este mismo sentido STC 39/1986, de 31 de marzo de FJ 3.

[426] A saber: los artículos 7, 28 y 37 CE que conforman el hecho sindical, tal y como se apunta en el texto principal y se profundiza en su contenido. El artículo 103.3 CE, que especifica que las peculiaridades del derecho de sindicación de las personas funcionarias se regularán por el estatuto de los funcionarios públicos; el artículo 127.1 CE, que matiza la libertad sindical de la judicatura; artículo 129.2 CE que garantiza la promoción de la participación en la empresa; y, el artículo 131.2 CE, que reconoce la participación de los sindicatos en la elaboración de proyectos de planificación.

[427] OJEDA AVILÉS, A., «La libertad sindical», en MOLINA NAVARRETE, C., MONEREO PÉREZ, J.L. y MORENO VIDA, M.N., (Coord.), *Comentario a la constitución socio – económica de España*, Comares, Granada, 2002, p. 1035.

[428] VIDA SORIA, MONEREO PÉREZ y MOLINA NAVARRETE, 2012, cit., p. 129.

[429] ALONSO OLEA, M., «Artículo 37.1 Negociación Colectiva», en ALZAGA VILLAAMIL, (Dir.), *Comentarios a la Constitución…,* cit., 1996, p. 670.

[430] CARMONA CONTRERAS, 2000, cit., p. 23.

Desde otro punto de vista, el artículo 28.1 CE supone el reconocimiento de una zona entre lo público y lo individual privado, que ha de ser llenada con la actividad de grupos voluntariamente constituidos por las personas trabajadoras y empresarias, respectivamente. Es decir, supone el reconocimiento de unas libertades, o derechos individuales, lo que supone el derecho a la no interferencia del Estado[431], imponiendo al Estado una obligación negativa de no hacer o no interferir. Sin embargo, esta lectura sería incompleta y debe ser completada con la visión conjunta del artículo 7 CE, pues sirve para matizar la interpretación del art. 28, y también del art. 37 CE, añadiéndole un sentido positivo[432].

Para terminar con esta introducción y teniendo en cuenta lo dicho anteriormente, para determinar el alcance del contenido de este derecho fundamental es preciso que su interpretación se realice, de conformidad con lo establecido en la CE, atendiendo a los tratados internacionales ratificados por España, y de acuerdo con la Ley Orgánica que desarrolla el derecho de libertad sindical, siendo esta la Ley Orgánica de Libertad Sindical 11/1985, de 2 de agosto[433].

1.2. El ámbito subjetivo de la libertad sindical: titulares individuales y titulares colectivos

1.2.1. *La libertad sindical como derecho subjetivo individual*

El artículo 28.1 CE reconoce que «Todos tienen derecho a sindicarse libremente. La Ley podrá limitar o exceptuar de este derecho a las Fuerzas o Institutos armados o a los demás Cuerpos sometidos a disciplina militar y regulará las peculiaridades de su ejercicio para los funcionarios públicos».

---

[431] En palabras de GARCÍA MARTÍNEZ, «El ordenamiento sindical reivindica su propia autonomía, (…), siempre que el Estado intente poner a esa autonomía límites que violen la libertad sindical. Ello es reconocido por el constitucionalismo social, que excluye la injerencia del Estado en la organización y actividad interna y externa de los sindicatos.», en GARCÍA MARTÍNEZ, R., «Tres aspectos de la libertad sindical», *Revista de Trabajo, núm. 75,* 1984, p. 18.

[432] VIDA SORIA, J. y GALLEGO MORALES, A., «Artículo 28.2», en *Comentarios a la Constitución…,* 1996, cit., pp. 285 y 287.

[433] CARRIL VÁZQUEZ, X.M., «La jurisprudencia constitucional relativa al art. 28.1 de la Constitución, a propósito de la libertad sindical», *Revista Xurídica Galega, núm. 34,* 2002, p. 57: «Esta Ley fue promulgada con el fin de cumplir el mandato relativo al «imperativo… desarrollo del artículo 28.1 de la Constitución mediante una Ley de carácter orgánico» y de resolver, al mismo tiempo, «dos cuestiones que el texto constitucional dejaba relativamente abiertas: el alcance subjetivo de la libertad sindical y su contenido objetivo».

Para poder determinar el significado de este reconocimiento es necesario desengranarlo. Centrando la atención en la expresión «todos», en opinión de gran parte de la doctrina[434], en el caso concreto de la libertad sindical, no otorga la titularidad a toda la ciudadanía o a todas las personas. Ciertamente, conectando el artículo 28.1 CE con diferentes preceptos constitucionales y legales, se llega a una más nítida interpretación de la expresión en conflicto.

No obstante, y antes de proseguir con este análisis, ha de mencionarse que ciertos autores y autoras entienden que al referirse la Constitución a «todos», tal y como lo hacen diferentes textos internacionales se incluyen verdaderamente todas las personas, incluyendo indirectamente a los miembros de las Fuerzas o Institutos armados, los cuales están excluidos en el artículo 28.1 CE. Esta tesis por tanto diferencia entre titularidad y el derecho para ejercer la libertad sindical, «entendiendo que efectivamente la titularidad es de toda persona, pero que el derecho a ejercerlo no, puesto que la Ley puede exceptuar o modalizar el ejercicio de la libertad sindical a ciertos colectivos»[435].

Aunque estamos de acuerdo con la diferenciación de titularidad y ejercicio del derecho, pues tal y como se verá, una cosa es tener titularidad y otra cosa el grado del derecho a ejercer la libertad sindical, no se estaría de acuerdo con la opinión de que «todos» incluya a todas las personas, sino que, siguiendo a la doctrina mayoritaria la expresión «todos» debe ser conjuntamente interpretada con otros preceptos tanto constitucionales como legislativos[436].

---

[434] CRUZ VILLALÓN, 2018, cit., pp. 250–255; OJEDA AVILÉS, A., «La libertad sindical», en MOLINA NAVARRETE, C., MONEREO PÉREZ, J.L., y MORENO VIDA, M.N., (Dires.), *Comentario a la Constitución…*, 2002, cit., pp. 1036–1037; VALDÉS DAL – RÉ, F., «Artículo 28.1», en PÉREZ TREMPS, P. y SAIZ ARNAIZ, A., (Dires.), *Comentario a la Constitución Española. 40 Aniversario 1978–2018. Tomo I (Preámbulo a artículo 96). Libro – homenaje a Luis López Guerra*, Tirant lo Blanch, Valencia, 2018, p. 636.

[435] GARCÍA BECEDAS, G., «Apuntes para un análisis de la libertad sindical en la Constitución Española», *Revista de Política Social, núm. 124, 1979*, pp. 57–58.

[436] En este sentido se traen a colación las dudas sobre si las personas empresarias podían ser titulares de la libertad sindical, dado que el artículo 7 CE estipula que la defensa y promoción de los intereses económicos y sociales que les son propios corresponde tanto a los sindicatos de las personas trabajadoras como a las asociaciones empresariales. Dichas dudas se apoyaban también en el lenguaje que utiliza el Convenio núm. 98 de la OIT al atribuir los derechos que reconoce indistintamente a las organizaciones de trabajadores y de empleadores. No obstante, el Tribunal Constitucional (STC 57/1992, de 8 de abril, FJ 3) zanjó de manera tajante que «la «sindicación de los empresarios» (términos antagónicos) se sitúa fuera del art. 281. CE, encontrando su acomodo en el genérico derecho de asociación del art. 22 de la misma», y sigue añadiendo que es «preciso insistir en que la libertad sindical es predicable tan solo de los trabajadores y de sus organizaciones, sin que pueda incluirse en la misma el asociacionismo empresarial, dado que es incompatible con la propia naturaleza del derecho de libertad sindical, que es incompatible con la propia naturaleza del derecho de libertad sindical, que es siempre una proyección de la defensa y promoción de los intereses de los trabajadores».

En primer lugar, se debe interpretar el artículo 28.1 CE con el artículo 7 CE. El segundo hace mención a «Los sindicatos de trabajadores...», no dejando ápice de duda para determinar que la titularidad de la libertad de sindicación queda reservada a las personas trabajadoras, erigiéndose este colectivo en un elemento definidor del propio sindicato[437]. Así lo confirma La Ley Orgánica de la Libertad Sindical en su artículo 1.1 al afirmar que «todos los trabajadores tienen derecho a sindicarse libremente...».

En segundo lugar, siguiendo lo establecido en el artículo 1.2 LOLS, la noción «trabajador» hace referencia tanto a los que sean sujetos de una relación laboral como aquellos que lo sean de una relación de carácter administrativo o estatutario al servicio de las Administraciones públicas. Por lo que todos ellos son titulares del derecho a la libertad sindical. De este precepto se entiende que la LOLS no utiliza un concepto de «trabajador» jurídico —formal estricto[438], ofreciendo un concepto de persona trabajadora en un sentido amplio o jurídico— material[439].

Siguiendo lo allí previsto, al parecer, no cabría ninguna duda de que tanto las personas trabajadoras por cuenta ajena como las personas empleadas, funcionarias y estatutarias, de las Administraciones públicas tienen derecho a la libertad sindical. No obstante, teniendo en cuenta que se defiende que existe una diferencia entre titularidad y el derecho a ejercer la libertad sindical, esta afirmación necesita ser matizada. Así, se pueden distinguir tres niveles de titularidad del derecho, a saber: 1) una titularidad plena, es decir, los que son titulares y pueden ejercer el derecho a la libertad sindical en su plenitud; 2) una titularidad limitada, es decir, los que son titulares del derecho pero tienen limitaciones al ejercerlo y, 3) los que quedarían fuera de dicha titularidad, es decir, los que no tendrían ni titularidad ni podrían ejercer el derecho a la libertad sindical.

Haciendo referencia a lo anteriormente dicho, tienen titularidad plena todas las personas trabajadoras, entendiendo el concepto de «trabajador», en sentido amplio, como aquellos que prestan servicios en régimen de subordinación[440]. Consecuentemente, no cabe duda que en él se incluyen las personas trabajadoras descritas en el artículo 1.1 LET y las personas empleadas sujetas a una relación de carácter administrativo o estatutario al servicio de las Administraciones públicas, es decir las personas funcionarias y personal

---

[437] VALDÉS DAL – RÉ, 2018, cit., p. 636.

[438] En otras palabras, la LOLS no se ciñe a lo establecido en el artículo 1.1. de la Ley del Estatuto de los Trabajadores, que define como personas trabajadoras aquellas que voluntariamente presten sus servicios retribuidos por cuenta ajena y dentro del ámbito de organización y dirección de otra persona, física o jurídica, denominada, empleador/empleadora o empresario/empresaria.

[439] ROJO TORRECILLA, E., «La Ley Orgánica de Libertad Sindical», *Revista de Política Social, núm. 148,* 1985, pp. 12–13.

[440] CRUZ VILLALÓN, 2018, cit., p. 451.

estatutario[441]. Si bien es cierto que siguiendo el artículo 28.1 CE el ejercicio de acciones que pertenecen a la actividad sindical[442] puede presentar «peculiaridades», «límites» o «excepciones», dichas singularidades respetan el contenido esencial de la libertad sindical, por lo que son ajustadas a las exigencias del artículo 28.1 CE[443].

Por su parte, quedan excluidas del reconocimiento pleno del derecho de libertad sindical las personas trabajadoras pasivas, es decir, las que se hallan en una situación de desempleo, invalidez o jubilación[444]. Incluyéndose también en este grupo las personas trabajadoras autónomas o personas tra-

---

[441] Por su parte, el Estatuto Básico del Empleado Público (Real Decreto Legislativo 5/2015, de 30 de octubre) en su artículo 15.a), incluye la libertad sindical entre los derechos individuales que se ejercen de forma colectiva de los empleados públicos, entre los que se incluyen el personal funcionario y el personal laboral al servicio de las Administraciones Públicas.

[442] VIDA SORIA y GALLEGO MORALES, 1996, cit., p. 292: entendiéndose que las facultades que sufrirán dichas limitaciones son acciones tales como la negociación o la lucha colectivas. Más específicamente, tal y como apunta MENÉNDEZ SEBASTIÁN, P., «El derecho de libertad sindical», *Revista del Ministerio de Empleo y Seguridad Social, núm. 108, 2014,* p. 233, estas peculiaridades afectan a los órganos de representación colectiva, al régimen al que se somete su negociación colectiva, al derecho de reunión, o a la incompatibilidad entre el ejercicio de altos cargos públicos y la ostentación de un cargo sindical.

[443] En este sentido se debe citar aquí la STC 98/1985, de 29 de julio, FJ 1: «el reconocimiento del derecho de libre sindicación de los funcionarios deriva directamente del mandato del art. 28.1 de la CE, cuyo término «todos» los incluye (…). También las «peculiaridades» de su ejercicio tienen una base en el citado artículo (…) dichas peculiaridades sólo afectan a determinados aspectos de la libertad sindical del funcionario, sin vaciarla de contenido, que no afectan a los derechos de constitución de sindicatos y de afiliación a los mismos, y que se prevén en el ejercicio de la actividad sindical. No se advierte razón para afirmar que la opción del legislador en este terreno no se ajusta a la Constitución».

[444] La limitación de la libertad sindical para estos colectivos se entiende justificada, siguiendo a CRUZ VILLALÓN, 2018, cit., p. 451, en la medida en que la libertad sindical se vincula con el ejercicio de medidas de actividad sindical, es decir, de defensa colectiva externa de los intereses profesionales como personas trabajadoras frente al empresariado. Por lo que se entiende necesario o se presupone que dicha persona trabajadora debe encontrarse activa. De hecho así lo interpretó el Tribunal Supremo (STS 11 de abril de 1979) cuando afirmó que para poder ejercer la libertad sindical era necesario el ejercicio efectivo de una profesión. Esta fue también la línea interpretativa del STC 98/1985, de 29 de julio, FJ 2. No obstante, en la doctrina laboralista podemos encontrar discrepancias sobre esta previsión legal y se pide una reforma de la normativa existente. En este sentido, OJEDA AVILÉS, 2002, cit., p. 1037, donde defiende que: «En nuestra opinión, la condición jurídica de estos trabajadores pasivos (…) es muy similar a la de personas formalmente independientes, pero con dependencia económica derivada del trabajo: un parado o un jubilado no tienen empresario, igual que un semiautónomo, pero ambos tienen un interlocutor que controla la asignación de sus medios de subsistencia; por otra parte, la no actividad presente del parado, el inválido o el jubilado se ve acompañada de una vida activa anterior y, quizá posterior; como tercer argumento (…), las asociaciones de defensa colectiva son materialmente sindicatos, como vemos por ejemplo en el caso de las asociaciones de jueces, magistrados y fiscales, por lo que lo más adecuado sería dotarlas del régimen jurídico que les es natural, no existiendo para los trabajadores pasivos una prohibición expresa como la que reza en la Constitución para los jueces».

bajadoras por cuenta propia[445]. Estos colectivos tienen reconocida la titularidad de la libertad sindical en el artículo 3.1 LOLS, es decir, tienen derecho a afiliarse en los sindicatos ya constituidos, pero no pueden fundar sindicatos propios para la tutela de sus intereses singulares. No obstante, sí pueden fundar organizaciones para tal fin, organizaciones que serán constituidas ejerciendo el derecho de asociación (general) reconocido en el artículo 22 CE.

Se encuentran también en esta posición intermedia las y los miembros de los Cuerpos y Fuerzas de Seguridad que no tienen carácter militar[446]. Lo que significa que son titulares de la libertad sindical, pueden constituir organizaciones sindicales, pero únicamente se podrán afiliar a organizaciones sindicales formadas exclusivamente por miembros del mismo Cuerpo[447]. Además, ninguno de estos Cuerpos, ni de ámbito nacional, ni autonómico ni local podrán ejercer el derecho de huelga.

Por último, quedan totalmente excluidos del derecho a la libertad sindical, es decir, tienen prohibida expresamente la afiliación o la fundación de sindicatos y por tanto, la realización de actividades sindicales, las y los miembros de las fuerzas armadas y demás cuerpos sujetos a disciplina militar[448] y el colectivo de jueces, juezas, magistradas, magistrados y fiscales. Aun así, se les permite la creación de asociaciones profesionales[449].

---

[445] STS de 11 de abril de 1979, donde se defiende la limitación del derecho a fundar sindicatos de las personas autónomas en tanto en cuanto la característica fundamental de los sindicatos consiste en agrupar a personas unidas por un contrato de trabajo a una persona empresaria, lo cual no concurre en el supuesto de esta categoría de personas trabajadoras.

[446] Vid. art. 9.a) de la Ley Orgánica 2/1986, de 13 de marzo y MONEREO PÉREZ, J.L., MOLINA NAVARRETE, C. y MORENO VIDA, M.N., *Manual de Derecho Sindical,* Comares, Granada, 2014, p. 68: se entiende que son Cuerpos y Fuerzas de Seguridad que no tienen carácter militar, los Cuerpos y Fuerzas de Seguridad del Estado, que incluyen el Cuerpo Nacional de Policía, los Cuerpos de Policía de las Comunidades Autónomas y los Cuerpos de Policía de las Corporaciones Locales.

[447] Las limitaciones aplicadas al ejercicio del derecho a la libertad sindical de estos Cuerpos se deben a su carácter armado y a la jerarquización que se implanta en ellos. En este sentido, GOÑI SEIN, J.L., «La libertad sindical como derecho fundamental», en SANGUINETI RAYMOND, W. Y CABERO MORÁN, E., (Coords.), *Sindicalismo y Democracia. El derecho Sindical Español del profesor Manuel Carlos Palomeque treinta años despúes (1986–2016),* Comares, Granada, 2017, cit., p. 209.

[448] Esta exceptuación se debe a que para el Estado español el Ejército sea la traducción práctica del núcleo de la soberanía estatal. Consecuentemente, se entiende que en nombre de los valores superiores de la defensa nacional, neutralidad y garantía de la seguridad ciudadana, carecen del derecho a la libertad sindical, pues se entiende que el Estado, por sí mismo, vela por los intereses profesionales de estos sujetos. Para mayor profundización, FERNANDO PABLO, M.M., «Ejército, policía y libertad sindical», *Revista de Política Social, núm. 144,* 1984, p. 102.

[449] En el caso de jueces, juezas, magistrados, magistradas y fiscales, el artículo 127.1 CE les reconoce el derecho de asociación profesional, no sindical, que se regula en el artículo 401 LOPJ y el artículo 54 EOMF. Estas asociaciones profesionales o asociaciones de autotutela también tienen como finalidad promocionar los intereses profesionales de sus miembros, siendo por tanto, sindicatos en sentido material aunque con un régimen jurídico específico. En

1.2.2. *La compleja titularidad de la representación unitaria: delegados y delegadas de personal y comités de empresa*

Siguiendo lo dicho tanto por la doctrina[450] como por la jurisprudencia[451], apoyadas ambas en la Constitución[452], la LOLS[453] y la LET[454], este apartado no tendría cabida aquí, pues tradicionalmente se ha entendido que la denominada representación unitaria, aun pudiendo ejercer derechos incluidos en la «actividad sindical», no es titular de la libertad sindical.

Sin embargo, el sistema de representación colectiva de las personas trabajadoras en la empresa, previsto en la legislación laboral española, conecta de tal manera la representación unitaria con la representación sindical que, en algunas ocasiones se podría entender que ciertos actos del empresariado podrían ser atentatorios de la libertad sindical, aunque los mismos estuvieran dirigidos contra la representación unitaria.

Existiendo esta duda, se ha visto conveniente analizar si, efectivamente, tanto los delegados y delegadas de personal como los comités de empresa son titulares de la libertad sindical, para así discernir si cuando los sujetos negociadores en el proceso de descuelgue son éstos, ante la posible vulneración de la negociación colectiva mediante la aplicación del arbitraje del artículo 82.3 LET, también se debería entender vulnerada la libertad sindical o no. No obstante, antes de dar respuesta a esa cuestión, es conveniente el análisis de las formas de representación colectiva existentes en la empresa, y la conexión que se da entre ellas.

Tal y como se ha mencionado, el ordenamiento jurídico español prevé dos modelos de representación general de las personas trabajadoras en la

---

OJEDA AVILÉS, 2002, cit., p. 1038 y MONEREO PÉREZ, MOLINA NAVARRETE y MORENO VIDA, 2014, cit., p. 66.

[450] SALA FRANCO, 2018, cit., pp. 279–280 y MONEREO PÉREZ, J.L. y FERNÁNDEZ AVILÉS, J.A., *Guía sobre el derecho de libertad sindical*, Consejo Andaluz de Relaciones Laborales, disponible en https://www.juntadeandalucia.es/empleo/carl/portal/web/guest/negociacion-colectiva/guias, pp. 29–30.

[451] SSTC 118/1983, de 13 de diciembre, 45/1984, de 27 de marzo, 197/1990, de 29 de noviembre.

[452] Que mediante los artículos 7 y 28.1 CE, constitucionaliza a los sindicatos que mediante el desarrollo de la actividad sindical, defienden y promocionan los intereses económicos y sociales de las personas trabajadoras.

[453] Que en su artículo 8 distingue tres tipos de sujetos a los que atribuye la titularidad de los diferentes derechos que conforman la acción sindical en la empresa, siendo estos los siguientes: trabajadores afiliados a un sindicato, secciones sindicales y delegados sindicales. No hace mención alguna por tanto a la representación unitaria (delegados y delegadas de personal y comités de empresa).

[454] Que en sus artículos 61, 62 y 63 nombra a las y los delegados de personal y comités de empresa como vía de las personas trabajadoras para ejercer sus derechos de representación colectiva en la empresa, sin perjuicio de otras modalidades de representación existentes.

empresa, también llamado sistema dual o de doble representación[455]. Por un lado, la prevista por la LET, denominada como representación unitaria (o electiva) por representar a todas las personas trabajadoras con independencia de su afiliación sindical. Y por otro, la prevista por la LOLS, que regula la representación sindical que se desarrolla mediante secciones sindicales y delegados y delegadas sindicales, mediante los que, en principio, sólo se representaría a las personas trabajadoras afiliadas en los sindicatos correspondientes a cada sección sindical[456].

Tal y como reza el artículo 61 LET «sin perjuicio de otras formas de participación», los modelos de representación no son excluyentes. De hecho, no sólo coexisten órganos sindicales y unitarios, sino que es la presencia en los órganos unitarios la que determina la representatividad de los sindicatos en la empresa, es decir, la que determina si un sindicato tiene derecho a nombrar algún delegado sindical[457].

1.2.2.1. LA REPRESENTACIÓN UNITARIA: DELEGADOS Y DELEGADAS DE PERSONAL Y COMITÉS DE EMPRESA

Siguiendo la idea antes mencionada, la representación unitaria tiene su origen en la propia Ley, el Estatuto de los Trabajadores. Este tipo de representación tiene su origen en el derecho básico de las personas trabajadoras a participar en la negociación en el seno de la empresa en la que prestan servicio. Esta previsión legal deriva del mandato constitucional recogido en el artículo 129.2 CE, que impone a los poderes públicos la obligación de promover de manera eficaz las diversas formas de participación en la empresa[458]. Este sistema de participación actúa como contrapeso al reconocimiento constitucional de la libertad de empresa en el marco de la economía de mercado,

---

[455] Definición del sistema por el Tribunal Constitucional en la STC 118/1983, de 13 de diciembre, FJ 4, al especificar que «La Constitución Española ha partido, en la institucionalización de los derechos colectivos laborales, de un amplio reconocimiento de los titulares de aquellos eludiendo la consagración de un monopolio del Sindicato, ... (atribuyendo el derecho) de negociación (colectiva) a los representantes de éstos (de los trabajadores). Pero si este punto de partida permite en nuestro ordenamiento positivo la existencia de un sistema sindical dual en el que la acción sindical, ... puede ser ejercida, ... tanto por el Sindicato como por el Comité de Empresa, ...».

[456] LANTARÓN BARQUÍN, D., «Título II. De los derechos de representación colectiva y de reunión de los trabajadores en la empresa», en CRUZ VILLALÓN, J., GARCÍA – PERROTE ESCARTÍN, I., GOERLICH PESET, J.M. y MERCADER UGUINA, J.R., (Dires.), *Comentarios al Estatuto de los Trabajadores, 4.ª edición,* Lex Nova, Madrid, 2016, p. 789.

[457] GARCÍA – PERROTE ESCARTÍN, I., *Manual de derecho del trabajo,* Tirant lo Blanch, Valencia, 2019, p. 645.

[458] PÉREZ PÉREZ, E., «Sección 1.ª. Órganos de representación», en CRUZ VILLALÓN, J., GARCÍA – PERROTE ESCARTÍN, I., GOERLICH PESET, J.M. y MERCADER UGUINA, J.R., (Dires.), *Comentarios al Estatuto...,* 2016, cit., p. 795.

reconocido en el artículo 38 CE, al abrirse una puerta para desarrollar un control colectivo por las personas trabajadoras de la gestión empresarial[459].

Según el Estatuto de los Trabajadores, este tipo de representación se implanta en la empresa o centro de trabajo. La jurisprudencia[460] ha declarado que el centro de trabajo es la unidad electoral básica, lo que significa que cuando el artículo 62 LET, menciona «empresa» y «centro de trabajo», éste está diferenciando entre empresas que desarrollan su actividad en diferentes centros de trabajo, y aquéllas otras que desarrollan su actividad en un único centro de trabajo. Por tanto, en estas últimas los términos empresa y centro de trabajo son equivalentes. Sin embargo, en las primeras, la única unidad electoral básica es el centro de trabajo[461].

En cuanto a la estructura de la representación unitaria, los órganos previstos en la Ley son dos, siendo éstos: los delegados y las delegadas de personal y los comités de empresa, regulados en los artículos 62 y 63 LET, respectivamente. La implantación de uno u otro depende exclusivamente del número de personas trabajadoras, de tal modo que no existen los dos de manera simultánea en un mismo ámbito, sino que se elige uno u otro. Tal y como indica su nombre, el elemento diferenciador de estos órganos es que el comité de empresa es un órgano de funcionamiento conjunto o colegiado, es decir, se trata de una modalidad de representación unitaria de carácter colectivo, mientras que la representación de las personas delegadas de personal tiene carácter individualizado, siendo un órgano unipersonal[462].

En rasgos generales, cuando la empresa o centro de trabajo cuente con más de diez personas trabajadoras o menos de cincuenta, la representación unitaria corresponde a las y los delegados de personal[463]. En caso de que la plantilla de la empresa o centro de trabajo cuente entre seis y diez personas trabajadoras, podrá haber un delegado o delegada de personal, si así lo eligen las personas trabajadoras por mayoría[464].

En caso de que la empresa cuente con menos de seis personas trabajadoras, la Ley ha optado por omitir su representación colectiva, apostando por una relación directa e individualizada entre empresario o empresaria y persona trabajadora. No obstante, para el desarrollo del periodo de consultas en determinados procesos de reestructuración, cuando en la empresa no exista esta forma de representación (o porque no se haya conseguido la mayoría en aquellas empresas o centros de trabajo entre más de seis y menos de

---

[459] CRUZ VILLALÓN, 2015, cit., p. 460.

[460] SSTS 11 de febrero de 2015, 7 de febrero de 2012, 31 de enero de 2001, entre otras.

[461] PÉREZ PÉREZ, 2016, cit., p. 796.

[462] DEL REY GUANTER, S., *Estatuto de los Trabajadores comentado con jurisprudencia*, La Ley, Madrid, 2005, p. 1274.

[463] Vid. artículo 62 LET: «hasta treinta trabajadoras, uno; de treinta y uno a cuarenta y nueve, tres.».

[464] Vid. artículo 62.1. LET.

diez personas trabajadoras, o porque no corresponda por tener menos de seis personas trabajadoras, o porque las personas trabajadoras no han querido), se prevé la posibilidad de que elijan una comisión *ad hoc*. Las personas trabajadoras podrán optar a una comisión formada por tres de las personas trabajadoras de la misma empresa, o que la misma la conformen tres miembros designados, según su representatividad, por los sindicatos más representativos del sector al que pertenezca la empresa y que estuvieran legitimados para formar parte de la comisión negociadora del convenio colectivo de aplicación a la misma[465].

En cambio, si el censo de la empresa o centro de trabajo es de cincuenta o más personas trabajadoras, la representación unitaria se llevará a cabo mediante el comité de empresa[466], variando su número de componentes según la dimensión de la plantilla[467].

Las personas trabajadoras que pueden ser elegidas y por tanto ostentar el cargo de delegado o delegada de personal o miembro del comité de empresa son aquellas personas trabajadoras mayores de 18 años, con una antigüedad en la empresa, de al menos seis meses, pudiendo rebajarse por convenio colectivo hasta tres meses[468].

De todo ello se desprende que los órganos de representación unitaria no son órganos sindicales, en sentido estricto, ni pertenecen a la estructura del sindicato, pues son creación de la Ley, sin ninguna vinculación aparente con el artículo 28.1 CE. No obstante, y aludiendo a lo dispuesto en el artículo 71.2.a) LET, la conexión con el sindicato es patente en el procedimiento electoral, pues en el caso de la elección de miembros para el comité de empresa, se establece el sistema de listas cerradas, en las que deben figurar las siglas del sindicato o grupo de personas trabajadoras que la presenten[469]. Ciertamente, la representación unitaria es el cauce de participación preferente por el que los sindicatos han optado para actuar en la empresa[470].

---

[465] Vid. artículo 41.1. LET y sirva como aclaración lo dispuesto por CRUZ VILLALÓN, 2018, cit., p. 466.

[466] Vid. artículo 63 LET.

[467] Vid. artículo 66 LET, en base al cual: «El número de miembros del comité de empresa se determinará de acuerdo con la siguiente escala: a) De cincuenta a cien trabajadores: cinco.; b) De ciento uno a doscientos cincuenta trabajadores, nueve; c) De doscientos cincuenta y uno a quinientos trabajadores, trece.; d) De quinientos uno a setecientos cincuenta trabajadores, diecisiete.; e) De setecientos cincuenta y uno a mil trabajadores, veintiuno.; f) de mil en adelante, dos por cada mil o fracción, con el máximo de setenta y cinco.

[468] Vid. artículo 69.2 LET.

[469] ALONSO OLEA y CASAS BAAMONDE, 2006, cit., p. 717.

[470] En 2005, más del 80 por 100 de las personas que ostentaban cargos en la representación unitaria estaban afiliados en las confederaciones UGT y CCOO, y el resto se distribuía entre otros sindicatos y grupos independientes. Dato recogido en OJEDA AVILÉS, A., «La representación unitaria: el «faux ami»», *Revista del Ministerio de Trabajo y Asuntos Sociales núm. 58,* 2005, p. 346. En 2015, el 69 por 100 de las personas que ostentaban cargos en dichos órganos de representación estaban afiliad

Tal como su nombre indica, la función de la representación unitaria es representar a todas las personas trabajadoras de la empresa; función que cumplen promoviendo y defendiendo los intereses económicos y sociales de los mismos. Para poder llevar a cabo su función, tal y como certifica el Tribunal Constitucional, «pueden realizar actividades calificables latu sensu como sindicales», y sigue, utilizando medios de acción y derechos constitucionales y legales, «como son el derecho de huelga (art. 28.2 CE), la negociación colectiva (art. 37.1 CE) o la adopción de medidas de conflicto colectivo (art. 37.2 CE)»[471].

Al hilo del mencionado artículo 37.1 CE, el legislador legitima, mediante el artículo 87.1 LET además de a los sindicatos, a las y los delegados de personal y comité de empresa para negociar convenios colectivos de empresa y de ámbito inferior, incluyendo en éstos convenios para un grupo de empresas, así como convenios que afecten sólo al centro de trabajo o a un grupo de personas trabajadoras con perfil profesional específico. Relacionando esto último con el caso del descuelgue de condiciones de trabajo reguladas en convenio, el artículo 82.3 LET, con su remisión al artículo 41.4 LET, indica que los delegados y delegadas de personal y comités de empresa son interlocutores válidos para intervenir en el procedimiento de descuelgue.

Además de estas competencias para la negociación colectiva, le representación unitaria goza de otras competencias, siendo el artículo de referencia al respecto, el artículo 64 LET. Este precepto realiza una enumeración, bastante extensa[472], de las competencias de las personas que ostentan esta representación. Sin embargo, esta lista no es una lista cerrada pues puede verse ampliada porque la negociación colectiva incorpore competencias nuevas, o alterada, pues la negociación colectiva ha intensificado las competencias que la propia Ley les reconoce[473]. Además, se trata de un artículo incompleto, ya que ciertamente, las competencias más significativas de estos órganos de representación no están reguladas en él[474], sino en otros preceptos del mismo cuerpo legal, tal y como ha quedado patente anteriormente.

1.2.2.2. Representación sindical

La representación sindical en el ámbito de la empresa o centro de trabajo fue introducida en el ordenamiento jurídico español de la mano de la LOLS,

---

[471] STC 134/1994, de 9 de mayo, FJ 4.

[472] GALIANA MORENO, J.M. y GARCÍA ROMERO, B., «La participación y representación de los trabajadores en la empresa en el modelo normativo español», *Revista del Ministerio de Trabajo y Asuntos Sociales núm. 43,* 2003, p. 20.

[473] CRUZ VILLALÓN, 2018, cit., pp. 476–477.

[474] MOLERO MANGLANO, 1996, cit., p. 357.

como otra forma de participación de las personas trabajadoras en la empresa o centro de trabajo. Se trata de una representación que emana directamente del texto constitucional, específicamente de los artículos 7 y 28.1 CE[475].

En este sentido, primeramente el artículo 2.1.d), refiriéndose a lo que integra la libertad sindical, establece que ésta comprende el ejercicio de la actividad sindical de las personas afiliadas a un sindicato, integrante del contenido esencial del derecho fundamental de libertad sindical en su vertiente funcional[476]. Seguidamente, el artículo 2.2.d), haciendo referencia a los derechos de las organizaciones sindicales, especifica que éstas, tienen derecho a ejercer la actividad sindical en la empresa o fuera de ella, comprendiendo dicha actividad 1) el derecho a la negociación colectiva, 2) el ejercicio del derecho de huelga, 3) el planteamiento de conflictos individuales y colectivos y 4) la presentación de candidaturas para la elección de comités de empresa y delegados y delegadas de personal. Por último reconoce en su artículo 8, que las personas afiliadas a un sindicato, tienen el derecho a constituir secciones sindicales, celebrar reuniones, recaudar cuotas y recibir y distribuir información sindical.

Este último artículo regula las secciones sindicales como entidad descentralizada del sindicato, pero al mismo tiempo, al ser parte de él, su organización y sus funciones se determinarán por los estatutos del sindicato al que pertenezca[477]. Consecuentemente se puede afirmar que la actividad en la empresa se canaliza fundamentalmente a través de las secciones sindicales[478].

No obstante, el tener derecho a constituir secciones sindicales en el ámbito de la empresa o centro de trabajo, no significa que en todas ellas vaya a haber representación sindical, pues las mismas se constituyen sólo si las y los afiliados o personas trabajadoras de base así lo deciden, pues el derecho a crear dichas secciones se reconoce a las personas trabajadoras afiliadas y no a los propios sindicatos. Por tanto, la existencia de un cierto número de afiliados y afiliadas no asegura automáticamente la existencia de sección sindical[479]. A mayor abundamiento, la constitución de las secciones sindicales no depende del número de personas trabajadoras afiliadas que haya en la empresa, llegándose a admitir la creación de una sección sindical mediante una

---

[475] STC 197/1990, de 29 de noviembre, FJ 3.
[476] STC 17/1996, de 7 de febrero, FJ 4.
[477] MONEREO PÉREZ, MOLINA NAVARRETE y MORENO VIDA, 2014, cit., p. 103.
[478] SALA FRANCO, 2018, cit., p. 603.
[479] BORRAJO DACRUZ, E., «Sindicatos y negociación colectiva en el Proyecto de Ley Orgánica de Libertad Sindical», *Revista de la Facultad de Derecho de la Universidad complutense, núm. Extra 7,* 1985, p. 143.

única persona trabajadora[480]. Por otro lado, la LOLS[481] especifica dos posibles ámbitos donde los sindicatos legalmente constituidos pueden crear las secciones sindicales, a saber: la empresa y el centro de trabajo, correspondiendo dicha elección a los propios sindicatos[482].

Siguiendo lo dispuesto en la LOLS[483], se diferencian tres tipos de secciones sindicales atendiendo al grado de representatividad del sindicato. Ese grado de representatividad depende de si el sindicato en cuestión supera o no determinados porcentajes de audiencia en las elecciones a órganos de representación unitaria de las personas trabajadoras[484]. En base a ellos, se encuentran las secciones del sindicato más representativo, tanto a nivel estatal como autonómico[485]. Por otro lado, están las secciones del sindicato con presencia en los órganos de representación estatutaria o unitaria. Y por último, las secciones de los sindicatos simples, minoritarios o sin implantación, o dicho de otra manera, los sindicatos que ni son los más representativos ni tienen presencia en los órganos de representación unitaria[486].

En base a esos criterios, los distintos tipos de secciones tienen más o menos derechos. Así, a los tres tipos de secciones sindicales se les reconocen los derechos que corresponden a las personas trabajadoras afiliadas individualmente consideradas, tales como el derecho de reunión, recaudación de cuotas, recepción y distribución de información sindical[487]. Sin embargo, a las denominadas secciones sindicales privilegiadas[488], además de disponer de los mencionados derechos, también se les reconocen otros derechos como, por un lado, promover elecciones a delegados y delegadas de personal y miembros de comités de empresa (artículo 67.1 LET), siendo éstas actividades amparadas por el derecho de libertad sindical, tanto en su vertiente colectiva como en su vertiente individual[489]. Y por otro el derecho a la nego-

---

[480] Así lo hizo posible el Tribunal Constitucional al no permitir que la persona empresaria compruebe que en la empresa hay realmente más personas afiliadas al sindicato que la persona que se presente a sí misma como delegado o delegada, basándose en el derecho de la libertad ideológica. En este sentido vid. STC 292/1993, de 18 de octubre, FJ 4.

[481] Vid. artículo 8.1.a) de la LOLS.

[482] ALONSO OLEA y CASAS BAAMONDE, 2010, cit., p. 720.

[483] Vid. artículos 8.1 y 2 de la LOLS.

[484] STC 95/1996, de 29 de mayo, FJ 3.

[485] Según artículo 6.1.a) de la LOLS se consideran sindicatos con mayor representatividad en el ámbito estatal aquellos que hayan obtenido el 10 por ciento o más del total de delegados de personal, de los miembros de los comités de empresa y de los correspondientes órganos de las Administraciones. Y se consideran sindicatos más representativos de Comunidad Autónoma, los que en una determinada Comunidad Autónoma hayan obtenido al menos el 15 por ciento de los representantes de personal, según lo dispuesto en el artículo 7.1.a) de la LOLS.

[486] En este sentido, MOLERO MANGLANO, 1996, cit., pp. 330–331 y MONEREO PÉREZ, MOLINA NAVARRETE y MORENO VIDA, 2014, cit., p. 105.

[487] SALA FRANCO, 2018, cit., p. 603.

[488] MONEREO PÉREZ, MOLINA NAVARRETE y MORENO VIDA, 2014, cit., p. 106.

[489] STC 95/1996, de 29 de mayo, FJ 3.

ciación colectiva de eficacia general en los términos del artículo 87.1 LET, siendo fundamental para poder desarrollar la actividad sindical[490].

Lo expuesto en estos dos últimos párrafos no hace más que evidenciar aun más el notable grado de interacción entre los sindicatos y los órganos de representación unitaria de las personas trabajadoras. Pues, además de determinarse el grado de representatividad de los sindicatos mediante las elecciones a representaciones unitarias[491], las competencias y derechos que se les reconocen a ambos modelos de representación, para que puedan cumplir con sus funciones, coinciden en numerosas ocasiones, haciendo que en muchos casos la línea divisoria entre ellos se difumine.

En lo referente a los delegados y a las delegadas sindicales, estos órganos representativos únicamente existen en aquellas empresas o centros de trabajo que tengan como mínimo 250 personas trabajadoras[492]. Las personas que ostentan ese cargo son parte de una sección sindical y representan a las personas trabajadoras de la sección sindical implantada en la empresa, siendo por tanto elegidas por dichas personas trabajadoras[493].

Lo más reseñable de estos órganos de representación sindical es que su existencia depende de los resultados obtenidos por las secciones sindicales, en las elecciones celebradas para determinar la representación unitaria. Es decir, la sección sindical de la empresa o centro de trabajo tendrá derecho a nombrar un delegado o delegada sindical siempre y cuando dicha sección sindical haya obtenido representación en el órgano unitario[494]. Esta es una muestra más de la evidente interconexión existente entre los dos modelos de representación de las personas trabajadoras en la empresa o centro de trabajo.

En cuanto a sus garantías y competencias se refiere, siguiendo el artículo 10.3.1 LOLS, las y los delegados sindicales, salvo que ya sean miembros del comité[495], las mismas garantías que los miembros del comité de empresa, regulados en el artículo 68 LET. De esta manera, reciben la misma

---

[490] Vid. artículo 8.2.b) de la LOLS.

[491] SATRÚSTEGUI, 2010, cit., p. 354, cuando dice que: «La importancia de esas elecciones reside, (…) en que son, (…), el único indicador que se tiene en cuenta para reconocer a los sindicatos la condición de mayor representatividad».

[492] Es importante hacer aquí una aclaración y es que en aquellos casos en los que en la empresa o centro de trabajo la plantilla no supere las 250 personas trabajadoras y la sección sindical no tenga presencia en los órganos de representación unitaria, las secciones sindicales pueden designar una o un portavoz, también llamado delegado o delegada sindical *ad intra* o, delegado o delegada «con minúsculas». No obstante, dichos portavoces carecen —salvo que otra cosa se diga por convenio colectivo— de los derechos y garantías que el artículo 10 de la LOLS otorga a los delegados y delegadas sindicales. PRECIADO DOMENECH, C.H., *Secciones sindicales y delegados sindicales,* Bomarzo, Albacete, 2015, p. 18.

[493] Vid. artículo 10 de la LOLS.

[494] CRUZ VILLALÓN, 2015, cit., p. 493.

[495] SALA FRANCO, 2018, cit., p. 605.

información y documentación que el comité de empresa, deberían ser oídos por la empresa antes de que se adopten medidas de carácter colectivo que afecten a las personas trabajadoras en general y a sus afiliados y afiliadas en particular, expresando libremente sus opiniones, asisten a las reuniones del comité de empresa, con voz pero sin voto, y disponen del crédito horario retribuido para el ejercicio de sus funciones de representación[496].

1.2.2.3. CONCLUSIÓN: ¿LAS PERSONAS QUE OSTENTAN PUESTOS DE REPRESENTACIÓN UNITARIA SON TITULARES DE LA LIBERTAD SINDICAL?

Tal y como hemos comentado, los órganos unitarios (delegados y delegadas de personal y comités de empresa), no son titulares del derecho a la libertad sindical reconocido en el artículo 28.1 CE, puesto que son creación de la Ley, en concreto, la Ley del Estatuto de los Trabajadores, que desarrolla así el derecho de participación en la empresa reconocido en el artículo 129.1 CE. Esta tesis ha sido respaldada en numerosas ocasiones[497] por el más Alto Tribunal, que ha reiterado que los comités de empresa y delegados y delegadas de personal no tienen constitucionalmente garantizada la libertad sindical consagrada en el artículo 28.1 CE.

Esta ha sido también la línea jurisprudencial seguida por el Tribunal Supremo, al declarar que «una vez que han obtenido el nombramiento de miembros de Comité de empresa correspondiente, adquieren la condición de representantes unitarios de sus compañeros, y tal representación vincula directamente a aquéllos con éstos, sin intermediación ni enlace alguno con dichos sindicatos. Se trata de un nexo representativo que une de forma directa a los trabajadores y sus representantes elegidos, el cual no es de naturaleza sindical, ni puede ser entendido como tal, a pesar de que sean los sindicatos quienes hayan presentado las candidaturas y a pesar de que los elegidos puedan seguir manteniendo su afiliación y conexión con esas asociaciones, e incluso acatar las directrices emanadas de las mismas»[498].

Sin embargo, tal y como ha constatado el TC en varias ocasiones, los comités de empresa y delegados y delegadas de personal son órganos sindicalizados, pues la gran mayoría de ellos, vienen siendo elegidos en listas presentadas por los sindicatos, siendo éstos quienes asimismo promueven de forma absolutamente mayoritaria la celebración de elecciones[499].

---

[496] ALONSO OLEA y CASAS BAAMONDE, 2010, cit., p. 725.

[497] STC 37/1983, de 11 de mayo, FJ 2; STC 197/1990, de 29 de mayo, FJ 3; STC 134/1994, de 9 de mayo, FJ 4; STC 95/1996, de 29 de mayo, FJ 3.

[498] STS de 1 de junio de 1996, FJ 1.

[499] STC 200/2006, de 3 de julio, FJ 3.

Ello demuestra que la representación unitaria de las personas trabajadoras se ha convertido en una vía de importante y muchas veces preferente actuación de los sindicatos, como consecuencia de la regulación vigente de la acción propiamente sindical[500].

Todo ello deja patente que en la actualidad existe en las empresas un notable grado de interacción entre los sindicatos y los órganos de representación unitaria de las personas trabajadoras. Ello conlleva que las diferencias relativas a la naturaleza de estos dos tipos de representación y a sus funciones de promoción y defensa de los intereses de las personas trabajadoras, que en otros tiempos fueron manifiestos, tienden hoy a difuminarse actualmente[501].

Apoyándose en esa tesis, el Tribunal Constitucional ha otorgado la tutela del derecho fundamental de la libertad sindical a miembros de comités de empresa sindicalizados o delegados y delegadas de personal procedentes de candidaturas sindicales. Así, en la STC 200/2006, de 3 de julio, el Tribunal Constitucional declaró la vulneración de la libertad sindical de un sindicato, por el incorrecto proceder de la mesa electoral, dentro del proceso de elecciones sindicales. En este caso se partió de la premisa de que los sindicatos están legitimados para promover elecciones a delegados y delegadas de personal y miembros de comités de empresa, así como para presentar candidaturas a dichas elecciones. Y que ambas actividades, tanto la promoción como la presentación, son actividades amparadas por el derecho de libertad sindical, tanto en su vertiente colectiva como individual, al ser parte del contenido adicional del artículo 28.1 CE. Por tanto, su obstaculización o impedimento al sindicato o a sus miembros, puede ser constitutivo de una violación de la libertad sindical[502].

En atención a lo que se acaba de exponer se pude concluir que aunque el Tribunal Constitucional niegue con rotundidad la titularidad de la libertad sindical a los órganos de representación unitaria, entiende que la libertad sindical puede verse vulnerada cuando a las y los miembros de comités de empresa sindicalizados o delegadas y delegados de personal procedentes de candidaturas sindicales se les restringen los derechos que forman parte de la libertad sindical[503].

---

[500] STC 95/1996, de 29 de mayo, FJ 3.

[501] STC 197/1990, de 29 de noviembre, FJ 2.

[502] STC 200/2006, de 3 de julio, FJ 3. El TC se pronunció en este mismo sentido en la STC 100/2004, de 23 de junio, FJ 4, cuando determina que «cuando el representante unitario de los trabajadores está afiliado a un sindicato su actividad a la vista de las circunstancias que concurran en cada caso, podrá tener consecuencias desde la perspectiva del art. 28.1 CE «, y también SSTC 203/2015, de 5 de octubre, FJ 5 y 64/2016, de 11 de abril, FJ 3.

[503] Es partidario de esta conclusión GOÑI SEIN, al decir que «la solución que ha dado (el TC) es ambivalente: en principio, no admite que los órganos de representación unitaria sean titulares del derecho de libertad sindical porque, la libertad sindical no alcanza a cubrir constitucionalmente la actividad del comité (SSTC 74/1996 y 95/1996), puesto que el art. 7 constitu-

Para justificar esta apertura del recurso de amparo a las reclamaciones presentadas por estos sujetos, el Tribunal Constitucional aduce que de no alcanzarles la tutela propia de la libertad sindical, por su directa vinculación a una organización sindical, la cercenación de sus derechos generaría o podría generar un perjuicio al propio sindicato[504]. En este sentido se pronunció el Tribunal Constitucional al afirmar que «de no entenderse así el alcance del art. 28.1 CE, no sólo dejaría desprotegidos a los trabajadores, sino que, indirectamente, se estaría afectando de forma grave a los propios sindicatos y a las funciones que la Constitución les reconoce, puesto que las actividades dirigidas a todos los trabajadores y que tratan de implicar en la acción sindical no sólo a los que ya son miembros del sindicato —que son las de mayor relieve—, podrían verse frustradas a l no ofrecer a todos los destinatarios la referida garantía constitucional. El propio legislador lo ha entendido así, al incluir en la sanción de nulidad los actos o normas que supongan discriminación por razón de la adhesión... a sus acuerdos (el sindicato) o al ejercicio, en general, de actividades sindicales (art. 12 LOLS)»[505].

Esta conclusión es ciertamente relevante pues de ella se deriva la posibilidad de determinar, que el arbitraje público y obligatorio del artículo 82.3 LET pueda suponer un ataque directo contra el derecho a la libertad sindical incluso en aquellos casos en los que la representación de las personas trabajadoras, en el procedimiento de descuelgue, recaiga sobre la representación unitaria sindicalizada. Cuestión que se intentará resolver en el capítulo siguiente.

1.2.3. *Titularidad colectiva de la libertad sindical*

Tras reconocer el artículo 28.1 los derechos sindicales de titularidad individual, se reconoce a los sindicatos[506] el derecho a formar confederaciones y a fundar organizaciones sindicales internacionales o a afiliarse a las mismas. Así, la Constitución otorga a los sindicatos la titularidad de la libertad sindical en su vertiente colectiva. A mayor abundamiento, otorga de manera ex-

---

cionaliza el sindicato no haciendo lo mismo con el comité, pero lo admite cuando el órgano de representación se halla sindicalizado, es decir, cuando los miembros del órgano unitario están afiliados o sindicalizados (STC 101/1996)». En GOÑI SEIN, 2016, cit., p. 209.

[504] MENÉNDEZ SEBASTIÁN, 2014, cit., p. 249.

[505] STC 134/1994, de 9 de mayo, FJ 3 y STC 95/1996, de 29 de mayo, FJ 4.

[506] Atendiendo al artículo 7 CE, el sindicato es una asociación formada por personas trabajadoras y con el objetivo de dedicarse a la defensa y promoción de los intereses económicos y sociales que les son propios. Esta definición ha sido completada por el Tribunal Constitucional, STC 94/1995, de 19 de junio, FJ 5, definiendo el sindicato como una asociación permanente para la representación y defensa de los intereses socioeconómicos de las personas trabajadoras asalariadas, en una posición dialéctica de contrapoder respecto de los y las empleadoras o de cualquier otro sujeto público o privado.

clusiva los derechos colectivos anejos a la libertad sindical a aquellas organizaciones que tienen reconocida la condición de sindicato[507].

De la misma manera, el artículo 2.2. LOLS enuncia el conjunto de derechos, que se analizarán seguidamente, de los que son titulares colectivamente las propias organizaciones sindicales en el ejercicio de su función constitucional de defensa de los intereses del trabajo asalariado[508].

1.3. El ámbito objetivo de la libertad sindical

El derecho a la libertad sindical ha sido definido como un derecho de contenido complejo[509] y «como uno de los más paradigmáticos de la Constitución Española»[510]. Primeramente, porque en palabras de la doctrina, este «integra un haz plural de facultades que mantienen entre sí una unidad teleológica pues están al servicio de la defensa y promoción de los intereses de sus titulares»[511]. Segundo, y haciendo referencia a la introducción de este capítulo, porque el artículo 28.1 CE, que reconoce el derecho a la libertad sindical, no puede considerarse la norma de cierre del contenido del derecho que reconoce[512]. El Tribunal Constitucional declaró que este artículo es meramente ejemplificativo, no pudiéndose considerar la lista en él enumerada como una lista *numerus clausus*[513]. Consecuentemente, para determinar el ámbito objetivo de la libertad sindical, es necesario reparar en la LOLS, la jurisprudencia del Tribunal Constitucional y las normas infraconstitucionales que pueden desarrollar el derecho de libertad sindical en clave de promoción[514]. Y tercero, porque es un derecho en el que se comparte la titularidad individual y colectiva, y dentro de la titularidad individual existen facultades que son susceptibles de ejercicio individual y otras que sólo podrán realizarse si se ejercen de forma colectiva[515].

---

[507] CRUZ VILLALÓN, 2018, cit., p. 454.

[508] PALOMEQUE LÓPEZ y ÁLVAREZ DE LA ROSA, 2019, cit., p. 330.

[509] MONEREO PÉREZ y FERNÁNDEZ AVILÉS, cit., p. 53.

[510] CARRIZOSA PRIETO, E., *Derechos de Libertad Sindical y Principio de Igualdad*, Consejo Andaluz de Relaciones Laborales, 2009, p. 38.

[511] VALDÉS DAL – RÉ, 2018, cit., p. 639.

[512] En palabras de VALDÉS DAL – RÉ, 2018, cit., p. 640: «es, antes bien, una norma fragmentaria y parcial, cuya redacción refleja de manera paradigmática dos de los factores más visibles a lo largo del proceso de elaboración del proyecto de CE: la voluntad de romper con el pasado más próximo y los temores frente a determinados poderes institucionales».

[513] Vid. apartado «1.1. Consideraciones generales», de este capítulo.

[514] GOÑI SEIN, 2016, cit., p. 198.

[515] CARRIZOSA PRIETO, 2009, cit., p. 38.

Por tanto, este derecho se estructura como un derecho de titularidad individual y colectiva en función de las múltiples facultades que lo integran[516]. Consecuentemente, la doctrina constitucional ha abordado la titularidad desde estas dos perspectivas, delimitando la individual a las facultades de constitución y afiliación, las llamadas facultades organizativas, que corresponden a los individuos, siguiendo el primer inciso del artículo 28.1 CE y la colectiva, ejercida mediante el sindicato, respecto de los de las facultades de acción sindical o de actividad[517]. Por tanto, los derechos que aúnan el contenido objetivo del derecho a la libertad sindical podrían clasificarse en dos grandes grupos, tales como: los derechos individuales organizativos y de actividad y derechos colectivos organizativos y de actividad.

Todo ello hace que la determinación del contenido del ámbito objetivo de la libertad sindical por un lado y los niveles aceptables de seguridad jurídica, por otro, sea una tarea compleja y difícil. En otras palabras, la determinación de qué facultades integran el contenido esencial y el contenido adicional del derecho, ha conllevado a una cuantiosa litigiosidad, teniendo el TC que pronunciarse sobre ella.

La concreción o diferenciación del contenido esencial y el contenido adicional resulta relevante para este trabajo, en tanto en cuanto la pertenencia a una esfera o a la otra otorga un nivel de protección diferente frente a la actuación legislativa. Pues tal y como se verá, el contenido esencial opera como límite de los límites frente al legislador, mientras que el contenido adicional puede ser configurado y limitado y, en el futuro, modificado o suprimido por el propio legislador[518]. Consecuentemente se entiende que si la re-

---

[516] En este sentido CARRIZOSA PRIETO, 2009, cit., p. 37, y STC 37/1983, de 11 de mayo, FJ 2, que dice así: «(…) la función de los sindicatos no consiste únicamente en representar a sus miembros (…), les legitiman para ejercer aquellos derechos que, aun perteneciendo en puridad a cada uno de los trabajadores «uti singuli», sean de necesario ejercicio colectivo (…)».

[517] GOERLICH PESET, 2018, cit., p. 1011.

[518] STC 173/1992, de 29 de octubre, FJ 3. En este sentido, se puede apuntar que el contenido adicional del derecho a la libertad sindical lo constituirán aquellas facultades creadas por las normas. Normas que pueden provenir del legislador ordinario, como de la negociación colectiva, mediante la plasmación de aquellas en los convenios colectivos, como por la persona empresaria. Que estas facultades o derechos formen parte del contenido adicional de la libertad sindical acarrea una doble consecuencia. Por una parte, durante su vigencia, integran junto con el contenido esencial, el derecho fundamental a la libertad sindical, de modo que los actos contrarios a estos últimos son susceptibles de infringir el artículo 28.1 CE. Por otra parte, al haber sido creados y añadidos por normas infraconstitucionales y sobrepasar el contenido esencial de la libertad sindical, no operan como límite de la actuación legislativa. En otras palabras, más allá del contenido esencial, el legislador dispone de un amplio margen de maniobra que le permite crear medios adicionales de promoción de la actividad sindical, pero también configurarlas y limitarlas y, en el futuro, modificarlas o suprimirlas. Ello implica por un lado que su configuración legal o convencional no está sujeta a más límite que el de no vulnerar su contenido. Por otro lado, que los actos singulares de aplicación o inaplicación de la norma, que puedan tener efecto impeditivo, obstaculizador o limitativo, del ejercicio de tales

gulación del arbitraje público y obligatorio supusiese alguna injerencia o limitación sobre el derecho a la libertad sindical, debería darse sobre alguna de las facultades que constituyen el contenido esencial de este derecho. Pues si se diera sobre algún derecho o facultad atribuido por una norma infraconstitucional, el legislador estaría haciendo uso de su libertad para legislar.

1.3.1. *El contenido esencial de la libertad sindical*

Para discernir cuál es el contenido esencial de la libertad sindical, es preciso partir de la idea de contenido esencial del artículo 53 CE. Dicho artículo establece el precitado contenido como límite del poder otorgado al legislador para que regule el ejercicio de los derechos y libertades regulados en el Capítulo segundo del Título I CE.

El contenido esencial[519] ha sido denominado como el límite de los límites impuestos al legislador, es decir, que designa aquello que, cualquiera que sea su grado de determinación, resulta intangible para el legislador[520]. La idea de contenido esencial posee dos rasgos definitorios. Por un lado, no se predica de la declaración de derechos en su conjunto, sino que de cada derecho fundamental individualmente considerado. Por otro lado, designa el contenido mínimo, necesario e indisponible de cada derecho[521]. De manera resumida, el TC ha estipulado que el contenido esencial de un derecho es

---

derechos, no afectan al contenido esencial de la libertad sindical. Para mayor profundización SSTC 30/1992, de 18 de marzo, FJ 3; 145/1999, de 22 de julio, FJ 3; LASAGABASTER HERRARTE, I., *Fuentes del Derecho,* IVAP, Bilbao, 2007; ALFONSO MELLADO, C.L., «Libertad sindical y derecho de asociación empresarial», en GOERLICH PESET, J.M., (Dir.), *Derecho del...,* cit., 2018, p. 550.

[519] Según el Tribunal Constitucional, SSTC 11/ 1981, de 8 de abril, FJ 8; 196/1987, de 11 de diciembre, FJ 5 y 13/1984, de 3 de febrero, FJ 3, existen dos vías para definir el contenido esencial, que lejos de ser alternativos o contrapuestos, pueden considerarse complementarios, siendo posible su utilización conjunta a la hora de tener que determinar el contenido esencial de un derecho en concreto. Siguiendo la primera vía, es factible afirmar que el contenido esencial de un derecho subjetivo lo constituyen aquellas facultades o posibilidades de actuación necesarias para que el derecho sea recognoscible como pertinente al tipo descrito sin las cuales deja de pertenecer a ese tipo, teniendo que pasar a quedar comprendido en otro. Ello acarrea la desnaturalización del derecho en cuestión. Según la segunda vía posible para definir el contenido esencial, consistiría en tratar de buscar los intereses jurídicamente protegidos como núcleo y médula de los derechos subjetivos. Es decir, se trata de buscar la parte del contenido del derecho que es absolutamente necesaria para que los intereses jurídicamente protegibles, que dan vida al derecho, resulten real, concreta y efectivamente protegidos. De este modo, cuando el derecho queda sometido a limitaciones que lo hacen impracticable, lo dificultan más allá de lo razonable o lo despojan de la necesaria protección, se considera que el contenido esencial de ese derecho ha sido rebasado.

[520] DIEZ – PICAZO, L.M., *Sistema de Derechos Fundamentales,* Thomson Reuters, Navarra, 2013, pp. 109–110.

[521] DIEZ – PICAZO, 2013, cit., p. 109.

el núcleo mínimo e indisponible sin el cual, el mismo, no sería recognoscible[522].

Dicho lo anterior, quedaría por determinar ahora qué facultades forman parte de ese contenido mínimo e indisponible, que hacen recognoscible el derecho a la libertad sindical.

Como primer elemento definitorio está el artículo 28.1 CE, que enumera unas potestades de carácter exquisitamente organizativo que son el derecho a crear sindicatos, a afiliarse o no afiliarse a ellos, y el derecho de los sindicatos a afiliarse o a fundar federaciones o confederaciones, es decir, organizaciones de segundo nivel, incluidas las internacionales[523].

Como segundo elemento definitorio se debe nombrar al artículo 7 CE, pues conectando éste con el precitado artículo 28.1 CE, el Tribunal Constitucional, desde sus inicios interpretó que el derecho a la libertad sindical comprende también el derecho a que los sindicatos «realicen las funciones que de ellos es dable esperar, de acuerdo, con el carácter democrático del Estado y con las coordenadas que a esta institución hay que reconocer»[524]. Ello supone el derecho a llevar a cabo una libre acción sindical, comprensiva de todos los medios lícitos y sin indebidas injerencias de terceros[525]. De esta manera, el alto tribunal tendió a delimitar el contenido esencial en términos genéricos, identificándolo con la función otorgada a los sindicatos[526] y reconociendo el derecho a la acción sindical.

No obstante, tras la promulgación de la LOLS, el tercer elemento definitorio, el Tribunal Constitucional inicia un proceso de concreción de dicho contenido. El segundo artículo de esta Ley Orgánica, además de enumerar los derechos de carácter organizativo que ya enumera el artículo 28.1 CE, reconoce en su apartado primero el derecho a la actividad de las personas trabajadoras, para después, en su apartado segundo enumerar los derechos organizativos y de actividad de los propios sindicatos[527].

De esta manera, con la entrada en vigor de la LOLS el Alto Tribunal comienza la delimitación y concreción del núcleo básico que constituirá el contenido esencial del derecho a la libertad sindical, sobre todo en lo que concierne a los derechos identificados como derechos de actividad y de acción de los sindicatos[528]. Derechos éstos que se caracterizan por «contribuir de forma primordial a que el sindicato «pueda desarrollar las funciones a las

---

[522] STC 173/1992, de 29 de octubre, FJ 3.
[523] OJEDA AVILÉS, 2002, cit., p. 1040.
[524] STC 70/1982, de 29 de noviembre, FJ 3.
[525] STC 4/1983, de 28 de enero y ene l mismo sentido MONEREO PÉREZ y FERNÁNDEZ AVILÉS, cit., p. 54.
[526] VALDÉS DAL – RÉ, 2018, cit., p. 640.
[527] Vid. artículo 2 de la LOLS.
[528] VALDÉS DAL – RÉ, 2018, cit., p. 640.

que es llamado por el artículo 7 de la Constitución»[529], sin los cuales carecería de toda razón de ser en una sociedad democrática»[530]. Consecuentemente, el mencionado Tribunal ha estipulado mediante abundante jurisprudencia que las facultades que hacen posible la actividad sindical, «que tiene por objeto la defensa, protección y promoción de los intereses de los trabajadores y que por tanto forman parte del contenido esencial son, la huelga, la negociación colectiva y la promoción de conflictos»[531].

De todo ello se concluye que el derecho que reconoce el artículo 28 CE comprende tanto la vertiente organizativa, como los derechos de actividad y medios de acción de los sindicatos, aún cuando del tenor literal del artículo 28 Ce pudiera deducirse la restricción del contenido de la libertad sindical en una vertiente exclusivamente organizativa o asociativa. Esto se debe a la interpretación sistemática de los artículos 7 y 28.1 CE, efectuada según el canon hermenéutico del artículo 10.2 CE[532].

En base a todo lo dicho anteriormente, los derechos o facultades que constituyen el contenido esencial de la libertad sindical se podrían clasificar en dos grandes grupos, tales como: los derechos individuales de organización y de actividad[533], por un lado, y por otro, los derechos colectivos de organización y de actividad.

Tal y como se ha adelantado en la introducción de este segundo capítulo, ahora se pasará a desarrollar únicamente aquellos derechos o facultades que resultan ser clave para el objetivo de este trabajo. Por tanto se centrará el foco de atención en los derechos de actividad, más concretamente, en los derechos colectivos de actividad también conocidos como derechos de acción sindical, pues en este trabajo se defiende que son éstos derechos de acción sindical los que entran en supuesta colisión con el arbitraje público y obligatorio del artículo 82.3 LET[534].

---

[529] STC 127/1989, de 13 de julio, FJ 3.

[530] GARCÍA VIÑA, J., «La libertad sindical colectiva en el Derecho español», *Revista de la Facultad de Derecho de México, núm. 273,* 2019, p. 198.

[531] SSTC 127/1989, de 13 de julio, FJ 3, 94/1995, de 19 de junio, FJ 2, 308/2000, de 18 de diciembre, FJ 6, 185/2003, de 27 de octubre, FJ 6, 198/2004, de 15 de noviembre, FJ 5.

[532] MONEREO PÉREZ, y FERNÁNDEZ AVILÉS, cit., p. 54.

[533] En el primer grupo llamado «derechos individuales de organización y de actividad» se incardinan el derecho a fundar sindicatos, el derecho a afiliarse al sindicato de su elección o a no afiliarse a ninguno y el derecho a participar en la organización y actividad del sindicato (actividad sindical). En el segundo grupo, denominado como «los derechos colectivos de organización y de actividad», quedaría englobado, además del derecho a la actividad sindical desarrollado en el texto principal, el derecho a la autonomía organizativa.

[534] Para mayor profundización del contenido de los derechos que constituyen el contenido esencial de la libertad sindical entre otros: VIDA SORIA y GALLEGO MORALES, 1996, cit., p. 295; OJEDA AVILÉS, 2002, cit., p. 1043; PALOMEQUE LÓPEZ y ÁLVAREZ DE LA ROSA, 2019, cit., p. 349; SALA FRANCO, T. y ALBIOL MONTESINOS, F., *Derecho Sindical,* Tirant lo Blanch, Valencia, 2004 y PALOMEQUE LÓPEZ, M.C., *Derecho Sindical,*

1.3.1.1. Derecho a la actividad sindical

Ya hemos sostenido que la enumeración de derechos contenida en el artículo 28.1 CE no es exhaustiva, sino meramente enunciativa. Así aunque el precepto no mencione el derecho de los sindicatos a la actividad sindical se entiende que esta vertiente funcional del derecho queda incluida en su contenido esencial. para ello se reconoce al sindicato el derecho a utilizar todos los instrumentos de actuación lícitos, dentro del respeto a la Constitución y la ley, de la forma que considere más adecuada para la efectiva realización de las funciones que constitucionalmente les corresponden. Como corolario, se prohíbe cualquier injerencia indebida por parte de terceros, considerando el TC que sólo así será posible desplegar una acción sindical libre[535].

Esta construcción del contenido funcional, al mismo tiempo declarado esencial, que hace posible la extensión del contenido del artículo 28.1 CE, se desprende de la previsión del artículo 7 CE, que llama al sindicato a defender y promocionar los intereses económicos y sociales que les son propios[536].

Se entiende que, para alcanzar esos fines, el ordenamiento debe proveerles de la necesaria capacidad de obrar, concediéndoles libertades funcionales o medios de acción. Así lo interpretó el Tribunal Constitucional[537], que consideró que la libertad sindical comprende e incluye entre esos medios lícitos de acción la negociación colectiva, el derecho de huelga y el derecho a la incoación de conflictos colectivos, además de otros medios de acción que contribuyen a que el sindicato pueda desenvolver la actividad a que está llamado desde el propio texto constitucional[538].

Tecnos, Madrid, 1994 y MONEREO PÉREZ, MOLINA NAVARRETE, y MORENO VIDA, 2014, cit..

[535] STC 94/1995, de 19 de junio, FJ 2.

[536] STC 73/1984, de 27 de junio, FJ 1: «el derecho de libertad sindical (…) que incluye (…) también (el) derecho de los sindicatos al libre ejercicio de su actividad de cara a la defensa y promoción de los intereses económicos y sociales que les son propios (artículo 7 de la CE)».

[537] STC 94/1995, de 19 de junio, FJ 2: «en el contenido de este precepto se integra también la vertiente funcional, el derecho a la actividad sindical, es decir, el derecho de los sindicatos a ejercer aquellas actividades dirigidas a la defensa, protección y promoción de los intereses de los trabajadores, en suma, a desplegar los medios de acción necesarios para que puedan cumplir las funciones que constitucionalmente les corresponden».

[538] SSTC 37/1983, de 11 de mayo, FJ 2, 39/1986, de 31 de marzo, FJ 3 y 40/1985, de 13 de marzo, FJ 2: en el que se entiende la garantía de disponer de un crédito de horas mensuales retribuidas, para el ejercicio de las funciones de representación de los trabajadores, reconocido en el artículo 68.e) LET, forma parte del contenido esencial del derecho a la libertad sindical, pues se estima que este derecho es fundamental para el eficaz ejercicio de las funciones de los representantes de los trabajadores. El TC interpreta que se trata de una de las garantías integradoras de uno de los núcleos fundamentales de la protección de la acción sindical, residenciada en los representantes sindicales y que tiene la finalidad de otorgarles una protección específica en atención a la compleja posición jurídica que los mismos asumen frente a los empresarios.

Así se reconoce también en la LOLS. En este sentido, su artículo 2.2.d) reconoce el derecho de las organizaciones sindicales al ejercicio de la actividad sindical, dentro o fuera de la empresa[539], lo que significa el reconocimiento de una libertad de actuación, ajena a injerencias públicas o privadas.

Parece interesante recordar que este derecho de actividad sindical no es exclusivo de los sindicatos en general, ni de los sindicatos en general, ni de los sindicatos más representativos pues se reconoce a representaciones unitarias. El derecho a la actividad comprende, A) el derecho a la negociación colectiva, si bien determinadas modalidades o tipos, como el convenio colectivo estatutario, se reservan a los sindicatos más representativos[540]; B) el ejercicio del derecho de huelga, pudiendo los sindicatos convocar y organizar la misma; y, C) el derecho a plantear conflictos individuales y colectivos y la presentación de candidaturas para la elección de comités de empresa y delegados y delegadas de personal, y de los correspondientes órganos de las Administraciones públicas.

Aunque se volverá a este extremo más adelante y con mayor profundidad, se considera oportuno, señalar que no toda restricción del derecho a la negociación colectiva conllevará la vulneración de la libertad sindical, por el hecho de pertenecer el primero al contenido esencial del segundo, como instrumento lícito y necesario para poder llevar a cabo las funciones que de los sindicatos es dable esperar. El TC considera que solamente «determinadas lesiones del derecho de negociación colectiva, cuando se dan frente a un sindicato y por su entidad y trascendencia, supongan una radical y arbitraria eliminación o desconocimiento del mismo y de la autonomía colectiva, pueden propiciar el amparo constitucional por deducirse de esa conducta una lesión directa del derecho a la libertad sindical»[541].

Trasladando lo dicho al arbitraje público y obligatorio, cabría preguntarse si la lesión del derecho a la negociación colectiva por la aplicación de dicho arbitraje tiene entidad suficiente como para vulnerar el derecho a la libertad sindical. Para ello se tendrá que determinar si el arbitraje del artículo 82.3 LET elude o soslaya la función negociadora del sindicato.

2. LA NEGOCIACIÓN COLECTIVA EN LA CONSTITUCIÓN ESPAÑOLA DE 1978

La negociación colectiva se define como un proceso formalizado de diálogo o acercamiento entre la representación de las personas trabajadoras y la

---

[539] MONEREO PÉREZ, J.L. y FERNÁNDEZ AVILÉS, J.A., «La libertad sindical en la doctrina del Tribunal Constitucional», *Revista del Ministerio de Trabajo y Asuntos Sociales, núm. 73,* 2008, p. 269.

[540] MONEREO PÉREZ, MOLINA NAVARRETE y MORENO VIDA, 2014, cit., p. 91.

[541] STC 208/1993, de 28 de junio, FJ 2.

o el empresario o la representación empresarial, que en ejercicio de su autonomía colectiva tienen como fin acordar un convenio colectivo, que regule las condiciones de trabajo de las personas que representan y las relaciones entre ambos[542].

Se está ante el mecanismo que permite moderar o equilibrar de alguna manera, en el plano colectivo, las relaciones de poder existentes entre la persona empresaria y las y los trabajadores, en aras de conseguir una mayor justicia social. Es por ello por lo que ha sido definido como el medio idóneo para fijar las condiciones de trabajo y regular democráticamente las relaciones laborales[543]. A mayor abundamiento, el derecho de negociación colectiva es pilar de la «democracia social» y de los sistemas jurídicos pluralistas.

En cuanto a su significado, el derecho de negociación colectiva supone además del reconocimiento de un poder social y jurídico de los sujetos negociadores (representantes de las personas trabajadoras y empresarias) para regular conjuntamente las condiciones de trabajo, el reconocimiento de su autonomía colectiva[544].

2.1. La consagración constitucional del derecho a la negociación colectiva

El derecho de negociación colectiva se reconoce en el artículo 37.1 CE, de manera autónoma, no existiendo ningún ejemplo de reconocimiento en dichos términos, ni en el ordenamiento jurídico español, ni en el derecho comparado, exceptuando la Constitución portuguesa de 1976, aunque se pudiera deducir de otros preceptos[545].

Según el artículo «La ley garantizará el derecho a la negociación colectiva laboral entre los representantes de los trabajadores y empresarios, así como la fuerza vinculante de los convenios». Tal y como se verá en las páginas que siguen, aunque en apariencia claro y simple, su interpretación ha acarreado debates interminables.

En otro orden de cosas se quiere puntualizar que la ley a la que se hace referencia es la Ley del Estatuto de los Trabajadores, Ley 8/1980, de 10 de marzo, que posteriormente ha sufrido numerosas modificaciones.

Por su encuadramiento sistemático en la Sección 2.ª del Capítulo 2 del Título I de la Constitución, se desprende que se está ante un derecho social

---

[542] PALOMEQUE LÓPEZ, y ÁLVAREZ DE LA ROSA, 2019, cit., p. 199.
[543] AMAADACHOU KADDUR, 2017,cit., p. 13.
[544] CASAS BAAMONDE, M.E., «Artículo 37», en PÉREZ TREMPS, P. y SAIZ ARNAIZ, A., (Dires.), *Comentario a la Constitución Española. 40 aniversario...*, 2018, p. 752.
[545] VIDA SORIA, MONEREO PÉREZ, y MOLINA NAVARRETE, 2012, cit., p. 100.

de libertad colectiva[546]. Además, se trata de un derecho que tiene eficacia directa e inmediata, así como un contenido esencial inalienable que debe ser respetado por la ley ordinaria que lo desarrolle[547].

Aun así, este derecho no goza del máximo rango constitucional, tal y como se concluye del artículo 53.2 CE, no permitiendo el acceso a la tutela del Tribunal Constitucional a través del recurso de amparo, que se reserva únicamente a los derechos fundamentales consagrados en la Sección 1.ª del Capítulo 2 del Título I[548]. No obstante, tal y como se ha podido entrever y tal y como se profundizará, al considerarse el derecho de negociación colectiva parte del contenido esencial de la libertad sindical, ciertas restricciones del primero podrían vulnerar la libertad sindical, propiciando por tanto el recurso de amparo ante el Tribunal Constitucional[549].

Este reconocimiento supone la consagración de la autonomía colectiva negocial, o en otras palabras, la consagración de la autonomía normativa de la representación de las personas trabajadoras y empresarias[550]. De esta manera, se dota a la negociación colectiva de un marco normativo, entendiendo la negociación como fuente de producción de normas laborales. Consecuentemente, se convierte en una institución política y económica[551] básica para la ordenación del sistema democrático de relaciones laborales.

A modo de conclusión y también a modo de introducción, cabe decir que el art. 37.1 CE reconoce un derecho que tiene una dimensión subjetiva y objetiva. En la primera nos encontramos diversos derechos, tales como el derecho de negociación colectiva entre la representación de las personas trabajadoras y empresarias, y el derecho de alcanzar un convenio colectivo vinculante frente a injerencias públicas. Y en la segunda, la garantía de la institución de la negociación colectiva y de la fuerza vinculante de los convenios colectivos, que la ley debe garantizar[552].

---

[546] MONEREO PÉREZ, J.L., «El derecho a la negociación colectiva», en MOLINA NAVARRETE, C., MONEREO PÉREZ, J.L y MORENO VIDA, M.N., (Coords.), *Comentario a la Constitución socio ...*, 2002, p. 626.

[547] Véase el artículo 53.1 CE.

[548] AGUT GARCÍA, C., «El derecho a la negociación colectiva en España: breves consideraciones», *Universidad Nacional Autónoma de México – Instituto de Investigaciones Jurídicas*, 2003, p. 15.

[549] ALZAGA RUIZ, I., «La negociación colectiva en la doctrina del Tribunal Constitucional», *Revista del Ministerio de Trabajo y Asuntos Sociales, núm. 73*, 2008, pp. 314–315.

[550] PALOMEQUE LÓPEZ y ÁLVAREZ DE LA ROSA, 2019, cit., p. 201.

[551] MERCADER UGUINA, J.R., «La estructura y articulación de la negociación colectiva», en RAMOS QINTANA, M.I. (Dir.), *Las reformas sobre el sistema de negociación colectiva en España,* Bomarzo, Albacete, 2013, p. 45.

[552] CASAS BAAMONDE, 2018, cit., p. 753.

2.1.1. *La eficacia directa e inmediata de los derechos consagrados en el artículo 37.1 CE*

Siguiendo a gran parte de la doctrina[553], se defiende que el artículo 37.1 CE instituye el derecho a la negociación colectiva y la fuerza vinculante de los convenios, y que al mismo tiempo obliga al legislador a que garantice legalmente la efectividad de este derecho[554]. Por tanto, ni el artículo 37.1 CE y ni, por consiguiente, los derechos en él garantizados necesitan de una ley de desarrollo constitucional para su aplicación por los tribunales[555].

Esa ha sido la línea interpretativa del Tribunal Constitucional, donde se afirma que el mandato que el artículo 37.1 CE formula a la ley de garantizar el derecho a la negociación colectiva no priva a las garantías contenidas en ese precepto de eficacia inmediata[556]. En esa misma línea el TC dictaminó

---

[553] CASAS BAAMONDE, 2018, cit., pp. 753–755; MONERE PÉREZ, 2002, cit., pp. 625–626; VALDÉS DAL – RÉ, F., «El derecho a la negociación colectiva en la jurisprudencia constitucional española», *Revista de Derechos Fundamentales, núm. 5,* 2011, pp. 130–131.

[554] Esta no es una tesis compartida por toda la doctrina laboralista debido al tenor literal del artículo 37.1 CE «La ley garantizará…». De hecho, la manera en la que se transcribe el artículo provocó un amplio debate doctrinal sobre el alcance del mandato constitucional del legislador ordinario de garantizar el derecho a la negociación colectiva. En este sentido, SAGARDOY BENGOECHEA, J.A., *La Eficacia de los convenios colectivos y su contenido en el Estatuto de los Trabajadores,* Instituto de Estudios Sociales, Madrid, 1981, p. 24; MONTOYA MELGAR, A., «Sobre la viabilidad legal de los convenios colectivos al margen del estatuto de los Trabajadores», en VV.AA., *Problemas actuales de la negociación colectiva,* Acarl, Madrid, 1984, p. 58; DURÁN LÓPEZ, F., «El Estatuto de los Trabajadores y la negociación colectiva», *Relaciones laborales núm. 15–16,* 1990, p. 23. Consecuentemente, son dos las tesis que predominan sobre la interpretación de dicho mandato, a saber: 1) la que defiende que el artículo 37.1 CE encierra un único mandato dirigido al legislador que deberá desarrollar dicho mandato mediante una ley (en este caso la Ley del Estatuto de los Trabajadores). Quedando el efecto directo del artículo 37.1 CE antes mencionado, sustituido por el sometimiento al desarrollo legal. Y, 2) la que defiende que dicho artículo además de aglutinar ese mandato al legislador, también contiene el reconocimiento del derecho a la negociación colectiva y fuerza vinculante de los convenios colectivos. Tal y como se expresa en el texto principal, se entiende que, y citando a VALDÉS DAL – RÉ, F., «La eficacia jurídica de los convenios colectivos», *Temas Laborales, núm. 76,* 2004, p. 41. la primera de las tesis no contiene «un criterio cierto, al contrario, sería un criterio carente de toda razonable fundamentación jurídico constitucional».

[555] SALA FRANCO, T., (Dir.), *Relaciones Laborales,* Tirant lo Blanch, Valencia, 2014, p. 951.

[556] STC 298/1993, de 28 de junio, FJ 3: «el reconocimiento autónomo y diferenciado de la negociación colectiva en el artículo 37.1 CE (…) supone la superación de la mera idea de libertad de negociación como esfera libre de injerencias, y asegura, mediante una tarea encomendada específicamente al legislador, un sistema de negociación y contratación colectiva y la eficacia jurídica del convenio colectivo. Al legislador le corresponde cumplir un papel activo en la concreción y desarrollo del derecho a la negociación colectiva dando efectividad y apoyo al proceso de negociación y a su resultado».

que la facultad que poseen las representaciones de las personas trabajadoras y empresarias de regular sus intereses recíprocos mediante la negociación colectiva es una facultad no derivada de la Ley, sino propia, que encuentra su expresión jurídica en el texto constitucional. En la misma sentencia predicó que la fuerza vinculante de los convenios colectivos también emana de la Constitución, al tiempo que ordena garantizarla de manera imperativa al legislador ordinario[557].

Haciendo caso a estas evidencias, parece quedar claro que el art. 37.1 CE reconoce y garantiza el derecho a la negociación colectiva y la fuerza vinculante de los convenios, siendo este derecho de eficacia directa e inmediata. Es decir, las representaciones de las personas trabajadoras y empresarias tienen el derecho a ejercer el derecho a la negociación colectiva, teniendo como fruto un convenio colectivo que tendrá fuerza vinculante sin necesidad de ninguna ley.

Sin embargo, el mismo artículo también obliga imperativamente al legislador a que garantice legalmente la efectividad de este derecho a través de un comportamiento activo propio de la función promocional o de fomento de la negociación. A mayor abundamiento, es la Constitución quien diseña un modelo constitucional general, otorgando al legislador la potestad para garantizar el derecho a la negociación colectiva y la fuerza vinculante de los convenios, respetando siempre el contenido esencial de los mismos[558].

No obstante, el Alto tribunal sembró una duda razonable en sus últimas sentencias, referentes a los recursos de inconstitucionalidad presentados contra la última reforma laboral, llevada a cabo mediante la Ley 3/2012, de 6 de julio, de medidas urgentes para la reforma del mercado laboral[559].

2.1.2. *La función de la ley de garantizar el derecho a la negociación colectiva y la fuerza vinculante de los convenios colectivos respetando su contenido esencial*

Aunque el derecho a la negociación colectiva y fuerza vinculante de los convenios colectivos es un derecho de eficacia directa e inmediata, es innegable, por el mandato recogido en el artículo 37.1 CE, que habrá una Ley que desarrolle los mismos con el objetivo de garantizarlos.

---

[557] STC 58/1985, de 30 de abril, FJ 3.

[558] MONEREO PÉREZ, 2002, cit., p. 626.

[559] Es esta una tesis que lleva aparejada un caudal de consecuencias que afectan, en su mayoría, a la controversia formada sobre la fuerza vinculante de los convenios colectivos. Entre otras, con su interpretación el Alto tribunal pone en duda la atribución constitucional de la eficacia jurídica normativa de los convenios colectivos.

Dicha Ley deberá, por un lado, respetar el contenido esencial del derecho a la negociación colectiva como derecho subjetivo de libertad, y el núcleo esencial e irreductible de las instituciones constitucionalmente garantizadas[560]. Habrá que establecer por tanto el contenido esencial, cuestión que se analizará más adelante. Y por otro lado, deberá garantizar la efectividad de dicho contenido, cumpliendo con su obligación de hacer, mediante las obligaciones positivas para su defensa[561].

Con todo ello se pretende afirmar que el derecho a la negociación colectiva es un derecho de libertad colectiva que reúne las dos facetas antes mencionadas, la positiva, dirigida a garantizar la efectividad de los derechos fundamentales reconocidos en el artículo 37.1 CE. Es decir, una faceta de índole promocional, que requiere al Estado la adopción de un comportamiento activo dirigido a fomentar la negociación colectiva, dando apoyo al sistema de autorregulación colectiva que emana de dicha libertad[562]. Y la segunda, la faceta negativa, que introduce un deber de respeto y de no intromisión por parte del Estado, que impide cualquier tipo de injerencia que suponga limitar o condicionar la capacidad de normación con la que el sistema jurídico español ha investido a las representaciones de las personas trabajadoras y empresarias, para la defensa de sus intereses[563]. Así el legislador no puede negar u obstaculizar el ejercicio de la facultad negociadora de los sindicatos, ni desconocer la libertad de negociación y la función de regulación laboral del derecho a la negociación colectiva, ni desvirtuar la eficacia «real» o «normativa» y no meramente obligacional de los convenios colectivos inderogables e indisponibles por la autonomía contractual individual[564].

---

[560] STC 11/1981, de 8 de abril, FJ 7: «Corresponde, (…), al legislador ordinario, que es el representante en cada momento histórico de la soberanía popular, confeccionar una regulación de las condiciones de ejercicio del derecho, que serán más restrictivas o abiertas, de acuerdo con las directrices políticas que le impulsen, siempre que no pase más allá de los límites impuestos por las normas constitucionales concretas del límite genérico del artículo 53».

[561] VALDÉS DAL – RÉ, 1979, cit., p. 478: «A modo ilustrativo, «garantizar» comporta remover cuantos obstáculos se presenten para el ejercicio de las situaciones jurídicas activas reconocidas. Alude por tanto, a una serie de mecanismos jurídicos, normalmente estructurados como normas de reacción o de decisión, destinados a salvaguardar la propia existencia de la libertad o derecho en cuestión.». En este sentido, por todas STC 191/2000, de 29 de junio, FJ 8, cuando establece que en el Estado social de Derecho no se incluyen solamente derechos subjetivos de defensa de los individuos y garantías institucionales frente al Estado, sino también deberes positivos del Estado de contribuir a su efectividad. Lo que compete especialmente al legislador democrático es la obligación de actuar positivamente en la defensa de los derechos, que adquiere especial relevancia allí donde un derecho o valor fundamental quedaría vacío de no establecerse los supuestos para su defensa.

[562] MARRERO SÁNCHEZ, E.M., «El derecho constitucional de negociación colectiva», *Revista de Derecho Social, núm. 59,* 2012, p. 174.

[563] AMAADACHOU KADDUR, 2017, cit., p. 12.

[564] CASAS BAAMONDE, 2018, cit., p. 755.

En suma, el legislador debe cumplir con ambas facetas como un buen equilibrista, manteniendo el equilibrio para que en su labor de garante no interfiera hasta el punto de restringir el contenido esencial de la liberad de negociación colectiva, el derecho de negociación y contratación colectiva y la eficacia jurídica de los convenios colectivos. Así, la ley puede imponer exigencias o límites, siempre que respeten el contenido esencial y el núcleo de las instituciones garantizadas, estén objetivamente justificados y sean proporcionales al fin garantizador que la ley ha de cumplir y al de preservación de otros derechos y bienes constitucionalmente protegidos[565].

2.2. **El contenido subjetivo del derecho de negociación colectiva: titularidad**

A tenor del artículo objeto de estudio, los titulares del derecho de negociación colectiva son la representación de las personas trabajadoras y las y los empresarios o sus representantes. De ello se colige que se trata de un derecho de titularidad notablemente colectiva, reconocido a instancias o estructuras típicamente organizativas, más o menos institucionalizadas. No se está por tanto ante un derecho de pertenencia individual, ni en aquellos casos en los que una de las partes negociadoras es un único empresario o empresaria, puesto que, en relación con el conjunto de las personas trabajadoras representadas, la persona empresaria «individual» se convierte en contraparte institucionalizada de un proceso de negociación colectiva[566].

De ello se desprende que, aunque la fórmula del artículo 37.1 CE es abierta, en lo que a los sujetos de la negociación colectiva se refiere, excluye de la titularidad del derecho a la negociación colectiva a las personas trabajadoras individualmente consideradas, a diferencia de lo que sucede con el derecho de huelga.

Esta puntualización es sumamente importante para determinar la posibilidad de negociar el descuelgue del convenio colectivo mediante una comisión *ad hoc* de personas trabajadoras, que implica nombrar como sujetos negociadores a las propias personas trabajadoras singularmente consideradas.

---

[565] CASAS BAAMONDE, 2018, cit., p. 756 y en este mismo sentido, PALOMEQUE LÓPEZ, y ÁLVAREZ DE LA ROSA, 2019, cit., p. 202: «La ley deberá regular el ejercicio del derecho, respetando en todo caso el contenido esencial de su definición constitucional (art. 53.1 CE) y además será, específicamente, una regulación garantista del mismo. Garantizar el derecho a la negociación colectiva significa, cualitativamente, asegurar su libre ejercicio, preservando la autonomía colectiva de injerencias abusivas procedentes de los poderes públicos. Supone, también, asumir una función de apoyo y promoción, de sometimiento real y efectivo, de la práctica colectiva negocial. Significa también que el derecho a la negociación colectiva está ordenado al convenio, pero esta ordenación no agota el derecho, que goza de autonomía propia».

[566] MONEREO PÉREZ, 2002, cit., p. 627.

Esta comisión *ad hoc* permite la sustitución del sujeto colectivo, y del sindical específicamente, posibilitando que la misma, es decir, las personas trabajadoras singularmente consideradas puedan degradar el convenio.

Por todo ello, se pone en duda si este acuerdo negociado entre la empresa y la comisión *ad hoc* pueda tener el soporte del artículo 37.1 CE[567], incluso yendo más allá, si podría ser inconstitucional. Pues, aunque el texto ofrezca numerosas posibilidades de imputación subjetiva, siempre han de ser representantes de las personas trabajadoras que velen por sus intereses los sujetos negociadores, siendo este requisito parte del contenido esencial del derecho fundamental que el desarrollo legislativo ha de tener en cuenta para no incurrir en inconstitucionalidad (artículo 53.1 CE)[568].

No obstante, dada la complejidad del derecho a la negociación colectiva, puede afirmarse que sí existe una titularidad individual, en el sentido de que tanto las personas trabajadoras como las empresarias, consideradas como individuos, tienen el derecho a contar con una regulación colectiva de sus condiciones de trabajo, empleo y productividad que supere las insuficiencias de la negociación individual. Sin embargo, la acción de negociar, es decir, el derecho a negociar colectivamente se reserva, única y exclusivamente a las organizaciones institucionalizadas antes mencionadas, es decir, a las representaciones de las personas trabajadoras y empresarias[569].

En cuanto a los empresarios, los problemas que puede entrañar la determinación de su calidad como parte en la negociación se pueden despejar rápidamente a los efectos que aquí importan. Puede negociar, como ya se ha adelantado, cada empresaria o empresario, o una asociación de personas empresarias que prevea en sus estatutos la atribución de esta función. Dependerá si es una empresaria o un empresario o una asociación, de la unidad negocial que las partes hayan elegido para el convenio, objeto de negociación[570]. A mayor abundamiento, se ha de entender «empresario», no como una referencia a la persona empresaria en sentido técnico, es decir, como titular de una empresa pública o privada, sino que dentro de la lógica interna y específica de la negociación colectiva, puede ser interpretado como la parte empleadora antagonista[571].

---

[567] RUIZ CASTILLO, M.M y ESCRIBANO GUTIÉRREZ, J., *La negociación y el convenio colectivo en el panorama actual de las fuentes del Derecho del Trabajo,* Bomarzo, Albacete, 2013, pp. 69–71. A este respecto, ALONSO OLEA, 1996, cit., p. 679, califica a las representaciones negociales *ad hoc* de los trabajadores, como representaciones arcaicas, pertenecientes a la prehistoria de las relaciones colectivas de trabajo, siendo insuficientes, por su carácter esporádico, para la consolidación del convenio colectivo.

[568] SOLANS LATRE, M.A., *Garantías legales de la negociación colectiva estatutaria. Partes negociadores y procedimiento negociador,* Consejo Económico y Social, Madrid, 2003, p. 47.

[569] SOLANS LATRE, 2003, cit., p. 44.

[570] ALONSO OLEA, 1996, cit., pp. 676–677.

[571] MONEREO PÉREZ, 2002, cit., p. 629.

No ocurre lo mismo a la hora de determinar la titularidad de la representación de las personas trabajadoras. Conectando con que las partes negociadoras son instancias o estructuras organizativas, se ha de aclarar que cuando el precepto hace referencia a los «representantes de los trabajadores», se hace alusión tanto a los sindicatos como a otro tipo de representantes. Es decir, no existe un monopolio sindical sobre la titularidad del derecho de negociación colectiva de las personas trabajadoras, pues en ese precepto también se incluyen otras representaciones de personas trabajadoras no sindicales[572].

Concretamente, en el ordenamiento jurídico español existen otros sujetos, de creación legal tales como los comités de empresa y las y los delegados de personal, que pueden realizar actividades calificables como sindicales, entre los que se encuentra la negociación colectiva[573], tal y como se aclaró al estudiar el ámbito subjetivo del derecho a la libertad sindical[574].

Dicho esto, no cabe ninguna duda de que además de los sindicatos, otras formas de representación de las personas trabajadoras también pueden ejercer el derecho de negociación colectiva. Consecuentemente, se deben diferenciar como sujetos negociadores, por parte de las personas trabajadoras, los sindicatos y la representación unitaria. Ello es debido a la libertad que la Constitución da al legislador al referirse a los «representantes de los trabajadores» y no únicamente a los sindicatos. Por tanto, el legislador amplió la titularidad de la negociación colectiva, en el ámbito de los centros de trabajo o empresas a la representación unitaria en pie de igualdad con los sindicatos[575]. Así lo interpretó también el Tribunal Constitucional al declarar que «la representación y defensa de los intereses de los trabajadores puede ser ejercida,

---

[572] SATRÚSTEGUI, 2010, cit., p. 358: «El origen de esta indefinición se remonta a la falta de acuerdo, en el período constituyente, entre las dos principales centrales sindicales, sobre si la titularidad contractual debiera corresponder a la representación unitaria de los trabajadores en la empresa (tesis de CCOO) o a las secciones sindicales (tesis de UGT). Por consiguiente, el texto constitucional posee una estructura abierta que posibilita las más variadas soluciones en cuanto a los sujetos de la negociación».

[573] STC 134/1994, de 9 de mayo, FJ 4.

[574] Vid. apartado 1.4.1.6 La compleja titularidad de la representación unitaria: delegados y delegadas de personal y comités de empresa. A este respecto cabe traer a colación la tramitación parlamentaria del derecho de negociación colectiva. Dada la intrínseca conexión entre el derecho a la libertad sindical y el derecho de negociación colectiva, este último aparecía inserto en el artículo 31 del Anteproyecto de la Constitución (Publicado en el BOC núm. 44, 5 de enero de 1978, pp. 669 y sigs., en particular p. 674), junto con el derecho de libertad sindical y el derecho a la huelga, como un derecho estrictamente sindical. Sin embargo, tras varias enmiendas y con el ánimo de ampliar el ámbito de la representación de las partes que negocian el convenio, se des – sindicalizó el precepto, trasladándose el derecho de negociación colectiva a otro artículo, independizándose así del que por entonces era el art. 31 CE, actual art. 28 CE. En este sentido, MONTOYA MELGAR, 2014, cit., p. 162; Constitución Española. Trabajos parlamentarios, I, Publicaciones de las Cortes Generales, 2.ª ed., Madrid, 1989, p. 526; y, MONEREO PÉREZ, 2002, cit., pp. 627–628.

[575] CASAS BAAMONDE, 2018, cit., p. 759.

sin entrar ahora en otras posibilidades, tanto por el sindicato como por el comité de empresa» [576].

No obstante, cabe traer a colación una puntualización interesante, según la cual «una cosa es la titularidad de naturaleza constitucional o cobertura constitucional y otra la titularidad de naturaleza, desarrollo y tutela estrictamente legal»[577]. Lo que significa que, «realizando una interpretación sistemática, de los artículos 28.1 y 37 apartados 1 y 2, la única forma de representación de los trabajadores constitucionalmente amparada es el sindicato, siendo éste el único sujeto colectivo que puede ser titular de los derechos de acción colectiva constitucionalmente reconocidos»[578]. No niega el derecho ni la titularidad de negociación de los comités de empresa y las y los delegados de personal, sin embargo, concreta, que éstos son titulares del derecho a negociar dentro del sistema (legal) de negociación colectiva de eficacia general.

De ello se desprende, que mientras que los sindicatos, como representantes de las personas trabajadoras, obtienen la titularidad del derecho a la negociación colectiva directamente de la Constitución, los comités de empresa y delegados y delegadas de personal la obtienen de la propia legislación, que desarrolla el derecho recogido en el artículo 37.1 CE[579]. Por tanto, siguiendo la interpretación anteriormente relatada, se entiende que, aunque en la práctica, ambas formas de representación puedan negociar convenios colectivos de eficacia general, la cobertura y naturaleza del derecho del que son titulares es distinta, de manera tal que mientras que la Constitución «constitucionaliza al sindicato», no hace lo mismo con las representaciones unitarias.

Por esta razón, en la reforma laboral de 2011, el legislador otorgó preferencia a las representaciones sindicales, tanto para negociar convenios colectivos de empresa o centro de trabajo, como para negociar el descuelgue de las condiciones laborales pactadas en convenio colectivo. Ese criterio se ha mantenido, en la reforma laboral de 2012.

Paradójicamente, y rompiendo con su línea interpretativa, el Tribunal Constitucional, en sus últimos pronunciamientos, ha afirmado que la literalidad del artículo 37.1 CE revela la clara intención del constituyente de am-

---

[576] STC 118/1983, de 13 de noviembre, FJ 4.

[577] VALDÉS DAL – RÉ, F., *La negociación colectiva, entre tradición y renovación*, Comares, Granada, 2012, pp. 47–48.

[578] VALDÉS DAL – RÉ, 2012, cit., pp. 47–48.

[579] En este sentido se pronuncia también CASAS BAAMONDE, 2018, cit., pp. 759–760, al establecer que el legislador, en uso de su libertad de configuración, amplió la titularidad, reconociendo a los representantes de los trabajadores unitarios en los centros de trabajo legitimación para la negociación de convenios colectivos de empresa y centro de trabajo. No obstante, añade, siguiendo la jurisprudencia del Tribunal Constitucional, que la posición constitucional de los diferentes representantes de los trabajadores es distinta. Esto se debe a que, mientras que la Constitución «constitucionaliza al sindicato» (art. 7 CE), no hace lo mismo con las representaciones unitarias, siendo éstas, creación del legislador.

pliar la lista de sus titulares, incluyendo en él, no sólo el sindicato, sino cualquier sujeto u organización representativa de las personas trabajadoras. Es más, entiende que el derecho a la negociación colectiva ha sido atribuido también por la Constitución al sindicato y que en definitiva, la negociación colectiva está atribuida constitucionalmente a los sindicatos y a otras representaciones colectivas de las personas trabajadoras[580].

Compartiendo en su totalidad la teoría que lleva a afirmar que es la representación sindical la que obtiene de manera directa de la Constitución la titularidad del derecho de negociación colectiva, no es aceptable la interpretación del Tribunal Constitucional cuando dice que «el derecho a la negociación colectiva ha sido atribuido también por la Constitución al sindicato». Ese «también» debería ser dirigido a la representación unitaria y no a los sindicatos.

La CE no especifica, ni cuáles han de ser los criterios para determinar la efectiva representatividad de un sujeto negociador determinado, ni los propios para articular la concurrencia de organizaciones representativas de una u otra parte en un proceso concreto. Todo ello queda relegado a la competencia del legislador ordinario[581]. Es decir, que una vez que la Constitución otorga la titularidad a la representación de las personas trabajadoras, y de ello se estipula que son titulares tanto los sindicatos como la representación unitaria, es la Ley la que determina la legitimación para negociar[582] los convenios colectivos estatutarios, es decir, aquellos convenios que están dotados de una eficacia personal general.

Antes de entrar a determinar la legitimidad negocial de cada forma de representación de las personas trabajadoras, merece puntualizar que las personas trabajadoras a los que hace referencia el artículo 37.1 CE son los trabajadores por cuenta ajena, interpretado en un sentido amplio[583]. De esta manera, además de las personas trabajadoras incluidas en el artículo 1.1 LET, también se entienden como titulares del derecho a la negociación colectiva las personas funcionarias públicas. No obstante, tal y como ha reiterado el Tri-

---

[580] STC 8/2015, de 22 de enero, FJ 2.
[581] PALOMEQUE LÓPEZ y ÁLVAREZ DE LA ROSA, 2019, cit., p. 203.
[582] AGUT GARCÍA, 2003, cit., p. 20.
[583] MONEREO PÉREZ, 2002, cit., pp. 629–632.

bunal Constitucional[584], el derecho a la negociación colectiva en este caso no es «completa»[585].

Dicho esto, es el Estatuto de los Trabajadores el que regula la legitimación para negociar un convenio colectivo. La sección 2 del Título III de la LET, que lleva como rúbrica «De la negociación colectiva y de los convenios colectivos», comprende dos artículos, el 87 y 88, titulados respectivamente, «Legitimación» y «Comisión negociadora». El primero de ellos identifica los sujetos legitimados para formar parte de la comisión negociadora, órgano que negociará el nuevo convenio colectivo. Por su parte, el segundo señala los requisitos necesarios para constituir dicha comisión. Por tanto, una cosa es estar legitimado para formar parte de la comisión negociadora y otra es la legitimación de la propia comisión negociadora[586].

---

[584] En este sentido cabe apuntar que el Tribunal Constitucional ha reiterado que el derecho a la negociación colectiva de los sindicatos representativos en la función pública es de estricta configuración legal, lo que significa que se integra en el contenido adicional del derecho a la libertad sindical de las personas pertenecientes al funcionariado público y no en su contenido esencial. Así lo ha interpretado también la doctrina laboral, entre los que se encuentra BENGOETXEA ALKORTA, A., *Negociación colectiva y autonomía colectiva en la función pública,* Tirant lo Blanch, Valencia, 2005, p. 71, donde afirma que: «Por consiguiente, debemos subrayar que el «engarce de la negociación colectiva funcionarial exclusivamente a través de su regulación por medio de una legislación ordinaria, que no encuentra condicionantes constitucionales directos», quedando «asentada en el art. 28.1 CE», que no reconocida, y «formando parte del contenido del Estatuto de la función pública». De esta manera, «lo cierto es que la legislación ordinaria ha dado el paso que la Constitución no daba, por lo que debe reputarse amparable por la misma y reconocido como contenido adicional de la libertad sindical el derecho de negociación colectiva para la determinación de las condiciones de trabajo de los funcionarios públicos, de conformidad con lo establecido en los arts. 1.2. y 2.2.d) de la … LOLS». Para mayor profundización, pp. 27–60 donde estudia el Derecho a la negociación colectiva de los funcionarios públicos y pp. 61–69, donde analiza el derecho a la negociación colectiva de los funcionarios públicos en el nivel legislativo. Páginas, todas ellas, donde asienta las bases para llegar a la conclusión expuesta en el entrecomillado.

[585] SSTC 80/2000, de 27 de marzo, FJ 5; 224/2000, de 2 de octubre, FJ 4; 85/2001, de 26 de marzo, FJ 5: «En relación con el derecho a la libertad sindical en la función pública, en su vertiente de derecho a la negociación colectiva, este Tribunal ha declarado (…) que «Aunque en el ámbito funcionarial tengamos dicho que, por las peculiaridades del derecho de sindicación de los funcionarios públicos (art. 28.1 CE), no deriva del mismo, como consecuencia necesaria, la negociación colectiva, en la medida en que una ley (…) establece el derecho de los Sindicatos a la negociación colectiva en ese ámbito, tal derecho se integra como contenido adicional del de libertad sindical, por el mismo mecanismo general de integración de aquel derecho en el contenido de éste, bien que con la configuración que le dé la ley reguladora del derecho de negociación colectiva, (…), siendo en ese plano de la legalidad donde pueden establecerse las diferencias entre la negociación colectiva en el ámbito laboral y funcionarial y el derecho a ella de los Sindicatos, no así en el de la genérica integración del referido derecho en el contenido del de libertad sindical». En este sentido, vid. arts. 8.2.b) LOLS y 33.1 EBEP.

[586] CAMPS RUIZ, L.M., «Legitimación para negociar convenios colectivos estatutarios», en ALBIOL MONTESINOS, I., (Dir.), *Convenios colectivos y Acuerdos de empresa*, CISS grupo Wolters Kluwer, Valencia, 2007, p. 208.

2.2.1. *Los sindicatos*

Como ya es sabido, el derecho a la negociación colectiva de los sindicatos proviene de los artículos 7 y 28.1 CE. Estos realizan, por un lado, el reconocimiento de los sindicatos como los órganos de representación de las personas trabajadoras para la defensa y promoción de sus intereses. Y por otro lado, incorporan el derecho a la libertad sindical como derecho fundamental, estableciendo el derecho a la negociación colectiva como parte del contenido esencial del mismo, puesto que, sin el derecho a esa negociación colectiva, la libertad sindical no sería recognoscible. Por todo ello, el derecho a la negociación colectiva recae en los sindicatos, con preferencia sobre cualquier otro sujeto, que por decisión constitucional se convierten en unos agentes negociadores cualificados[587].

En lo que a las reglas de legitimación se refiere, el Estatuto de los Trabajadores optó por un convenio colectivo dotado de eficacia personal general, siendo la misma una opción legítima, que no agota la virtualidad del artículo 37.1 CE. Sin embargo, dicha predilección ha conducido a someter la negociación a unas reglas precisas limitadoras de la autonomía de la voluntad, que son especialmente rigurosas en lo que se refiere a la determinación de los sujetos negociadores[588].

Se está haciendo referencia al principio de mayor representatividad, de forma que se atribuyó legitimación negocial a las representaciones que reunieran ciertas condiciones de representatividad, exigiéndose, además, para la válida constitución de la comisión negociadora, una legitimación reforzada[589].

Según el Alto tribunal, los requisitos de legitimación, vinculados a la eficacia jurídica normativa y a la personal «erga omnes» del convenio colectivo, traducen el doble significado de constituir una garantía de la representatividad de los participantes y expresar un derecho de los más representativos a participar en las negociaciones, en orden a asegurar la representación de los intereses del conjunto de las personas trabajadoras y empresarias[590]. Por

---

[587] CUEVAS LÓPEZ, J., «Consideraciones acerca de la negociación por los sindicatos de los convenios de empresa o ámbito inferior», *La Ley,* 1984, p. 1001.

[588] STC 73/1984, de 27 de junio, FJ 2.

[589] Vid. artículo 87 de la LET.

[590] STC 73/1984, de 27 de junio, FJ 2. Según VALDÉS DAL – RÉ, 2011, cit., p. 148: «El criterio expuesto es jurídicamente irreprochable. Desde el momento, en efecto, en que el convenio colectivo estatutario se aplica a todos los trabajadores y empresarios comprendidos en el nivel de negociación, el legislador ordinario no podía dejar de arbitrar aquellas medidas que garantizasen una cualificada representación de los intereses sociales y económicos que aquel pacto aspira a reglamentar y componer»

ello, estos requisitos no se requieren en los supuestos de convenio colectivo de eficacia limitada[591].

No obstante, la necesidad de contar con cierta representatividad como requisito para gozar de legitimación negocial inicial planteó problemas desde el principio. De hecho, la doctrina científica se dividió y sigue dividida en dos grandes bloques.

Una defiende la imposibilidad de negar a cualquier sindicato constituido el derecho a la negociación colectiva desde el momento en que este derecho se integra en la libertad sindical. Por ello, la regulación contenida en la LET debe entenderse que es sólo un desarrollo incompleto, pero legítimo, del texto constitucional, que ha dejado sin nombrar la negociación colectiva de los sujetos distintos de los allí previstos. Lo que no significa que ésta no pueda celebrarse, teniendo eficacia directa e inmediata por su referente directo en la Constitución[592]. Atendiendo a esta interpretación, la exigencia de la mayor representatividad fue entendida por algunos sindicatos como una lesión de su libertad sindical, al entender que el mismo suponía un trato discriminatorio[593].

El otro gran bloque defiende, por el contrario, que al corresponder a la ley ordinaria el desarrollo del derecho a la negociación colectiva, es perfectamente coherente que dicha ley establezca requisitos que aseguren que los sujetos negociadores poseen una determinada capacidad representativa según criterios objetivos y razonables, tal y como se hace en el artículo 87 de la LET[594].

El Tribunal Constitucional por su parte abogó por una solución e interpretación algo descafeinados. Dicho en otras palabras, se ha decantado por la aplicación de una solución fácil. Interpretó que el precepto, al otorgar a la ley cierta libertad a la hora de desarrollar el derecho a la negociación colectiva y la fuerza vinculante de los convenios colectivos, admite una dualidad de negociaciones y en consecuencia, de convenios. Así, tal y como se ha ar-

---

[591] GARCÍA BLASCO, J., «La jurisprudencia constitucional relativa al derecho a la negociación colectiva», *Temas Laborales, núm. 76,* 2004, p. 80. STC 39/1986, de 31 de marzo, FJ 3: «es perfectamente claro que, en ocasiones, es posible introducir diferencias entre los sindicatos, para asegurar la efectividad de la propia actividad que a aquellos se les encomienda, siempre que las diferencias se introduzcan con arreglo a «criterios objetivos», que aseguran que en la selección no se van a introducir diferenciaciones caprichosas ni arbitrarias, en ese caso, la propia diferenciación contradiría el principio de igualdad de trato y quebraría, sin justificación o con justificación insuficiente, el libre e igual disfrute de los derechos constitucionalmente reconocidos».

[592] MONEREO PÉREZ Y FERNÁNDEZ AVILÉS, cit., pp. 31–37, VALDÉS DAL – RÉ, F., «La mayor representatividad sindical», en CRUZ VILLALÓN, J., MENÉNDEZ CALVO, R. y NOGUEIRA GUSTAVIÑO, M., (Coord.), *Representación y representatividad colectiva en las relaciones laborales. Libro homenaje a Ricardo Escudero Rodríguez,* Bomarzo, Albacete, 2017, pp. 65–67. AGUT GARCÍA, 2003, cit., p. 17.

[593] Entre otras STC 12/1983, de 22 de febrero.

[594] AGUT GARCÍA, 2003, cit., p. 18.

gumentado, «saliendo al paso de la posible inconstitucionalidad que la reducción legal podría implicar, el alto tribunal ha reconocido la existencia de dos tipos de negociación colectiva: la estatutaria, llevada a cabo según los mandatos del Título III ET y la extraestatutaria, realizada al margen de los mismos en particular por lo que hace a los requisitos de legitimación de los negociadores» [595].

2.2.2. *La representación unitaria*

Tal y como se expuso anteriormente, el derecho a la actividad de los sindicatos en el que se incardina la negociación colectiva, no es exclusivo de los sindicatos. Así pues, pueden también y por ende tienen derecho a negociar colectivamente, en el ámbito empresarial las y los representantes unitarios.

Dichos órganos no tienen reconocimiento constitucional, sino que son creación de la ley y poseen sólo una indirecta relación con el artículo 129.2 de la CE. Su creación y su ordenación son desarrollo de este último precepto y no del art. 28.1 CE, por lo que no requieren la existencia de una Ley Orgánica, a diferencia de los sindicatos (que disponen de la LOLS). Así, la LET les confiere el derecho de negociar convenios colectivos de ámbito empresarial[596].

A este respecto, es preciso volver a la situación en la que, en una misma empresa existen y por tanto cohabitan, tanto la representación sindical como la representación unitaria y ambas tienen derecho y quieren ejercer el mismo, en un supuesto de negociación de un convenio de empresa y de ámbito inferior o de descuelgue de condiciones de trabajo. De acuerdo con la LET en vigor, el legislador otorga preferencia negocial a la representación sindical. Es decir, que si las secciones sindicales así lo acuerdan, la negociación corresponderá a las secciones sindicales[597].

Se podría decir que esta preferencia respecto a la representación sindical concuerda con la primera jurisprudencia constitucional. La misma afirmó la distinta posición constitucional de las diferentes representaciones de las personas trabajadoras titulares del derecho. Como se ha constatado anteriormente, este sistema fue calificado como «sistema sindical «dual», en el que la acción sindical de representación y defensa de los intereses de las personas trabajadoras puede ser ejercida por el sindicato y por sus representantes electivos, sin que ello signifique una indefinición constitucional ni una identidad entre todos los sujetos susceptibles del ejercicio de actividades de los

---

[595] AGUT GARCÍA, 2003, cit., p. 18, postura que corrobora la STC 73/1984, de 27 de junio, FJ 2.
[596] STC 98/1985, de 29 de julio, FJ 3.
[597] Artículo 87.1 LET.

sindicatos, pues la Constitución constitucionaliza al sindicato, no haciendo lo mismo con las representaciones unitarias[598].

Aunque esta haya sido la línea doctrinal imperante, y «la misma se haya visto «relativamente» plasmada en la LET, ciertamente ha sido reformulada por el mismo Tribunal que la planteó»[599]. La más reciente jurisprudencia constitucional ha resuelto que no se deduce del texto constitucional que la negociación colectiva sindical haya de tener prioridad absoluta sobre la negociación colectiva realizada por otros y otras representantes de las personas trabajadoras[600]. Para el TC, la atribución del derecho a los y las representantes de las personas trabajadoras en el artículo 37.1 CE revela la clara intención del constituyente de ampliar la lista de sus titulares, no limitada a los sindicatos, reconociéndola a cualquier sujeto u organización representativa de las personas trabajadoras. Concluye así que el derecho a la negociación colectiva ha sido atribuido «también» por la Constitución al sindicato, estando el derecho a la negociación colectiva atribuida constitucionalmente a los sindicatos y a otras representaciones colectivas de trabajadores[601].

A este respecto, reiteramos nuestra oposición a esta interpretación del artículo 37.1 CE sobre la titularidad del derecho que consagra. Desde nuestro punto de vista, se entiende que los sindicatos obtienen la titularidad del derecho de negociación colectiva directamente de la CE, por lo que, en todo caso, ese «también» se debería dirigir a la representación unitaria, dado que su titularidad sobre el derecho de negociar convenios colectivos es de configuración legal, teniendo su origen en la Ley del Estatuto de los Trabajadores.

2.3. El contenido objetivo de la negociación colectiva: en especial su contenido esencial

Una vez que se ha determinado el ámbito subjetivo del derecho, determinando su titularidad, corresponde analizar ahora el contenido objetivo de la negociación colectiva que comprende los derechos reconocidos en el artículo 37.1 CE. Por ello, en primer lugar se analizará el contenido del derecho a la negociación colectiva y seguidamente nos ocuparemos de la fuerza vinculante de los convenios colectivos.

---

[598] STC 118/1983, de 13 de diciembre, FJ 4.
[599] CASAS BAAMONDE, 2018, cit., p. 760.
[600] STC 119/2014, de 16 de julio, FJ 6.e).
[601] STC 8/2015, de 22 de enero, FJ 2.d.

2.3.1. *El derecho a la negociación colectiva*

Hay que entender el derecho a la negociación colectiva como un ámbito de libertad de organización y acción. Así, tal y como se ha afirmado anteriormente, la garantía constitucional del derecho a la negociación colectiva se sustancia en un derecho de libertad, que es fundamentalmente ejercible frente al Estado, por lo que protege a las partes sociales frente a eventuales interferencias o limitaciones no justificadas desde una perspectiva constitucional[602]. En suma, el ámbito de libertad reconocido en el artículo 37.1 CE tiene por objeto garantizar, además del procedimiento o el cauce de expresión formal de un poder de autonormación social, el conjunto de derechos que en un sistema democrático de relaciones laborales aseguran la autonomía colectiva[603].

Se está por tanto ante una estructura jurídica de notable complejidad, que tiene asociadas un catálogo de facultades muy variadas, vinculadas al derecho de negociación colectiva. Teniendo en cuenta el grado de conexión con el sistema de negociación colectiva, estas facultades pueden agruparse en internas u organizativas y externas o instrumentales. Las primeras son las que organizan la negociación colectiva, encontrándose jurídicamente vinculadas a ella, careciendo su ejercicio de sustantividad y autonomía fuera del sistema negocial. Es decir, estas facultades definen el espacio vital de la negociación colectiva, preservando su ejercicio, es decir su procedimiento y su resultado, de injerencias, intromisiones y controles procedentes de los poderes públicos. Las pertenecientes al segundo grupo en cambio tienen una vida jurídica separada e independiente del derecho a la negociación colectiva, pudiendo, en un momento dado, contribuir a reforzarlo o apoyarlo. Claros ejemplos de éstos son el derecho de huelga, (reconocido en el artículo 28.2 CE), el derecho a la promoción de conflicto colectivo (garantizado en segundo inciso del artículo 37 CE) o los derechos de información[604].

---

[602] RODRÍGUEZ – PIÑERO ROYO, M., «La negociación colectiva como derecho de libertad y como garantía institucional», *Relaciones laborales: Revista crítica de teoría y práctica, núm. 1., 1992,* p. 49.

[603] VALDÉS DAL – RÉ, 2004, cit., p. 52; CASAS BAAMONDE, M.E., «Reforma de la negociación colectiva en España y sistema de Relaciones Laborales», *Cuadernos de Relaciones Laborales, núm. 2, 2014,* p. 288–289; conviniendo con ésta, DURÁN LÓPEZ, F., «Jurisprudencia del TC en materia de derechos colectivos (1992–1996)», *Revista iberoamericana de relaciones laborales, núm. 4, 1998,* pp. 86–87, al decir que el derecho a la negociación colectiva supone el reconocimiento del derecho a la autonomía colectiva. Ello supone, el reconocimiento del poder de los interlocutores sociales para regular las relaciones laborales. En este mismo sentido, STC 58/1985, FFJJ 3 y 4: «La Constitución Española ha reconocido a los representantes de los trabajadores y empresarios un poder de regulación afectado aun concreto fin, cual es la ordenación de las relaciones laborales en su conjunto».

[604] MARRERO SÁNCHEZ, 2012, cit., pp. 178 y 181 y VALDÉS DAL – RÉ, 2012, cit., p. 119.

Quedarían por identificar aquellas facultades internas u organizativas siendo esta una tarea nada sencilla. Menos aún, cuando el objetivo perseguido es la identificación del núcleo de facultades constitutivas del contenido esencial de la negociación colectiva. La dificultad en determinar este contenido reside en la falta de una andadura independiente del derecho a la negociación colectiva, de su regulación ordinaria. Tal y como apuntan algunos autores, podría tenerse la impresión de que no se ha elaborado el contenido esencial del derecho, sino que el punto de mira exclusivo ha sido el de resolver, o mejor cómo resolver sin mermar un ápice de libertad al legislador, ese contenido esencial a partir del desarrollo ordinario del derecho. De hecho, la jurisprudencia constitucional no incluye ni se ha pronunciado sobre el contenido del artículo 37.1 CE[605].

No obstante, la doctrina[606] identifica cinco facultades que integran este espacio vital de la libertad de negociación, entre los cuales, para algunos, se encuentran los derechos pertenecientes al núcleo del contenido esencial del derecho a la negociación colectiva.

En primer lugar, cabe decir que el artículo 37.1 CE establece efectivamente el derecho a negociar, entendida la expresión en su sentido más tradicional como facultad de iniciar o no el trato contractual. Este derecho a negociar repele cualquier tipo de intervencionismo administrativo en el proceso negocial. Ello implica que la intervención administrativa, que pueda regularse respeto al proceso de negociación colectiva, ha de reducirse a funciones meramente instrumentales, que no invadan ni vulneren la libertad de las partes negociadoras[607].

Sin embargo, este derecho a negociar no implica o no entraña una obligación o deber de negociar con la contraparte, pues resultaría ser incongruente desde la perspectiva de un derecho de libertad[608]. No obstante, la incorporación por el Estado del deber de negociar tampoco entraña su inconstitucionalidad, pues en ese caso el legislador estaría obedeciendo a la exigencia constitucional de adoptar un comportamiento activo de carácter promocional. Así, el ordenamiento puede obligar a las partes a realizar un esfuerzo para conseguir el convenio, es decir, puede obligarlas a negociar y

---

[605] RUIZ CASTILLO y ESCRIBANO GUTIÉRREZ, 2013, cit., p. 56.

[606] ALONSO OLEA, 1996, cit., pp. 681–686; MARRERO SÁNCHEZ, 2012, cit., pp. 178–181; VALDÉS DAL – RÉ, 2012, cit., pp. 119–120.

[607] STC 235/1988, de 5 de diciembre, FJ 3, que basa la limitación de la intervención administrativa, en el reconocimiento del principio de la autonomía colectiva en la regulación de las relaciones de trabajo, por reconocer la Constitución los derechos a la libertad sindical y a la negociación colectiva.

[608] AMAADACHOU KADDUR, F., «El derecho constitucional de negociación colectiva: una necesaria renovación de sus contenidos y funciones», en GARRIDO PÉREZ, E., (Coord.), *Constitución Española y Relaciones Laborales ante el actual escenario social y económico: XXXI Jornadas Universitarias Andaluzas de Derecho del Trabajo y Relaciones Laborales*, 2013, p. 475.

además a que negocien de buena fe[609], sin que la misma pueda declararse inconstitucional[610]. Esta medida promocional, considerada como una de las más eficaces del derecho de negociación colectiva, es a su vez una medida limitadora o moderadora de la libertad de negociar[611].

Como segunda facultad se debe mencionar la libertad de elegir el nivel negocial. Así, el reconocimiento de la libertad sindical y la libertad a la negociación colectiva garantizan a los sujetos negociadores el poder de elegir el nivel de negociación adecuado. De esta manera, el texto constitucional descarta un modelo de unidades apropiadas de negociación, donde el Estado configure externamente la estructura negocial[612]. Así se limita el poder del legislador a incentivar la negociación en determinados ámbitos, mediante la adopción de reglas de concurrencia conflictiva entre convenios y acuerdos colectivos. Pero éste nunca podrá prohibir negociaciones, obligar a negociar en una determinada unidad convencional o diseñar la estructura negocial[613].

El derecho a la negociación colectiva comporta a su vez la libertad de estipulación, lo que significa que las partes negociadoras del convenio gozan de plena libertad para decidir las materias que han de ser tratadas durante el proceso negociador y, en su caso, posteriormente incorporadas al texto definitivo del convenio. Ahora bien, esta libertad no es absoluta, pues deberá respetar otras fuentes reguladoras del ordenamiento laboral y el principio de igualdad y no discriminación[614].

Otra de las facultades a las que se debe hacer referencia es a la facultad o derecho de concluir el acuerdo. Contrariamente a lo que pueda parecer, esto implica que se garantiza la libertad de acuerdo entre las partes negociadoras, pudiendo libremente alcanzar o no acuerdos. Significa por tanto que el re-

---

[609] Así, el artículo 89.1 LET obliga a ambas partes a negociar bajo el principio de buena fe.

[610] ALONSO OLEA, 1996, cit., p. 685.

[611] VALDÉS DAL – RÉ, 2012, cit., p. 120.

[612] MARRERO SÁNCHEZ, 2012, cit., p. 178.

[613] STC 17/1986, de 4 de febrero, FJ 2: «(la determinación del ámbito funcional de los convenios) es cuestión que pertenece exclusivamente a las partes de la negociación, y no es posible ningún tipo de interferencia de autoridades administrativas, sean autonómicas o estatales, que vulnerarían el derecho constitucional a la negociación colectiva (artículo 37.1 de la Constitución)».

[614] ALZAGA RUIZ, 2008, cit., p. 324. Consecuentemente, la libertad de estipulación encuentra varios límites, tales como: a) la jerarquización entre el orden legal y la negociación colectiva, debiendo respetar el convenio colectivo debe respetar la norma legal, pudiendo ésta desplegar una virtualidad limitadora de la negociación colectiva; b) la autonomía individual, no pudiendo la autonomía colectiva anular la autonomía individual, al mismo tiempo que no puede negarse la capacidad de incidencia del convenio colectivo en el terreno de los derechos o intereses individuales; y, c) el respeto del principio de igualdad y no discriminación que debe guardar la autonomía colectiva. Para mayor profundización de los límites a la libertad de estipulación, SSTC 58/1985, de 30 de abril, FJ 3 y FJ 8; 62/2001, de 1 de marzo, FJ 3; 18/1984, de 7 de febrero, FJ 6; 177/1988, de 10 de octubre, FJ 4.

sultado de las negociaciones pertenece al ámbito de las decisiones bilaterales de los sujetos negociadores, desechando el texto constitucional, en principio, un sistema que imponga un deber de suscribir un convenio colectivo en alguna materia o en determinado ámbito[615]. De esta manera, una medida legislativa que impusiera el deber de acordar colectivamente en alguna materia o ámbito determinado, como única alternativa posible, podría calificarse como una medida promocional que debe ser justificada objetivamente y que debe superar el test de proporcionalidad. No obstante, dicha medida produciría unos efectos muy similares a los del arbitraje obligatorio, fórmula ésta tildada como inconstitucional por el Tribunal Constitucional[616].

Por último, se identifica la facultad de administrar y gestionar lo convenido. La administración es esa actividad que se proyecta más allá del procedimiento de estipulación y que tiene como objetivo la contención de los efectos desestabilizantes de los cambios sociales. En concreto, la administración puede ser definida como toda actividad negocial que permita gestionar los contenidos convencionales durante su vigencia para evitar su inoperatividad, ya sea eliminando los conflictos que puedan derivarse de su contenido o actualizando la voluntad colectiva expresada en él[617]. Son los artículos 28.1 y 37.1 CE los que garantizan la libertad de administración del acuerdo alcanzado por parte de los sujetos negociadores. En este sentido, la gestión del convenio colectivo pertenece al ámbito de las decisiones bilaterales de sus firmantes, sin que puedan existir injerencias públicas o externas en la administración de lo convenido[618].

De lo expuesto cabe extraer diferentes conclusiones. Primeramente, es necesario subrayar que todas las facultades, aunque no pertenezcan al núcleo del contenido esencial del derecho a la negociación colectiva, y por ello puedan ser limitadas en mayor o menor medida, preservan el ejercicio del derecho a la negociación colectiva de la intromisión, injerencia y/o control procedente de los poderes públicos.

Reparando en el análisis efectuado sobre cada facultad, y sobre todo en el grado de limitación que se admite sobre cada una de ellas, se puede concluir que las libertades o facultades de elegir el nivel negocial, de concluir

---

[615] MARRERO SÁNCHEZ, 2012, cit., p. 180; STC 119/2014, de 16 de julio, VOTO PARTICULAR del magistrado VALDÉS DAL – RÉ: «la función del Estado no puede articularse, a través de una actividad sustitutiva ni de la negociación colectiva ni de la solución del conflicto que ésta tiende a solventar».

[616] STC 11/1981, de 8 de abril, y VALDÉS DAL – RÉ, 2012, cit., p. 120.

[617] RODRÍGUEZ CRESPO, M.J., *La Administración del Convenio Colectivo,* Consejo Económico y Social de Andalucía, Sevilla, 2005, p. 121. En palabras del Tribunal Constitucional STC 73/1984, de 27 de junio, FJ3, se está ante una actividad de las partes colectivas, englobable dentro de dicho concepto, cuando lo perseguido sea la interpretación o aplicación de alguna de las cláusulas del convenio, la adaptación de alguna de ellas a un problema no previsto, o la adaptación de su contenido según los datos objetivos y prefijados.

[618] MARRERO SÁNCHEZ, 2012, cit., p. 181.

un convenio colectivo y de administrarlo, pertenecen al contenido esencial. Aunque es cierto que la ley puede establecer estímulos indirectos para incentivar o desincentivar la negociación en ciertos niveles. También puede influir propiciando la conclusión de acuerdos, desanimando el mantenimiento de situaciones de conflictividad, aunque el legislador ordinario no puede prohibir la negociación en un determinado nivel, o privar de su facultad de interpretar lo convenido o de solventar los conflictos derivados de la aplicación del convenio en el sentido más acorde con sus intereses, o imponer como única alternativa posible el deber de acordar. Es decir, el legislador encuentra en estas facultades un límite «inexpugnable», por ser parte del contenido esencial del derecho a la negociación colectiva[619].

En cuanto a la libertad de negociar o la libertad de estipular, ambas pueden ser limitadas o moderadas por el legislador en atención a la tutela de otros derechos, bienes y valores constitucionales consagrados, tales como, el principio de igualdad y no discriminación, el principio de superioridad jerárquica de la ley, o la medida promocional del deber de negociar de buena fe.

No obstante, huelga decir que la no pertenencia al contenido esencial de estas libertades, que son inherentes al ejercicio de un derecho fundamental de estructura compleja, no puede ser entendida como reconocimiento al legislador de una libertad absoluta en su ordenación jurídica. Consecuentemente, cuando el legislador restrinja o limite las mencionadas libertades de negociar y estipular, dicha limitación o restricción debe estar constitucionalmente fundamentada[620]. Por tanto, tal y como prontamente afirmó el Tribunal Constitucional, la tarea de discernir en qué casos una limitación es conforme al artículo 37.1 CE y en qué casos se aparta de ella ha de examinarse mediante la técnica del caso concreto[621]. Así pues, la facultad de restringir o limitar del legislador no es plena e incondicionada.

2.3.2. *La fuerza vinculante de los convenios colectivos*

Siguiendo la jurisprudencia del Tribunal Constitucional, debe pasarse al estudio de la fuerza vinculante de los convenios colectivos al ser reconocida como parte del contenido esencial del derecho a la negociación colectiva. Así lo ha refrendado también la doctrina laboralista, pues sería un absurdo lógico que se garantizara el derecho al medio o procedimiento y no el derecho al resultado, siendo éste un convenio regulador de las condiciones de trabajo, y por tanto fuente del derecho[622]. A mayor abundamiento, es preciso

---

[619] VALDÉS DAL – RÉ, 2012, cit., p. 120.
[620] VALDÉS DAL – RÉ, 2012, cit., p. 121.
[621] STC 58/1985, de 30 de abril, FJ 6.
[622] ALONSO OLEA, 1996, cit., p. 682.

apuntar que el hecho de garantizar la fuerza vinculante de los convenios colectivos ha llevado a interpretar y afirma que la Constitución eleva la autonomía negocial a fuente material del Derecho y el convenio colectivo a rango de fuente de creación de reglas de derecho de fuerza normativa.

No obstante, todo ello necesita una aclaración y mayor profundización. Para ello, el estudio se debe centrar en el significado del sintagma «fuerza vinculante del convenio colectivo» contenido en el artículo 37.1 CE. Es decir, interesa dilucidar qué fuerza originaria o inicial les otorgó el constituyente a los convenios colectivos, fruto de la negociación colectiva, si es que les otorgó alguna. De esta manera, al identificar la fuerza vinculante, se delimitará el contenido esencial del derecho a la negociación colectiva, concretando así el campo de actuación del legislador cuando regula este derecho. Es decir, en el presente, se intentará descodificar el núcleo esencial e indisponible de esta garantía constitucional; un núcleo cuya erosión o desconocimiento viciaría de inconstitucionalidad la ley dictada por el legislador al amparo del mandato formulado en el artículo 37.1 CE[623].

En primera instancia se debe abordar, una vez más y de manera más bien breve, la eficacia directa e inmediata de los derechos consagrados en el artículo 37.1 CE. No se debe olvidar que el precepto establece que «La Ley garantizará … la fuerza vinculante de los convenios colectivos». Ese modo de redacción llevó y lleva a algunos autores a defender que tanto el derecho a la negociación colectiva como la fuerza vinculante de los convenios colectivos necesitan de un desarrollo legal para que sean eficaces de manera directa e inmediata. Esa lógica interpretativa, aplicada sobre la fuerza vinculante de los convenios colectivos, llevaría a afirmar que al cumplir la LET con el mandato del artículo 37.1 CE, los demás convenios «extraestatutarios», «impropios», «ordinarios» o de «derecho común», son considerados convenios ilegales y por tanto nulos (siguiendo las reglas establecidas en el artículo 6.3 del Código civil)[624]. Esto es debido a que la LET sólo reconoce una modalidad de convenio, el de eficacia general.

No obstante, y siguiendo la tesis mayoritaria, la CE, al estipular que la ley garantizará la fuerza vinculante de los convenios colectivos lo que hace es, 1) consagrar la fuerza vinculante de los convenios colectivos y 2) decir al legislador que mediante ley desarrolle, promocione y garantice la misma, siguiendo asimismo el mandato del artículo 9.2 CE[625]. En otras palabras, aunque el legislador abogó, de manera legítima por una opción de política legislativa a favor de un convenio colectivo de fuerza jurídica normativa y

---

[623] VALDÉS DAL – RÉ, F., «La eficacia jurídica de los convenios según la jurisprudencia social: cuatro disentimientos», en GARCÍA MURCIA, J., (Coord.), *El estatuto de los trabajadores en …,* 2015, cit., p. 848.

[624] MONTOYA MELGAR, 2014, cit., p. 165.

[625] MORENEO PÉREZ, 2002, cit., p. 636.

eficacia personal general[626], siempre y cuando se cumplan los requisitos legales establecidos para ello (arts. 82 a 92 LET), cumpliendo así el mandato constitucional, esta previsión legal no agota la virtualidad del precepto constitucional del artículo 37.1 CE.

Todo ello significa que todo convenio colectivo, fruto de la negociación colectiva entre los y las representantes de las personas trabajadoras y empresarias, tiene constitucionalmente reconocida una fuerza vinculante. En efecto, al formar parte la negociación colectiva del contenido esencial de la libertad sindical de los sindicatos, tal y como se argumentará más tarde, el modelo legal que restringe este derecho a los que ostenten los niveles de representatividad requeridos (artículo 87 LET) sería inconstitucional, si no respeta el derecho a negociar convenios del resto de los sindicatos no representativos[627]. Esa fue la prontísima interpretación del Tribunal Constitucional, que determinó que la vinculabilidad de los convenios colectivos es una garantía no derivada de la ley sino propia, que encuentra su expresión jurídica en el texto constitucional[628].

Una vez superado el escollo de la eficacia directa e inmediata de la fuerza vinculante de los convenios colectivos, se ha de centrar la atención en lo que significa ese sintagma. Cuando se habla de fuerza vinculante de los convenios colectivos se hace referencia a la teoría de los efectos del convenio colectivo. Es decir, se hace referencia a su eficacia jurídica, al «despliegue de cambios o transformaciones que, en la realidad jurídica, va a producir la vigencia de esa autónoma reglamentación de intereses que el convenio colectivo arrastra de manera ineludible» [629].

---

[626] STC 12/1983, de 22 de febrero y STC 98/1985, de 29 de julio, FFJJ 6 y 7.

[627] OLARTE ENCABO, 2010, cit., p. 379; MONEREO PÉREZ, MOLINA NAVARRETE y MORENO VIDA, 2014, cit., p. 183, donde los autores convienen que la propia LET, mediante lo estipulado en los arts. 82.3 y 90.1 da a entender que existen otros convenios colectivos al margen de la misma. Previsión legal, ésta, necesaria para garantizar la constitucionalidad de la propia LET porque ninguna representación de trabajadores puede ser privada del derecho a negociar colectivamente; en este mismo sentido se pronuncian ALONSO OLEA y CASAS BAAMONDE, 2010, cit., p. 901, donde afirman que el precepto constitucional (haciendo referencia al artículo 37.1 CE), ha sido desarrollado en parte, sin agotar la virtualidad del precepto constitucional por el título III de la LET; CRUZ VILLALÓN, 2018, cit., p. 517, donde subraya que los convenios colectivos extraestatutarios también gozan de la fuerza vinculante atribuida constitucionalmente a los convenios colectivos, dado que esa «fuerza vinculante» de lo pactado forma parte consustancial de la actividad sindical consagrada en el artículo 28.1 CE, *ergo* ha de venir referida a la actividad negocial de todo sindicato, es decir, ha de predicarse también respecto de cuantos acuerdos colectivos celebren las organizaciones sindicales, sean éstos estatutarios o extraestatutarios. Por parte de la jurisprudencia es preciso apuntar la STC 73/1984, de 27 de junio, FJ 2; para mayor abundamiento, GARCÍA BLASCO, 2004, cit., pp. 71–72.

[628] STC 58/1985, de 30 de abril, FJ 3.

[629] VALDÉS DAL – RÉ, 2004, cit., p. 49.

Concretamente, se dilucidará la eficacia jurídica del convenio colectivo extraestatutario, ya que sobre la eficacia jurídica del convenio colectivo estatutario no existe debate doctrinal ni jurisprudencial, dado que éstos, al cumplir con todos los requisitos legales, obtienen una fuerza jurídica normativa y eficacia personal general o *erga omnes*, pasando a ser fuente normativa de derecho del trabajo.

Antes de seguir adelante con la eficacia jurídica de los demás convenios colectivos, es preciso señalar que esta opción legislativa a favor del convenio colectivo de eficacia general supone una diferencia sustancial respecto del resto de Estados europeos[630]. Éstos apuestan por una eficacia personal limitada, por lo menos en principio, aunque se pueda extender tanto por vía administrativa como por vía jurisprudencial[631].

Este sistema de eficacia *erga omnes* de la LET «gira en derredor de un complejo y trabajoso engranaje que cumple la muy importante función de garantizar que el valor añadido que se ha otorgado a este acto negocial, y que permite al pacto resultante elevarse a la máxima consideración jurídica, se utiliza en modo tal que queden razonablemente atendidos los intereses mayoritarios de los grupos o sectores profesionales sometidos a los ámbitos de aplicación del Convenio mismo» [632]. Ello hace que la negociación extraestatutaria venga a suplir el acuerdo cuando las mayorías exigidas son imposibles de cumplir[633].

Centrando la atención en los convenios colectivos «extraestatutarios» o «informales» la determinación de su eficacia jurídica ha sido objeto de un intenso debate doctrinal y jurisprudencial, sobre todo en lo que se refiere a la automaticidad e imperatividad de su contenido sustantivo, sin necesidad de recepción contractual.

---

[630] DUQUE GONZÁLEZ, M., *La fuerza vinculante del convenio colectivo. La negociación colectiva en Europa: Reino Unido, Alemania, Francia y España*, Thomson Reuters Aranzadi, Navarra, 2018, p. 719.

[631] Para mayor profundización sobre derecho comparado respecto a la fuerza jurídica vinculante de los convenios colectivos: TRIGUERO MARTÍNEZ, L.A., «Método comparado y negociación colectiva: pautas analíticas para los sistemas y tendencia jurídico – política», *Revista Internacional y Comparada de Relaciones Laborales y Derecho del Empleo, núm. 5, 2017*, pp. 2 - 26; CRUZ VILLALÓN, J., (Dir.), *La negociación colectiva en Europa. Una perspectiva transversal*, Colección informes y estudios, Serie Relaciones Laborales núm. 115, Ministerio de Trabajo, Migraciones y Seguridad Social, Madrid, 2019; APARICIO TOVAR, J., BAYLOS GRAU, A., MERINO SEGOVIA, A. y TRILLO PARRAGA, F., «Relats. Normas políticas laborales y sociales. Modelos de negociación colectiva en Europa», en VV.AA., *Estrategias por una mayor y mejor negociación colectiva*, CSA, San Pablo, 2013. DUQUE GONZÁLEZ, 2018, cit., entre otros.

[632] VALDÉS DAL – RÉ, F., «Algunos aspectos de la reforma del marco de la negociación colectiva», en VALDÉS DAL – RÉ, F. y CASAS BAAMONDE, M.E., (Coords.), *La reforma del Estatuto de los Trabajadores,* Relaciones Laborales, Madrid, 1994, p. 259.

[633] VALDÉS DAL – RÉ, 1994, cit., p. 260.

La entrada en vigor de la LET supuso la división de la doctrina española[634], «escindiéndose en dos grupos a la hora de determinar el significado de la fuerza vinculante consagrada por la Constitución Española»[635].

La primera de las tesis es la denominada «contractual». Esta posición entiende que los convenios colectivos extraestatutarios disponen únicamente de una eficacia contractual, por incorporación voluntaria, expresa o tácita al nexo contractual. Esta afirmación es consecuencia de considerar que lo que se articula a través del artículo 37.1 CE es la fuerza normativa del Convenio Colectivo, lo que implicaría un mandato al legislador para incluir al Convenio en el cuadro formal de fuentes, algo que se habría hecho con la LET. Consecuentemente, se habría agotado así el precepto constitucional, de tal manera que todo lo que no cumpla con la LET carece de fuerza normativa[636].

---

[634] VALDÉS DAL – RÉ, 2015, cit., pp. 848 - 849: Antes de la entrada en vigor de la LET, los primeros comentaristas del artículo 37.1 CE estimaron que la fuerza vinculante de los convenios colectivos significaba la atribución de la eficacia normativa de los mismos, constituyendo un reconocimiento explícito de la autonomía colectiva como fuente de Derecho. Era esta una orientación muy influenciada por la tradición histórica española, asentada sobre una relación de correspondencia de carácter tripolar: fuerza vinculante equivale a eficacia normativa y ésta, a su vez, implica la configuración del convenio como una norma en sentido propio y estricto, como una auténtica fuente formal del Derecho, creadora, no de derechos subjetivos, sino de derecho objetivo. Sin embargo, y tras la promulgación de la LET, esa relación de correspondencia planteó de inmediato serios problemas jurídicos, todos ellos derivados de la necesidad de ajustar la mencionada relación no sólo a las previsiones contenidas en la ley ordinaria sino, adicionalmente y además, a una realidad social que rápidamente desbordaría dichas previsiones.

[635] Tal y como se colige de la obra de VALDÉS DAL – RÉ, 2004, cit., pp. 39–55 y en el mismo sentido VALDÉS DAL – RÉ, 2015, cit., pp. 848–854, el sintagma de la fuerza vinculante de los convenios colectivos acarrea dos debates diferentes pero interrelacionados entre sí. Por un lado, determinar la naturaleza jurídica de los convenios colectivos, es decir, determinar si son fuente de derecho o si, por el contrario, no lo son. En este estudio, la doctrina se divide en tres: a) los que defienden que los únicos que gozan de naturaleza normativa son los convenios colectivos estatutarios y por tanto, los demás tienen meramente carácter contractual, y por tanto no son norma jurídica; b) los que sostienen el carácter normativo e inderogable de todos los convenios colectivos; y c) los que se quedan a medio camino, admitiendo una «eficacia real» de los mismos, pero los que ante el silencio y vacío provocado por el legislador al regular un solo tipo de convenio colectivo, ven difícil la incardinación de los convenios colectivos extraestatutarios en el sistema formal de fuentes. Por otro lado, la fuerza vinculante lleva a tener que determinar la eficacia jurídica de los convenios colectivos. Sobre este extremo son dos las líneas doctrinales contrapuestas que predominan; a) la que defiende la «eficacia real» o también llamada normativa de los convenios colectivos, que en lo que se refiere a la naturaleza jurídica de los convenios, estaría dividida entre la tesis normativista y la que defiende la «eficacia real» de los mismos y b) la línea doctrinal que estima que los convenios colectivos extraestatutarios únicamente tienen una eficacia jurídica contractual.

[636] DUQUE GONZÁLEZ, 2018, cit., p. 721; en este mismo sentido GARCÍA MURCIA, J., «Los convenios colectivos como fuente de la relación laboral: más apuntes para un debate recurrente», *Revista del Ministerio de Trabajo y Asuntos Sociales núm. 68*, 2007, p. 38, cuando defiende que en el ordenamiento jurídico español se necesita un espaldarazo legal para que la negociación constituya realmente una fuente de regulación operativa y para que el con-

Esta teoría se sustenta en considerar que la eficacia normativa del derecho a la negociación colectiva deriva del primer inciso del artículo 37.1 CE, por lo que la fuerza vinculante, es decir, el segundo inciso, se refiere a la fuerza puramente contractual entre las partes colectivas, considerando que dicha fuerza tiene un sentido similar al del artículo 1091 del Código civil. Este precepto dice: «Las obligaciones que nacen de los contratos tienen fuerza de ley entre las partes contratantes y deben cumplirse a tenor de los mismos». En otras palabras, la fuerza vinculante de los convenios colectivos extraestatutarios se identifica o se basa en el principio *pacta sunt servanda* del derecho contractual[637].

Para esta parte de la doctrina, el convenio colectivo extraestatutario o atípico, constituye un acuerdo plural entre la representación de las personas trabajadoras y de los empresarios y empresarias, que careciendo de otro soporte normativo específico distinto al propio artículo 37 CE, se regirá por las normas generales de contratación del Código civil, de modo que su eficacia queda limitada a quienes lo concierten y a las personas que representen[638].

La segunda de las posturas defiende que la CE al decir fuerza vinculante, garantiza a todos los convenios colectivos, una eficacia normativa al estilo alemán[639]. En otras palabras, se les reconoce una eficacia real, lo que supone el reconocimiento de la automaticidad, imperatividad y por tanto inderogabilidad. Así defienden, que el artículo 37.1 CE reconoce la función normativa del convenio colectivo como forma de producción social de Derecho, teniendo la garantía constitucional como objetivo central la eficacia inderogable de la regulación colectiva general y abstracta[640].

Este reconocimiento supone que las reglas establecidas en el convenio colectivo se imponen directa e inmediatamente sobre las relaciones individuales de trabajo incluidas en su ámbito de aplicación (el efecto automático del convenio). Por otro lado acarrea un efecto imperativo (relativo) lo que supone que quedan vedadas las derogaciones peyorativas, o las que contradigan este efecto, por las homólogas del convenio colectivo que resulten de aplicación[641].

---

venio alcance los efectos deseados, en especial para que despliegue su consustancial «fuerza vinculante».

[637] ALONSO OLEA, 2006, cit., pp. 686–687;

[638] ARGÜELLES BLANCO, A.R., «Convenios Colectivos», en GARCÍA MURCIA, J., *El sistema de fuentes de la relación laboral. Estudios ofrecidos al profesor Martín Valverde por el Área de Derecho del Trabajo de la Universidad de Oviedo*, Universidad de Oviedo, Oviedo, 2007, p. 166.

[639] Vid. p. 51, donde se aclara que el ordenamiento alemán reconoce a los convenios colectivos una eficacia imperativa e inmediata, considerando por ello que obtienen una eficacia jurídica normativa.

[640] MONEREO PÉREZ, 2002, cit., p. 634.

[641] VALDÉS DAL – RÉ, 2004, cit., p. 54.

Consecuentemente, la previsión constitucional asegura a las cláusulas normativas del convenio una inderogabilidad que implica la eficacia inmediata del convenio colectivo sobre las relaciones individuales de trabajo, así como su inderogabilidad, lo que supone que las cláusulas contrarias provenientes de la autonomía individual serán sustituidas automáticamente por las homólogas del convenio colectivo[642]. Hecho que no impide a quienes negocian que, en atención a criterios de oportunidad cuya valoración a ellos corresponde en atención a la titularidad del derecho a la contratación colectiva, consientan derogaciones peyorativas del tratamiento colectivo, pactando, en su caso, las condiciones de la disponibilidad de los derechos del propio convenio colectivo[643].

Esta línea argumental choca frontalmente con la que defiende la mera eficacia contractual de aquellos convenios que quedan fuera del Estatuto de los Trabajadores. Así, defienden que lo que garantiza el artículo 37.1 CE no es un mero *pacta sunt servanda*, pues la voluntad del constituyente es ir más allá, para así colocar al convenio colectivo por encima del contrato de trabajo. Ciertamente, de situarse al convenio colectivo en la lógica de la contratación civil, ello conduciría a una equiparación al grado de cumplimiento de sus compromisos con lo pactado individualmente a través del contrato de trabajo. Y de darse este tratamiento de paridad entre ellos regiría la voluntad posterior en el tiempo, de modo que el pacto individual podría alterar en perjuicio de la persona trabajadora las condiciones fijadas en la negociación colectiva[644].

Por tanto, se parte de la premisa de la que todos los convenios colectivos tienen una eficacia real, paranormativa o si se tiene en cuenta el derecho comparado normativa[645], la diferencia más señalada entre el convenio estatutario y el extraestatutario estará, no tanto en su distinta eficacia jurídica, sino en su distinta eficacia personal[646]. Como es sabido, los convenios colectivos estatutarios tienen reconocida una eficacia personal *erga omnes* o general, mientras que a los convenios colectivos extraestatutarios se les reconoce una

---

[642] MARRERO SÁNCHEZ, 2012, cit., p. 176.

[643] VALDÉS DAL – RÉ, 2004, cit., p. 55.

[644] CRUZ VILLALÓN, 2018, cit., pp. 514–515 y DIEZ PICAZO, 2013, cit., p. 499: «Que el artículo 37.1 garantiza la naturaleza normativa de los convenios colectivos es poco discutible porque, para afirmar la posibilidad de celebrar convenios colectivos de naturaleza simplemente contractual, no haría falta un precepto constitucional: esa posibilidad derivaría del principio de autonomía de la voluntad, que preside las relaciones jurídico- privadas. El inciso final del artículo 37.1 CE es, así, una garantía institucional de los convenios colectivos como tipo diferenciado de norma jurídica».

[645] Se acuña esta denominación, siguiendo la lógica antes señalada. Si efectivamente se entiende que la constitución reconoce y garantiza la automaticidad, inmediatez e inderogabilidad de las cláusulas normativas de los convenios colectivos se entiende que tienen eficacia jurídica normativa.

[646] GARCÍA – PERROTE ESCARTÍN, 2011, cit., p. 101.

eficacia personal limitada a los sujetos firmantes y a sus representados. Pues bien, esta tesis doctrinal defiende que mientras que la eficacia jurídica normativa viene garantizada directamente en el artículo 37.1 CE, el «plus» de la eficacia personal general otorgado a los convenios colectivos estatutarios corresponde al mandato constitucional al legislador de «garantizar» y por tanto promocionar el derecho a la negociación colectiva y la fuerza vinculante de los convenios colectivos[647].

En cuanto a la doctrina del Tribunal Constitucional se refiere, se podría afirmar que teniendo en cuenta las diferentes sentencias dictadas por el alto tribunal, el contenido esencial de la fuerza vinculante, constitucionalmente garantizada, asegura a las cláusulas de los productos nacidos de la actividad contractual colectiva una vinculación más fuerte y distinta de la que deriva de la mera aplicación de los principios rectores de la libertad contractual. Eso conlleva como efecto la declaración de inconstitucionalidad de los pactos individuales o de las declaraciones unilaterales del empresario o empresaria que modifiquen las cláusulas prevenidas en un convenio colectivo.

Así se reconoció tempranamente en la ya tantas veces mencionada STC 58/1985, que identificó la fuerza vinculante constitucional de los convenios colectivos con la fuerza o eficacia normativa, imperativa y automática, lo que llevaría a entender que la CE otorgaría dicha eficacia a todo convenio colectivo celebrado bajo aquel reconocimiento constitucional[648]. Ello implica, tal y como sentenció posteriormente el TC, que no sea necesaria la aceptación individual de lo pactado[649]. Lo que presupone por esencia y con-

---

[647] MONEREO PÉREZ, 2002, cit., p. 636. Aunque no se esté analizando la naturaleza jurídica del convenio es enriquecedor apuntar, y en conexión con lo explicado anteriormente, que para este autor aun ciñéndose a la teoría doctrinal que defiende la «eficacia real» del convenio colectivo, todo convenio colectivo es fuente del Derecho. Defiende que el debate sobre la cualidad de fuente del Derecho del convenio colectivo es en gran medida un falso problema, ya que incluso el contrato normativo de eficacia inderogable o real puede considerarse como una fuente del Derecho *no estatal*, es decir, no integrada en el sistema formal de fuentes del Derecho del Estado, pero si se inserta dentro del ordenamiento constitucional pluralista. Ibid. Pp. 638–639. Coincide con este análisis VALDÉS DAL – RÉ, F., *Configuración y eficacia de los convenios colectivos extraestatutarios,* ACARL, D.L., Madrid, 1988, p. 86, cuando considera que el convenio colectivo extraestatutario se coloca en suma en los espacios de estos actos normativos intermedios que sin integrarse en el sistema formal de fuentes del Derecho del Estado, despliegan eficacia inderogable aun cuando sólo sea limitadamente a los trabajadores y empresarios afiliados y asociados a las organizaciones sindicales y asociaciones empresariales signatarios del acuerdo.

[648] SSTC 105/1992, de 1 de julio, FJ 6 y 225/2001, de 20 de noviembre, FJ 4, en el que afirma que la garantía de la fuerza vinculante de los convenios colectivos presupone, por esencia y conceptualmente, la prevalencia de la autonomía de la voluntad colectiva sobre la voluntad individual.

[649] STC 177/1988, de 10 de octubre, FJ 4.

ceptualmente la prevalencia de la autonomía colectiva sobre la voluntad individual[650].

Las consecuencias de este planteamiento suponen que no cabe, la modificación de lo establecido en el convenio colectivo mediante la aceptación de las personas trabajadoras de una oferta formulada por la empresa[651]. Pues si prevaleciera la autonomía de la voluntad individual, quebraría el sistema de la negociación colectiva conformado por el legislador cuya virtualidad viene determinada por la fuerza vinculante de los convenios colectivos constitucionalmente garantizada[652].

La fuerza vinculante de los convenios colectivos tampoco permite o permitía[653] la inaplicación singular de sus disposiciones mediante decisiones administrativas. En este sentido, el TC interpretó que la sujeción del convenio colectivo al poder normativo del Estado, constitucionalmente legítima, no implica ni permite la existencia de decisiones administrativas que autoricen la dispensa o inaplicación singular de disposiciones contenidas en convenios colectivos. Si fuera así, se trataría no sólo de desconocer la eficacia vincu-

---

[650] STC 225/2001, de 26 de noviembre, FJ 6 y sorprendentemente, STC 8/2015 de 22 de marzo, FJ 2.c) en el que el TC afirma que «la determinación del contenido de la relación laboral (…) se deja a la autonomía de los trabajadores y empresarios mediante el ejercicio del derecho a la negociación colectiva que proclama el art. 37.1 CE, (…) siendo tal tipo de negociación un valor constitucionalmente protegido (…). Ese derecho presupone, por esencia y conceptualmente, la prevalencia de la autonomía de la voluntad colectiva sobre la voluntad individual (…) siendo los convenios colectivos fruto de su ejercicio, fuentes de regulación de las condiciones de trabajo a las que constitucionalmente se reconoce fuerza vinculante», para después, tal y como se verá en el capítulo siguiente, admitir la constitucionalidad de modificaciones introducidas por la Reforma Laboral de 2012, que dilapidan esta fuerza vinculante de los convenios colectivos. Entre dichas modificaciones se encuentra la regulación del arbitraje público y obligatorio en el artículo 82.3 LET.

[651] STC 105/1992, de 1 de julio, FJ 6. En el mismo fundamento jurídico añade que esa prevalencia de la autonomía colectiva no lleva a la petrificación o inalterabilidad de las condiciones de trabajo pactadas en los convenios colectivos. Sin embargo, la alteración de lo dispuesto en ellos se deberá realizar siguiendo los procedimientos previstos en los propios convenios colectivos y en la ley, contando siempre con la voluntad de la representación legítima de las partes. En este mismo sentido, STC 208/1993, de 28 de junio, FJ 4, al decir que, «La capacidad de incidencia del convenio colectivo sobre el contrato individual y la prevalencia del mismo sobre el contrato de trabajo, y el condicionamiento que supone sobre la voluntad unilateral del empleador, impide que la voluntad individual prevalezca sobre la colectiva, pero sólo esto, y no puede excluir un espacio propio para la autonomía individual y para el ejercicio de los poderes empresariales».

[652] STC 208/1993, de 28 de junio, FJ 5.

[653] Se realiza esta matización pues tal y como se ha relatado en el Capítulo I de esta tesis, la inaplicación o «descuelgue» de los convenios colectivos regulados en el actual artículo 82.3 LET, excepciona su fuerza vinculante garantizada por la Constitución. Tal y como se verá, el SSTC 119/2014 y 8/2015, ha estimado que la ley puede establecer restricciones a esa fuerza vinculante, imponiendo esa inaplicación a través de la intervención arbitral o decisoria de la Comisión Consultiva Nacional de Convenios Colectivos u órganos equivalentes a las Comunidades Autónomas.

lante del convenio colectivo, sino incluso los principios garantizados en el artículo 9.3 CE[654].

En consecuencia, según el Tribunal Constitucional, el artículo 37.1 CE ampara igualmente a los convenios colectivos estatutarios y a los extraestatutarios[655]. La diferencia reside en que la LET brinda a los convenios estatutarios, que cumplan los requisitos de mayoría representativa exigidos por el legislador para negociar, un plus de eficacia por su carácter *erga omnes*, refiriéndose con ese plus a la eficacia personal general y no a la eficacia jurídica, con lo que se presume que para el TC tanto los convenios estatutarios como los extraestatutarios gozan de una eficacia jurídica normativa, al gozar de una eficacia imperativa, automática e inderogable[656]. De aquí se podría derivar que el Tribunal Constitucional interpreta que los convenios colectivos extraestatutarios gozan de una eficacia jurídica normativa (o «real» conviniendo así con la mayoría de la doctrina laboralista), pero gozan de una eficacia personal limitada[657].

No obstante, es preciso declarar que el Tribunal Constitucional no ha sido nada constante en sus interpretaciones, acarreando con ello gran confusión sobre la eficacia jurídica otorgada por el artículo 37.1 CE. Estos efectos provienen de varios pronunciamientos que predican la eficacia normativa del convenio colectivo, referentes al convenio colectivo estatutario. Pero sobre todo, por la STC 8/2015, que a pesar de afirmar y confirmar la doctrina anteriormente expuesta, ha declarado constitucionalmente ajustado el contenido del artículo 41 LET, en la versión dada por la reforma laboral de 2012, que habilita a la empresa a la modificación unilateral de las condiciones pactadas en convenio colectivo extraestatutario o acuerdo de empresa, una vez cumplimentado el oportuno procedimiento de consulta[658], o admite la solución de los conflictos derivados de la aplicación del mecanismo de descuelgue de condiciones de trabajo reguladas en convenio colectivo mediante un arbitraje público y obligatorio.

---

[654] STC 92/1992, de 11 de junio, FJ 4.

[655] STC 108/1989, de 8 de junio, FJ 2.

[656] STC 108/1989, FJ 2; STC 92/1992 FJ 4, que señala la facultad normativa de las partes sociales reconocida en la propia Constitución; STC 151/1994 FJ 2, que predica que la fuerza vinculante reconocida en la Constitución, conduce a reconocerles el tratamiento de auténticas normas jurídicas.

[657] GARCÍA BLASCO, 2004, cit., p. 71, de esta forma, la existencia de un doble orden de convenios colectivos, existiendo una Ley para uno de ellos, es una exigencia de la libertad sindical. Por lo que el papel de la Ley no es otro que el de proporcionar eficacia especial a determinados convenios colectivos. Según este autor, esta interpretación del Tribunal Constitucional reduce así, el alcance del artículo 37.1 CE, ya que se le niega, por sí mismo, la actitud para conferir, sin mediación legal, a los convenios colectivos una eficacia, en lo personal, más amplia.

[658] VALDÉS DAL – RÉ, cit., p. 1226.

Se trata de una interpretación ciertamente sorprendente, pues tal y como se verá más adelante, contraviene o por lo menos pone en jaque la interpretación de la fuerza jurídica vinculante del convenio colectivo como eficacia jurídica normativa estructurada por el propio TC. Ya que, en el arbitraje público y obligatorio es un tercero, ajeno a las partes quien tiene el poder de dirimir el conflicto colectivo de intereses. Poder que se le otorga por decisión unilateral, es decir, porque una de las partes, habilitado por la Ley, así lo decide.

En lo que a la jurisprudencia ordinaria se refiere, la situación respecto a la eficacia jurídica de los convenios colectivos extraestatutarios es más confusa. La jurisprudencia ordinaria dominante niega la eficacia normativa de los convenios colectivos extraestatutarios, otorgándoles un valor estrictamente contractual, a falta de ley que le otorgue eficacia normativa[659]. Para el Tribunal Supremo, dichos convenios tienen tan sólo una eficacia de derecho común, por lo que se rigen por las normas generales de contratación del Código civil[660].

No obstante, este Tribunal estima que lo pactado en un convenio extraestatutario se incorpora automáticamente al contrato individual de los sujetos obligados por el mismo, aunque las partes del contrato individual no se remitan o acepten expresamente la aplicación del convenio. Ello supone y acarrea reconocerles uno de los efectos de la eficacia normativa. A mayor abundamiento, tampoco existe jurisprudencia ordinaria que les niegue una aplicación imperativa. Por lo que se podría deducir que la jurisprudencia ordinaria admite que fuerza vinculante significa que lo pactado en todos los convenios colectivos no puede ser modificado *in peius* por las concretas condiciones pactadas en el contrato individual de trabajo[661].

Consecuentemente, cabría afirmar que la jurisprudencia ordinaria admite que la fuerza vinculante garantizada en el artículo 37.1 CE equivale a una eficacia normativa o real, residenciando la diferencia en su eficacia personal[662]. Así, y siguiendo la línea marcada por el Alto Tribunal, la jurispruden-

---

[659] ALONSO OLEA y CASAS BAAMONDE, 2010, cit., pp. 1025–1026.

[660] SSTS 22 de enero de 1994, FJ 3; 14 de diciembre de 1996, FJ 3; 17 de abril de 2000, FJ 4, que efectivamente afirma que el convenio colectivo extraestatutario tiene naturaleza contractual y su fuerza de obligar encuentra fundamento en los artículos 1091 y 1254 del Código civil, quedando su eficacia limitada a las partes que lo suscribieron y en los términos en ella establecidos, pues estos pactos carecen de valor normativo; y 16 de mayo de 2002, FJ 5, entre otras muchas.

[661] ALONSO OLEA y CASAS BAAMONDE, 2010, cit., p. 1026 y PÉREZ DE LOS COBOS ORIHUEL, 2018, cit., pp. 81- 82.

[662] En cuanto a su naturaleza jurídica, tal y como apunta GARCÍA PERROTE – ESCARTÍN, 2011, cit., p. 100, «para el TS la diferencia entre el convenio estatutario y el extraestatutario radica, más bien, en que el primero forma parte del cuadro de fuentes del ordenamiento laboral (artículo 3.1.b) ET), lo que no ocurre con el segundo que se limita a ser fuente de las obligaciones (artículo 3.1.c) ET)».

cia ordinaria les otorgaría una eficacia personal limitada a las partes firmantes y a sus representados y representadas[663].

En lo que a la fuerza personal se refiere, aunque algo se haya adelantado en los párrafos anteriores, ni doctrina ni jurisprudencia difieren en otorgar a los mismos una eficacia personal limitada a las personas representadas por los sindicatos y, en su caso, asociaciones empresariales negociadoras. No obstante, en la práctica, el convenio colectivo extraestatutario puede llegar a alcanzar una aplicación casi general, pues si una empresa está obligada a aplicar el convenio, por razones organizativas, lo aplicará a la totalidad de su plantilla. Pero esa eficacia cuasi general se produce, sobre todo, porque se entiende como discriminatorio el que el convenio impida la posterior adhesión colectiva de otros sindicatos no firmantes, o, principalmente, la adhesión individual de cualquier trabajadora o trabajador[664].

Ahora bien, la limitación de la eficacia de estos convenios a las personas representadas por los sujetos negociadores no constituye una imposibilidad esencial u ontológica para que tales convenios procedan a una regulación de condiciones de trabajo de virtual afectación general[665].

Teniendo en cuenta todo lo anterior, se abogaría por defender que efectivamente, el artículo 37.1 CE ampara, mediante el sintagma «fuerza vinculante», a los convenios colectivos estatutarios y a los extraestatutarios. Lo que conlleva la equivalencia de fuerza vinculante con una eficacia jurídica normativa (real o inderogable), en tanto en cuanto, los convenios colectivos extraestatutarios se integran de manera automática e inmediata en los contratos de trabajo individuales y sus cláusulas normativas son inderogables. No obstante, la CE no les otorga una eficacia personal general, siendo ésta un «plus» otorgado por el legislador a los convenios colectivos estatutarios. Por tanto, los convenios colectivos extraestatutarios tienen garantizada una eficacia personal limitada, siendo aplicables, a los sujetos negociadores y sus representados y representadas.

Consecuentemente, al considerarse que la eficacia jurídica normativa o real parte del contenido esencial de la fuerza vinculante de los convenios colectivos, y siendo al mismo tiempo esta última parte del contenido esencial del derecho a la negociación colectiva, actúa como límite sobre el poder legislativo.

---

[663] STSJ Navarra, de 1 de junio de 1992 FJ 1.

[664] PÉREZ DE LOS COBOS ORIHUEL, 2018, cit., p. 83. STC 108/1989 de 8 de junio; STS de 8 de junio de 1999, FJ que declara las cláusulas (del convenio extraestatutario) encaminadas a la adhesión individual de los trabajadores no pertenecientes a los Sindicatos firmantes son perfectamente lícitas.

[665] ALONSO OLEA y CASAS BAAMONDE, 2010, cit., p. 1027.

2.4. La negociación colectiva como parte del contenido esencial de la libertad sindical

Por último, queda analizar la conexión intrínseca entre los derechos contemplados en los artículos 7, 28 y 37 CE, donde se argumentará que efectivamente la negociación colectiva forma parte del contenido esencial de la libertad sindical y que por ello ciertas vulneraciones o restricciones de la negociación colectiva pueden propiciar el amparo constitucional, por deducirse de esa conducta una lesión directa a la libertad sindical. A este respecto se debe señalar, aunque sea brevemente, que la negociación de las personas pertenecientes a la función pública no forma parte del contenido esencial de su derecho a la libertad sindical, por lo que la restricción de la primera no conllevaría la vulneración de la segunda[666].

Tal y como se expuso en el estudio referente a la libertad sindical, y en especial en el análisis de su contenido esencial, dicha libertad no sólo implica aspectos organizativos propios de todo ente asociativo. También da cabida a diversas actividades externas, engarzadas todas ellas en torno a un sustancial eje común: defender el interés de la persona trabajadora frente a la preeminencia del empresario o empresaria[667]. En este sentido, sabido es que el fin propio de todo sindicato es la promoción y protección de los intereses socio – económicos de las personas trabajadoras, encontrando el reconocimiento a las organizaciones sindicales del derecho a la negociación colectiva, precisamente, en dicha misión. Así pues, la negociación colectiva constituye el medio principal de acción y el instrumento básico de participación de los sindicatos en la determinación de las condiciones de trabajo. De esta manera se incorpora al contenido esencial del derecho a la libertad sindical, convirtiéndose en parte de su núcleo mínimo, indispensable e indisponible[668].

Esa fue la interpretación del Tribunal Constitucional, al considerar que la negociación colectiva se erige en un medio necesario para el ejercicio de

---

[666] BENGOETXEA ALKORTA, 2005, cit., p. 59, donde indica que: «la Constitución ni prohíbe ni reconoce el derecho de negociación colectiva funcionarial, por lo tanto lo tolera. Así, se trata de un derecho que no tiene acogimiento constitucional, aunque tampoco impedimento expreso», al igual que defiende que «de la libertad sindical funcionarial, *ex* art. 28.1 CE, no se extrae necesariamente el derecho de negociación colectiva, ni tampoco ésta se encuentra reconocida en el art. 37.1 CE».

[667] CARMONA CONTRERAS, 2000, cit., 23.

[668] ALZAGA RUIZ, 2008, cit., pp. 321–322 y ALONSO OLEA y CASAS BAAMONDE, 2010, cit., p. 635: «En cuanto a los medios, que el sindicato propugne la consecución de los fines precisamente a través de la celebración de convenios colectivos es, asimismo esencial, puesto que, si se parte de la premisa básica de que, el sindicato es poder normativo, para serlo tienen que celebrar convenios colectivos, *ergo*, sino los puede celebrar no es sindicato. (…) el sindicato moderno es ante todo órgano de negociación; la principal función del sindicato es negociar con los empresarios salarios y (otras) condiciones de trabajo».

la acción sindical que reconocen los artículos 7 y 28.1 CE y porque la libertad sindical comprende inexcusablemente también aquellos medios de acción entre los que se encuentra la negociación colectiva, que contribuyen a que el sindicato pueda desenvolver la actividad a la que está llamado por la CE[669]. A mayor abundamiento, el TC dijo también que los derechos de actividad, es decir, la negociación colectiva, huelga e incoación de conflictos, son un núcleo mínimo e indisponible de la libertad sindical[670].

Afinando aún más estas precisiones, el Alto Tribunal no dudó en declarar que forma parte del derecho fundamental sindical el derecho de los sindicatos al ejercicio de las facultades de negociación. Ello no es sino consecuencia de una consideración del derecho de libertad sindical que atiende no solo al significado individual consagrado en el art. 28.1, sino a su significado colectivo, en cuanto derecho de los sindicatos al libre ejercicio de su actividad de cara a la defensa y promoción de los intereses económicos y sociales que les son propios[671]. Esta conexión conlleva como consecuencia la posibilidad de que toda actividad tendente a entorpecer o impedir la negociación colectiva entrañe al mismo tiempo una vulneración de la libertad sindical[672].

Antes de entrar a analizar los supuestos en los que el Tribunal Constitucional ha debido pronunciarse sobre la posible vulneración de la libertad sindical por alguna restricción de la negociación colectiva, es necesario volver a subrayar que el derecho de negociación colectiva no constituye de por sí y aisladamente considerado un derecho fundamental tutelable en amparo, dada su ubicación sistemática en la Constitución[673]. Consecuentemente, las lesiones al derecho de negociación colectiva pueden propiciar el amparo constitucional, en tanto en cuanto la limitación se realice sobre el derecho de negociación colectiva de los sindicatos[674].

Así pues, el derecho de negociación colectiva ha sido parcialmente incorporado por la jurisprudencia constitucional a la libertad sindical. Por una parte, abarca sólo la actividad de negociación, no su resultado. Por tanto, las

---

[669] STC 70/1982, de 29 de noviembre, FJ 3: «la libertad sindical comprende también el derecho a que los sindicatos fundados (…) realicen las funciones que de ellos es dable esperar, de acuerdo con el carácter democrático del Estado y con las coordenadas que a esta institución hay que reconocer» y más concretamente, STC 51/1988, de 22 de marzo, FJ 5: «el art. 28.1 de la Constitución integra derechos de actividad de los sindicatos (negociación colectiva, promoción de conflictos), medios de acción, que por contribuir de forma primordial al desenvolvimiento de la actividad a que el sindicato es llamado por el art. 7 CE, son un núcleo mínimo e indisponible de la libertad sindical». Refrendando lo mismo, SSTC 127/1989 de 13 de julio, FJ 4 y 121/2001, de 4 de junio, FJ 2.

[670] STC 9/1988, de 25 de enero, FJ 2.

[671] STC 73/1984, de 27 de junio, FJ 1.

[672] VALDÉS DAL – RÉ, 2018, cit., p. 1234.

[673] SSTC 118/1983, de 13 de diciembre, FJ 3; 45/1984, de 27 de marzo, FJ 1 y 98/1985, de 29 de julio, FJ 3.

[674] SSTC 4/1983, de 28 de enero, FJ 3; 118/1983, de 13 de diciembre, FJ 4; 80/2000, de 27 de marzo, FJ 5 y 222/2005, de 12 de septiembre.

cuestiones relativas a la validez y eficacia de los convenios colectivos no pueden ser hechas valer mediante recurso de amparo[675]. Por otra parte, sólo los elementos básicos de la actividad de negociación se estiman incorporados a la libertad sindical y, por ello, susceptibles de recurso de amparo[676].

De esta manera, el Tribunal Constitucional ha tenido ocasión de pronunciarse sobre cuestiones relativas a la composición de la Comisión negociadora o a la exclusión de determinados sindicatos de las Comisiones creadas expresamente por el propio Convenio Colectivo[677].

El Tribunal Constitucional no estimó vulneración de la negociación colectiva, y por ende de la libertad sindical, un supuesto en el que se niega la participación a un sindicato en las comisiones surgidas en el ámbito de un Convenio Colectivo. El propósito de estas Comisiones era llevar a cabo la aplicación de lo negociado anteriormente, por lo que el Tribunal Constitucional estimó que la exclusión del sindicato, que no había participado en la negociación del Convenio aplicable, era legal y constitucional[678].

No obstante, sí estimó como vulneradora del derecho a la negociación colectiva y fuerza vinculante de los convenios colectivos y de la libertad sindical, la exclusión, de la Mesa de negociación de la revisión de un Convenio Colectivo, de un sindicato legalmente legitimado para negociar ese Convenio, aunque no fuera parte de él[679].

Así pues, el Tribunal Constitucional basa la legalidad y constitucionalidad de un supuesto de exclusión de un sindicato en el carácter de las comisiones. Si resulta que la comisión es aplicadora de lo negociado, la exclusión de un sindicato para formar parte en dicha negociación resultará legal y constitucional, siempre que ese sindicato no haya participado en la negociación. Mientras que si la comisión es negociadora, la exclusión de un sindicato legitimado para formar parte de ella, habría de declararse como ilegal contraria a la CE[680]. En definitiva, lo que se impide a las partes del convenio colectivo es que puedan establecer comisiones con función de modificación

---

[675] SSTC 98/1985, de 29 de julio, FJ 3 y 177/1988, de 10 de octubre, FJ 3.

[676] DIEZ PICAZO, 2013, cit., p. 500.

[677] MONEREO PÉRERZ, y FERNÁNDEZ AVILÉS, 2008, p. 275.

[678] STC 39/1986, de 31 de marzo, se trata específicamente de un caso en el que el sindicato recurrente (CC.OO), pretende que, se reconozca su derecho a estar presente en una serie de comisiones, que tienen todas en común el haber surgido de acuerdos plasmados en el Acuerdo Económico y Social, entre Gobierno, patronal y el sindicato UGT. Así, el TC argumenta que en su FJ 6 que: «La equivalencia aproximada de representatividad entre los sindicatos no da derecho a un trato uniforme, si concurren otras circunstancias adicionales objetivas que en función de la cuestión de que se trate justifica el establecimiento de diferencias entre los mismos». En este mismo sentido, STC 9/1986, de 21 de enero, FJ 3.

[679] STC 73/1984, de 27 de junio, FJ 4.

[680] STC 184/1991, de 30 de septiembre, FFJJ 5 y 6.

o regulación de condiciones de trabajo no abiertas a un sindicato con legitimación negocial en ese ámbito[681].

El fenómeno de la individualización en masa también se ha reconducido a la tutela de la libertad sindical, declarando tales fenómenos lesivos del derecho[682]. Ciertamente, los acuerdos individuales en masa se han venido utilizando por la persona empresaria para proponer a una serie de personas trabajadoras unas condiciones laborales para que las acepten de forma tácita o expresa; condiciones laborales, que modifican las previstas en el convenio colectivo de aplicación[683]. Se trata de dilucidar, por tanto, si la voluntad individual de las personas trabajadoras, manifestada por la aceptación voluntaria de una oferta formulada por la empresa, puede modificar el contenido de lo pactado con carácter general en el convenio colectivo aplicable, sin que ello suponga una vulneración de la negociación colectiva, y por ende, la libertad sindical.

Como se tuvo oportunidad de analizar en anteriores epígrafes, el Tribunal Constitucional parte de la idea de que la negociación colectiva no supone negar virtualidad de la libertad de empresa reconocida en el artículo 38 CE, ni supone tampoco la anulación de la autonomía individual, pues esta garantía de la libertad personal ha de contar con un margen de actuación, incluso en unos ámbitos como los de la empresa en los que exigencias de índole económica, técnica o productiva reclaman una conformación colectiva de condiciones uniformes.

Así pues, la capacidad de incidencia del convenio colectivo sobre el contrato individual y la prevalencia del mismo sobre el contrato de trabajo, y el condicionamiento que supone sobre la voluntad unilateral de la persona empleadora, impide que la voluntad individual prevalezca sobre la colectiva. No obstante, no puede excluir un espacio propio para la autonomía individual y para el ejercicio de los poderes empresariales[684]. Ello significa que, en principio, la propuesta de la empresa a las personas trabajadoras individualmente consideradas no tienen por qué afectar necesariamente al derecho a la negociación colectiva, ni a la fuerza vinculante del convenio colectivo, ni, en fin y en última instancia, la libertad sindical, cuando la propuesta afecta a una materia no regulada en el convenio colectivo[685]. Dicho de otra manera, el empresario o la empresaria, actuando de manera unilateral o en concierto con un grupo de personas trabajadoras individualmente consideradas, puede incidir en la disciplina colectiva del sindicato, derecho éste que incluye el res-

---

[681] MONEREO PÉREZ y FERNÁNDEZ AVILÉS, 2008, cit., p. 276.

[682] MONEREO PÉREZ y FERNÁNDEZ AVILÉS, 2008, cit., p. 276.

[683] STC 208/1993, de 28 de junio, FJ 2, en la que el empresario intentó introducir a través del acuerdo individual de cada trabajador, gratificaciones temporales y un plus de disponibilidad.

[684] STC 208/1993, de 28 de junio, FJ 4.

[685] STC 208/1993, de 28 de junio, FJ 4.

peto al resultado alcanzado en el correspondiente procedimiento de negociación y a su fuerza vinculante, así como la sujeción a los procedimientos de modificación convencional establecidos[686].

No obstante, la libertad sindical puede vulnerarse en los casos en que la autonomía individual se impone a la colectiva, de manera que cuando la primera niega, obstaculiza o desvirtúa el ejercicio por los sindicatos de la segunda se ha de apreciar la lesión del artículo 28.1 CE[687]. La actuación unilateral de la empresa puede resultar lesiva del derecho a la libertad sindical cuando, aunque no alterase el contenido del convenio colectivo, la trascendencia colectiva de la medida adoptada por la empresa pudiera tener tal entidad como para afectar al propio sistema de negociación colectiva, por excluir la posibilidad de actuación de la voluntad colectiva a través del correspondiente convenio[688]. Consecuentemente, la autonomía individual —o la decisión unilateral de la empresa— no puede proceder a la modificación de las condiciones de trabajo establecidas en un convenio colectivo cuando ello, atendiendo a la trascendencia, importancia y significado de las condiciones laborales afectadas, eluda o soslaye la función negociadora de las organizaciones sindicales o vacíe sustancialmente de contenido efectivo el convenio[689].

A efectos de la calificación de la concreta utilización masiva de la autonomía individual como medida compatible o no con las bases constitucionales del sistema de relaciones laborales español, la jurisprudencia constitucional considera irrelevantes aspectos tales como: 1) el carácter peyorativo o no de la modificación operada; 2) que la modificación derive de una decisión unilateral del empresario o la empresaria o nazca de la voluntaria aceptación por parte de las personas trabajadoras de la oferta empresarial[690]; 3) que la modificación operada pueda o no considerarse como colectiva *ex* artículo 41.4 LET, pues el mayor o menor número de personas trabajadoras afectadas en modo alguno altera la naturaleza indudablemente colectiva, en función de su origen[691], de una condición establecida en un convenio colectivo; 4) que la intención de la empresaria o empresario al acudir a la negociación individual masiva sea la de perturbar el papel institucional del sindicato o, simplemente constituya una vulneración objetiva de la libertad sindical[692].

Asimismo, un rechazo injustificado a negociar puede lesionar el derecho a la libertad sindical de un sindicato. En el presente caso se resuelve un su-

---

[686] STC 238/2005, de 26 de setiembre, FJ 3.
[687] STC 238/2005, de 26 de septiembre, FJ 7 y MONEREO PÉREZ y FERNÁNDEZ AVILÉS, 2008, cit., p. 276.
[688] STC 208/1993, de 28 de junio, FJ 5.
[689] STC 238/2005, de 26 de septiembre, FJ 7.
[690] STC 105/1992, de 1 de julio, FJ 6.
[691] STC 238/2005, de 26 de septiembre, FJ 7.
[692] VALDÉS DAL – RÉ, 2012, cit., pp. 51–52.

puesto en el que un sindicato ve vulnerados sus derechos de negociación colectiva y libertad sindical, al incrementar la empresa de manera unilateral el salario del Convenio, sólo a una parte de la plantilla. Dicha subida se aplicó al rechazar, injustificadamente, la negociación con el sindicato en cuestión. Por ello, el Alto tribunal declaró vulnerado el derecho a la libertad sindical del sindicato al ver que la única finalidad de rechazar dicha negociación era impedir al sindicato el desarrollo de su actividad sindical. Ahora bien, no toda limitación de la capacidad de actuación de un sindicato determina una vulneración del referido derecho. No obstante, tal lesión sí se producirá cuando incida en el derecho a la actividad sindical y tenga lugar de modo arbitrario e injustificado[693].

En otro orden de consideraciones, la STC 187/1987, de 24 de noviembre, consideró que la asignación a un sindicato de un menor número de representantes en la comisión negociadora, con la consiguiente reducción de su capacidad negociadora, suponía una posible vulneración de la libertad sindical. En este sentido el TC partía de la premisa de que si se admite que el artículo 28.1 CE ampara la intervención de las asociaciones sindicales en la negociación colectiva, y se tiene en cuenta que la participación de las mismas, en los convenios colectivos de eficacia general, viene condicionada por su respaldo electoral, habrá que admitir también que la mediación de la representatividad de los distintos sindicatos concurrentes en una negociación puede tener alguna incidencia en el derecho a la libertad sindical. Así pues, la asignación de un menor número de representantes en la comisión negociadora, y la reducción consiguiente de su capacidad de acción dentro de la misma como resultado de una minoración injustificada del índice de representatividad atribuido a un sindicato, podría calificarse como lesión del derecho reconocido en el artículo 28.1 CE. No obstante, el TC recalca que no toda decisión acerca del índice de representatividad de un sindicato acarrea la vulneración automática del derecho fundamental de la libertad sindical. Así, concluye que, la disminución del número de representantes de un sindicato en la comisión negociadora de un convenio colectivo, derivada de un reajuste de la cuota representativa asignada a cada uno de los participantes, sólo podrá calificarse como lesiva de la libertad sindical si tiene su origen en una decisión contraria a la ley o claramente arbitraria e injustificada[694].

Al hilo de lo mencionado en el párrafo anterior, como ya se tuvo oportunidad de analizar, tampoco se consideró vulneradora de la negociación colectiva ni de la libertad sindical los requisitos de mayor representatividad regulados en el artículo 87.2 LET. La exclusión de la legitimación para negociar convenios colectivos supraempresariales a los sindicatos que no reúnan las condiciones previstas en el artículo antes mencionado de la Ley, no

---

[693] STC 107/2000, de 5 de mayo, FFJJ 6 y 7.
[694] STC 187/1987, de 24 de noviembre, FJ 4.

viola los artículos 7, 28.1 y 37.1 CE, habiendo optado la misma por regular una negociación colectiva de eficacia general que asegure su valor normativo, significando la legitimación más que una representación en sentido estricto, un poder *ex lege* de actuar y de afectar las esferas jurídicas de otro[695].

Por último, es preciso volver a apelar aquí al tema de la posible vulneración de la libertad sindical de las personas que desarrollan la representación unitaria, por ver coartado su derecho a la negociación colectiva, que forma parte del contenido esencial de la libertad sindical. Como se apuntaba anteriormente, aunque los y las representantes unitarios no sean titulares de la libertad sindical, se entiende que dicha libertad puede verse vulnerada cuando a los miembros de comités de empresa sindicalizados o delegados y delegadas de personal procedentes de candidaturas sindicales ven obstaculizados los derechos que forman parte de la libertad sindical, como lo es la negociación colectiva. En este sentido, y recordando la jurisprudencia del Tribunal Constitucional, «de no entenderse así el alcance del art. 28.1 CE, no sólo dejaría desprotegidos a los trabajadores, sino que, indirectamente, se estaría afectando de forma grave a los propios sindicatos y a las funciones que la Constitución les reconoce, puesto que las actividades dirigidas a todos los trabajadores y que tratan de implicar en la acción sindical no sólo a los que ya son miembros del sindicato (…) podrían verse frustradas al no ofrecer a todos los destinatarios la referida garantía constitucional»[696].

Haciendo esa lectura se podría concluir que la obstaculización de la negociación colectiva a las personas trabajadoras afiliadas que ostenten cargos de representación unitaria, podría suponer la vulneración de la libertad sindical.

---

[695] STC 57/1989, de 16 de marzo, FJ 2.b.
[696] STC 134/1994, de 9 de mayo, FJ 3.

CAPÍTULO III

La colisión del arbitraje público y obligatorio con la libertad sindical y la negociación colectiva

1. EL ARBITRAJE LABORAL EN EL ORDENAMIENTO JURÍDICO ESPAÑOL

Se quiere recordar que aquí se cuestiona el arbitraje público y obligatorio regulado en el artículo 82.3 LET, como consecuencia de la Reforma Laboral 2012.

Este arbitraje se introduce como un procedimiento destinado a dar una solución a los conflictos derivados de las iniciativas empresariales que inciden en la disciplina normativa del convenio colectivo aplicable. Es decir, se está ante la última fase del descuelgue de condiciones de trabajo reguladas en convenio colectivo, que en esta tesis ha sido calificada como un elemento ajeno a la autonomía colectiva, por tratarse de un arbitraje público y obligatorio.

Las razones que llevan a equipararlo con los antiguos laudos de obligado cumplimiento resueltos por la Administración, es decir como un arbitraje público y obligatorio, son esencialmente tres. Primeramente, no cabe duda de que se está ante un arbitraje, puesto que es un tercero ajeno a las partes en conflicto quién resuelve. En este caso, la Comisión Consultiva Nacional de Convenios Colectivos (en adelante CCNCC) u órgano asimilado de comunidad autónoma o un árbitro designado por dichos organismos. Segundo, es palpable su carácter público, pues el legislador ha optado por residenciar el arbitraje en un organismo de carácter público. Ciertamente, la CCNCC está adscrita al Ministerio de Empleo y Seguridad Social, convirtiéndose en un órgano administrativo de carácter colegiado, que es decisorio. Esto se debe a que, por la composición paritaria de la CCNCC, el voto final de calidad queda otorgado *ex lege* a la representación de la Administración, puesto que, siguiendo la lógica del conflicto, la representación del banco social y empresarial se limitarán a reproducir las discrepancias de origen. Y, en tercer lugar, su obligatoriedad queda demostrada, al contemplar la Ley expresamente, que la remisión del asunto a la Comisión, se produce a iniciativa de cualquiera de las partes; a *sensu contrario*, esta fase se puede poner en marcha contra la voluntad de una de las partes, que normalmente será la parte de la representación de las personas trabajadoras.

Siendo esta la premisa es necesario, por un lado, un breve estudio de la institución del arbitraje teniendo en cuenta para ello la interpretación «clásica» estructurada por el Tribunal Constitucional. Y, por otro lado, el estudio de las últimas sentencias del Alto Tribunal, donde redefine la institución del arbitraje y hace imprescindible la comparación de esta redefinición con la mencionada interpretación «clásica», siendo ésta la interpretación seguida hasta el año 2014.

1.1. **El arbitraje laboral en el ordenamiento jurídico español**

El arbitraje laboral es, junto con la conciliación y la mediación, uno de los mecanismos de resolución de conflictos destinados a resolver, tanto los individuales como los colectivos. A mayor abundamiento, el arbitraje laboral podría definirse como una institución o método destinado a resolver un conflicto, —jurídico o de intereses—, e, —individual o colectivo—, en el que las partes interesadas acuden a un tercero ajeno al conflicto —el árbitro —, en quién delegan la resolución del mismo y cuya decisión —laudo arbitral— es vinculante para ambas partes, en virtud del previo compromiso de sumisión arbitral y pone fin al mismo[697]. Dicha vinculación es la nota discordante entre el arbitraje y los otros dos métodos, la conciliación y la mediación[698], y una de las razones por el que tiene un carácter subsidiario y residual[699].

---

[697] En este sentido, PÉREZ CAMPOS, A.I., «El arbitraje laboral», *Revista del Ministerio de Empleo y Seguridad Social, núm. 123,* 2016, p. 134; OLARTE ENCABO, S., «La institución arbitral y la solución de conflictos laborales: dimensión y aristas», Ponencia en el «Congreso internacional: procedimientos alternativos de solución de conflictos», 9 y 10 de octubre de 2019, Granada.

[698] Puesto que y conviniendo con CRUZ VILLALÓN, J., «El arbitraje como procedimiento de solución de los conflictos laborales en España», *Revista IUS ET VERITAS, NÚM. 45,* 2012, p. 121: «el conciliador o mediador solo poseen una mera facultad de acercamiento de posiciones o propuesta de soluciones, careciendo de la capacidad resolutoria que se le otorga al árbitro; en este sentido el arbitraje se presenta como la fórmula más intensa de intervención de un tercero en la resolución de los conflictos laborales».

[699] Así, en palabras de OLARTE ENCABO, 2019, cit., p. «A partir de la instauración del modelo democrático de relaciones laborales, el arbitraje laboral —especialmente el arbitraje

Muestra de ello son las últimas reformas laborales[700], en las que se vislumbra un evidente propósito de incentivar este mecanismo de resolución de conflictos por parte del legislador[701]. Otra de las razones que impregnan al arbitraje con dicho carácter subsidiario y residual es la voluntariedad de las partes, puesto que tal y como se verá, tiene *a priori* carácter voluntario y ello «requiere una voluntad negociadora que no siempre está presente en los conflictos laborales» [702].

Antes de seguir profundizando en los elementos esenciales de esta institución, haciendo especial hincapié en su voluntariedad, se quiere apuntar lo atomizada que se encuentra la regulación del arbitraje laboral[703]. Por sus peculiaridades —sobre todo por la presencia de arbitrajes obligatorios en el ordenamiento laboral— quedó fuera de la Ley General de Arbitraje

---

obligatorio— ha ocupado un lugar muy modesto y limitado, fundamentalmente, en mi opinión, por sus connotaciones autoritarias. Estos motivos históricos han determinado que desde 1980 hasta fechas muy recientes el arbitraje se caracterice por ser un medio de solución de conflictos de carácter excepcional y subsidiario, a pesar del avance de los procedimientos autónomos de solución a través de acuerdos interprofesionales (especialmente la mediación)». En este sentido se pronuncia también ALFONSO MELLADO, C.L., «Algunas consideraciones en torno al arbitraje laboral», *Revista de treball economía i societat, núm. 22*, 2001, p. 23, cuando apunta que: «el arbitraje es escasamente utilizado en España porque hasta ahora ha contado con escasa tradición, no ha gozado de una regulación legal que lo promocionase (…) (y) además de estas razones, (…) pueden existir algunos recelos en torno al arbitraje». También conviene CRUZ VILLALÓN, 2012, cit., p. 122, cuando afirma que: «Dada la intensidad en la resolución de los conflictos laborales que posee el arbitraje, es al mismo tiempo (…) la fórmula cuantitativamente menos utilizada en nuestro sistema de relaciones laborales, así como sucede en muchos otros países». Y por último, PÉREZ CAMPOS, 2016, cit., p. 152, cuando apunta que este carácter residual proviene por considerarla como un proceso cercano a la vía judicial.

[700] BALLESTER PASTOR, M.A., «Balance del arbitraje laboral como instrumento para la solución efectiva de conflictos colectivos», Ponencia I Congreso, Madrid 25 de noviembre de 2015, disponible en https://fsima.es/wp-content/uploads/Ponencia-I-Congreso-El-arbitraje-laboral.-25-11-15.-Amparo-Ballester.pdf, p. 5: «En el fondo, en las reformas de 2011 y de 2012 que favorecían arbitrajes que parecían obligatorios en conflictos de intereses se advertía una cierta obsesión por la paz social y una desmedida valoración negativa del conflicto que parece más propia de otras épocas».

[701] PEREZ CAMPOS, 2016, cit., p. 133.

[702] Ahondando más en la diferencia entre el arbitraje y los otros dos medios de resolución autónoma de conflictos, es decir, la conciliación y la mediación, ALFONSO MELLADO, 2001, cit., pp. 4–5, apunta que: «a diferencia de lo que ocurre con los procedimientos de conciliación y mediación que muchas veces se presentan como de utilización obligatoria, (el arbitraje) es un procedimiento al que debe acudirse de forma voluntaria».

[703] VEGA LÓPEZ, J., «El arbitraje «obligatorio» que pone fin a la huelga», *Temas laborales: Revista andaluza de trabajo y bienestar social, núm. 70*, 2003, pp. 266 y 267, cuando apunta que: «El ordenamiento laboral español carece de un texto legal unitario que regule el régimen jurídico completo del arbitraje laboral» y que por tanto, «La regulación (…) no es unitaria en el ordenamiento laboral, sino que se puede afirmar lo contrario, que su regulación se encuentra atomizada, es inconexa y diversa según el tipo de conflicto al que tenga que dar respuesta».

(Ley 6/2003)[704]. Ello conlleva que su regulación no sea unitaria y que en ella confluyan normas legales sustantivas, procesales y convencionales[705].

Una vez realizada esta puntualización, los elementos clave del concepto del arbitraje laboral se podrían individualizar de la siguiente manera: por un lado, la actuación de un árbitro como sujeto privado imparcial; por otro lado, la capacidad de imposición jurídica a las partes de la solución decidida por el árbitro; y, por último, el compromiso arbitral, fruto de la voluntariedad como carácter general de esta institución, que admite excepciones —aunque las mismas planteen problemas de orden constitucional y político[706]—.

De todo ello se colige que cuando se habla de arbitraje se pueden contabilizar diversas modalidades que se suelen sistematizar en dos tipos de arbitraje: el arbitraje voluntario y el obligatorio[707]. Se estará ante un tipo u otro dependiendo de la libertad o no de las partes en lo que refiere al inicio del procedimiento arbitral, y/o en la libertad de designar el árbitro[708].

Los arbitrajes voluntarios se deben diferenciar en dos tipos: los arbitrajes «en frío» y los arbitrajes «en caliente», dependiendo del momento en que se convenga el compromiso arbitral. Los primeros serían aquéllos en los que la obligatoriedad viene impuesta en un convenio colectivo. Y los segundos, cuando las partes lo acuerdan cuando el conflicto ya está instaurado. Por lo que, tal y como se afirmaba en el primer capítulo, los propios convenios co-

---

[704] OLARTE ENCABO, 2019, cit., p. 1.

[705] PÉREZ CAMPOS, 2016, cit., p. 135.

[706] OLARTE ENCABO, 2019, cit., p. 1 y MANRIQUE LÓPEZ, V.F., «El arbitraje laboral. Un nuevo enfoque jurídico», en ABEL LLUCH, X., (Dir.), *Las medidas preventivas de conflictos jurídicos en contextos económicos inestables,* Bosch, España, 2014, p. 253, donde considera que el arbitraje tiene tres características, siendo las mismas, el compromiso arbitral, la obligatoriedad del laudo y la imparcialidad del árbitro. Y afirma que, sin una de estas características, es decir, la inexistencia de las mismas, desdibujaría la figura del arbitraje. Como contraposición a la inclusión del carácter voluntario del arbitraje como elemento clave del concepto, CRUZ VILLALÓN, 2012, cit., p. 124, apunta que la voluntariedad es un rasgo caracterizador del arbitraje y no un factor definitorio, imprescindible en todo procedimiento arbitral, puesto que de esta manera no se permitiría su adaptación a los condicionantes de una efectiva implantación de los procedimientos arbitrales. A mayor abundamiento apunta que: «no se puede desconocer que la total y plena negación del principio voluntarista puede lesionar derechos subjetivos (…). Pero, al mismo tiempo, lo que no se puede hacer es efectuar una lectura unidireccional de este tipo de derechos, interpretándolos en términos absolutos». De hecho, este mismo autor, al individualizar los elementos clave del concepto del arbitraje únicamente hace alusión a los dos primeros. En este sentido CRUZ VILLALÓN, 2012, cit., p. 121.

[707] PÉREZ CAMPOS, 2016, cit., pp. 143 - 144, dónde a mayor abundamiento apunta que: (históricamente) «los calificativos de arbitraje voluntario y obligatorio surgen por primera vez en la Ley 38/1973, precisamente en la primera ordenación normativa que admite de forma expresa que el mismo mecanismo de solución de divergencias que venía utilizando la autoridad laboral, el laudo arbitral, podría también quedar en manos de las propias partes divergentes, al concedérseles la facultad de acogerse a un arbitraje. Por otra parte, sobre la libertad de los sujetos de someterse o no a tal medio de solución, se constituía el arbitraje voluntario».

[708] CRUZ VILLALÓN, 2012, cit., p. 124.

lectivos pueden establecer un compromiso previo de sumisión de arbitraje para solventar las discrepancias surgidas en el procedimiento de descuelgue, estando en este caso ante un arbitraje «en frío». De hecho, la regulación de arbitrajes obligatorios en el ámbito de los convenios colectivos, para dar solución a eventuales conflictos que puedan venir es aceptable, y hasta recomendable.

No ocurre lo mismo en la regulación del arbitraje obligatorio por los acuerdos interprofesionales, tanto si tienen carácter estatal o autonómico. Dicha regulación resulta ser más controvertida, pues se podría entender que la misma «desembocaría en una limitación de las facultades de negociación colectiva de las partes afectadas, incluso en una limitación de la libertad sindical en la medida en que condiciona por parte de entes superiores a organizaciones sindicales autónomas y con personalidad jurídica propia el ejercicio de sus facultades de actividad sindical» [709]. Ciertamente, el V ASAC, en su artículo 18.1 estableció que el arbitraje sólo será posible cuando ambas partes, de mutuo acuerdo, lo soliciten[710].

En lo que a los arbitrajes obligatorios se refiere deben ser clasificados en dos tipos: por un lado, los que vienen impuestos por una parte a la otra cuando así lo contemple la ley. Y, por otro lado, el llamado arbitraje público o impropio, es decir, el que se impone a ambas partes por el Estado. Tal y como apuntan algunos autores, es la presencia de estos tipos de arbitrajes obligatorios en el ordenamiento laboral la que plantea los problemas de orden constitucional y político anteriormente mencionados.

Al efecto, en el ordenamiento laboral encontramos en primer lugar, el arbitraje en elecciones a representantes[711]. Más concretamente, el arbitraje relativo a la impugnación del procedimiento electoral de designación de delegados de personal, miembros de comités de empresa y representantes asimilados en la Administración Pública[712]. En segundo lugar, se encuentra el arbitraje obligatorio que pone fin a la huelga, previsto en el artículo 10 del Real Decreto – Ley 17/1977, de 4 de marzo de Relaciones de Trabajo[713]. En él se establece que el Gobierno, a propuesta del Ministerio de Trabajo, y

---

[709] CIALTI, 2016, cit., p. 194.

[710] Esta previsión se mantiene en el VI ASAC, de 10 de diciembre de 2020, que en su artículo 9.1.b) reitera que el arbitraje sólo será posible cuando ambas partes, de mutuo acuerdo, lo soliciten por escrito.

[711] Regulado en el artículo 76 LET y desarrollado por el RD 1844/1994, de 9 de septiembre.

[712] Sobre este tipo de arbitraje en concreto, PÉREZ CAMPOS, 2016, cit., p. 144, apunta que: «a diferencia de otros arbitrajes impuestos, éstos (…) gozan de un nivel de aceptación relativamente alto. La razón de ello quizá se sitúe en el hecho de que no son en sentido estricto conflictos entre trabajadores y empresarios (…) sino fundamentalmente por defectos en el desarrollo del procedimiento electoral que afectan exclusivamente al sindicato o representación reclamante y muy esporádicamente a sus trabajadores representados».

[713] En adelante RDLRT 17/1977.

teniendo en cuenta varios factores que a continuación se enumerarán, está facultado a instituir un arbitraje obligatorio. Para ello, se deberán tener en cuenta la duración o las consecuencias de la huelga, las posiciones para las partes y el perjuicio grave de la economía nacional[714].

Llegados a este punto, se debe hacer un inciso y apuntar que la constitucionalidad de este precepto se estudió en la STC 11/1981, donde el Tribunal Constitucional estimó la legitimidad constitucional parcial del artículo 10 RDLRT 17/1977, puesto que consideró que la negociación colectiva, al igual que la autonomía privada, admite excepciones o limitaciones derivadas del interés general. Eso sí, para admitir la constitucionalidad de dicho precepto y consecuente aplicación, el TC apunta que eso sería posible siempre y cuando se respetaran tres premisas o requisitos, tales como: 1) el requisito de imparcialidad de los árbitros; 2) que se estuviera ante una huelga convocada por un conflicto colectivo de intereses; y 3) que las consecuencias de la huelga afectaran a los intereses generales[715]. Así, estimó que el Gobierno sí tiene facultad para instituir un arbitraje obligatorio en estos casos concretos, pero no en cambio para imponer la reanudación al trabajo[716].

Dicho esto, en tercer y último lugar se encuentra la última incorporación a esta categoría. El ya por todos conocido arbitraje obligatorio y público por inaplicación de las condiciones laborales pactadas en convenio colectivo, regulado en el artículo 82.3 LET.

Tanto de los elementos esenciales del concepto del arbitraje como del carácter excepcional atribuido al arbitraje público y obligatorio del artículo 10 RDLRT por el Tribunal Constitucional, aplicable únicamente cuando el interés general se ve comprometido, se desprende que el arbitraje, *a priori* y por regla general, tiene carácter voluntario. Esto es debido a que generalmente se parte del hecho de que nos movemos en el terreno de procedimientos privados de resolución de conflictos y por extensión éstos están basados en el principio de voluntariedad y autonomía de las partes[717]. Por lo tanto, es preciso afirmar que el arbitraje, al igual que la conciliación y la mediación, encuentra su fundamento en la autonomía de la voluntad de las partes. En resumidas cuentas, «el carácter voluntario del sometimiento al arbitraje es una condición *sine qua non* de su puesta en marcha»[718]. Esta voluntad se plasma

---

[714] Vid. artículo 10 del RDLRT 17/1977, de 4 de marzo, sobre relaciones de trabajo.

[715] STC 11/1981, de 8 de abril, FJ 19.

[716] PÉREZ CAMPOS, 2016, cit., p. 144. En este sentido, el artículo 10 RDLRT 17/1977 estaba redactado de la siguiente manera: «El Gobierno, a propuesta del Ministerio de Trabajo, teniendo en cuenta la duración o las consecuencias de la huelga, las posiciones de las partes y el perjuicio grave de la economía nacional, podrá acordar la reanudación de la actividad laboral en el plazo que determine, por un período máximo de dos meses o, de modo definitivo, mediante el establecimiento de un arbitraje obligatorio».

[717] CRUZ VILLALÓN, 2012, cit., p. 124 y PÉREZ CAMPOS, 2016, cit., p. 135.

[718] CIALTI, 2016, cit., p. 195.

en el compromiso arbitral. En él, se reflejarán el consentimiento mismo al procedimiento y el pacto sobre la designación, de mutuo acuerdo, de la persona que va a llevar a cabo la tarea arbitral. Así, el consentimiento al procedimiento supone que ambas partes aceptan el carácter vinculante de la decisión del árbitro, es decir, del laudo arbitral[719].

Esta premisa es la que defiende y comparte la doctrina iuslaboralista que, a su vez, se fundamenta en la doctrina constitucional establecida en la precitada STC 11/1981 de 8 de abril, en la que el Tribunal, además de valorar la legitimidad constitucional del artículo 10 RDLRT, también tuvo que analizar la conformidad del artículo 25.b) del mismo cuerpo legal con la CE. En este segundo caso, y anunciando el final de esta historia, el TC consideró contrario a la Carta Magna el arbitraje público y obligatorio que ese artículo preveía para los conflictos colectivos de intereses. Así pues, tomando en consideración lo dictado en dicha sentencia, se defiende que tanto el arbitraje impuesto por el Estado a ambas partes, como cuando lo imponga una de las partes en conflicto a la otra por expresa habilitación legal, es contrario a la CE por vulnerar el derecho a la negociación colectiva en relación con el artículo 28 CE[720].

Debido a la relevancia de la precitada sentencia para este tema de investigación, se estima oportuno el análisis de los argumentos esgrimidos en aquél entonces por el TC. Esto se debe al paralelismo existente entre el artículo 25.b) RDLRT 17/1977 y el actual 82.3 LET y los consiguientes pronunciamientos del TC sobre la conformidad con la CE tanto de uno como de otro, resultando ser estos pronunciamientos contrapuestos entre sí, realizando el Alto Tribunal de esta manera un cambio de criterio en las SSTC 119/2014, de 16 de julio y 8/2015, de 22 de enero.

Tal y como se ha adelantado, la STC 11/1981, además de estudiar la conformidad constitucional del artículo 10 del RDLRT 17/1977, también valoró la legitimidad constitucional del artículo 25.b) del mismo cuerpo legal. Dicho artículo preveía que «Si las partes no llegaran a un acuerdo, ni designaren uno o varios árbitros, la autoridad laboral procederá del siguiente modo: (…) b) Si el conflicto se planteara para modificar condiciones de trabajo, la autoridad laboral dictará laudo de obligado cumplimiento resolviendo todas

---

[719] MANRIQUE LÓPEZ, 2014, cit., p. 254.

[720] OLARTE ENCABO, 2019, cit., p. 4. Conviniendo con esta idea, CRUZ VILLALÓN, J., «El nuevo papel de la mediación y el arbitraje en los procesos de negociación colectiva», *Relaciones laborales: Revista Crítica de Teoría y Práctica, núm. 2,* 2011, p. 394, afirma lo siguiente: «Es cierto que la jurisprudencia constitucional lo relaciona *(el arbitraje obligatorio)* con un supuesto singular de arbitraje público obligatorio, pero la fundamentación jurídica orienta la discusión y el dilema de constitucionalidad hacia la restricción que ello provoca sobre la autonomía negocial de las partes, de modo que su imputación de inconstitucionalidad es referible a cualquier arbitraje, sea público o privado». Dicho en otras palabras, este autor considera que la inconstitucionalidad del arbitraje llevado a cabo en conflicto de intereses se aplica a todo tipo de arbitrajes obligatorios y no solo a los arbitrajes públicos.

las cuestiones planteadas». Es decir, este precepto legal preveía un arbitraje público y obligatorio en conflictos colectivos de intereses, también conocido como laudo de obligado cumplimiento aplicado en los conflictos de intereses[721].

Las personas que presentaron el recurso de inconstitucionalidad alegaban vulneración del derecho a la negociación colectiva reconocido en el artículo 37.1 CE, por medio de esos laudos de obligado cumplimiento del artículo 25.b) RDLRT 17/1977. Antes de entrar en el análisis de si el arbitraje público y obligatorio constituyera o no una vulneración del artículo 37.1 CE, el TC realiza una importante constatación cuando afirma que el «arbitraje público obligatorio no es genuino arbitraje (...) en modo alguno lo es el que reúne al mismo tiempo las características de ser público y de ser obligatorio»[722]. Tras lo cual, deriva la cuestión a la división de poderes en un Estado democrático, es decir, plantea la posible ilegitimidad del arbitraje público y obligatorio por vulnerar el principio de división de poderes. Esto es debido a que, tal y como afirmó el Alto Tribunal, se confieren «potestades que a primera vista parecen jurisdiccionales, por consistir en la resolución de conflictos (...) a órganos de la Administración, en contra del principio de la división de poderes»[723].

No obstante, tras hacer este apunte, el Tribunal abandona esta línea de análisis por no «dar respuesta a la demanda de los recurrentes, pues éstos fundan su demanda en la violación del artículo 37 de la Constitución y en la idea de que dicho artículo consagra el derecho a la negociación colectiva en términos tales que ningún otro instrumento puede suplir a éste a la hora de alcanzar la normativa laboral»[724]. El TC rechaza esta última concepción del

---

[721] Dicho en palabras del Tribunal Constitucional, STC 11/1981, de 8 de abril, FJ 25, lo que el artículo 25.b) RDLRT 17/1977 preveía era «la articulación de un llamado arbitraje público obligatorio para resolver los conflictos sobre modificación de condiciones de trabajo y, en especial el conflicto nacido del fracaso de la negociación del convenio». En otro orden de cosas es preciso apuntar que el arbitraje obligatorio en conflicto de intereses o el laudo de obligado cumplimiento está ligado en el estado español a las dictaduras. Tal y como apunta BALLESTER PASTOR, 2015, cit., p. 7: «Durante la dictadura de Primo de Rivera, los comités paritarios solían concluir con un laudo y aspiraban a configurar un sistema de relaciones laborales de corte corporativo en el que dichos órganos sustituirían la acción de los sindicatos libres. Durante la dictadura de Franco si el conflicto era jurídico la vía de reclamación era la judicial. Si el conflicto era de intereses se ponía en marcha un arbitraje obligatorio (laudo de obligado cumplimiento) a cargo de la Autoridad Administrativa Laboral. Así se establecía, casi en idénticos términos, en la Ley de Convenios Colectivos de 19 de diciembre de 1973, en el Decreto Ley 5/75, de 22 de mayo y en el art. 25.b del Real Decreto Ley de Relaciones de Trabajo, RDL 17/77, de 4 de marzo (en adelante RDLRT)».

[722] STC 11/1981, de 8 de abril, FJ 25.

[723] STC 11/1981, de 8 de abril, FJ 25.

[724] STC 11/1981, de 8 de abril, FJ 25.

derecho a la negociación colectiva y apunta que la autonomía colectiva es como la autonomía individual y que por tanto admite excepciones[725].

Lo importante aquí es la valoración que realiza el TC sobre la magnitud de esas excepciones, es decir, 1) qué se consideraría como una excepción del derecho a la negociación colectiva acorde a la CE, y 2) que por tanto admitiría la aplicación de un arbitraje obligatorio no originario de la negociación colectiva. Al respecto el TC apunta que «la justificación puede hallarse en el daño que el puro juego de las voluntades particulares y las situaciones que de él deriven, puede irrogar a los intereses generales»[726], como ocurría en el caso del artículo 10 RDLRT, quedando así justificado el arbitraje obligatorio en él previsto. Sigue el Tribunal señalando que «Sin embargo, en el caso de los artículos 25.b) y 26, ni se trata propiamente de un arbitraje ni, aunque fuera así, concurren los elementos justificativos de la restricción que al derecho de negociación pueden establecerse sin afectar el contenido constitucional definido en el artículo 37 de la Constitución»[727]. De ello se concluye que, para el Tribunal, el arbitraje regulado en el artículo 25.b) no es un verdadero arbitraje, por ser, sin más, una manifestación directa y clara del intervencionismo estatal. Es más, aunque fuera un arbitraje propiamente dicho, pero con la Autoridad Pública fuera de escena, deben concurrir unos elementos justificativos de la restricción. En palabras del Tribunal, esos elementos justificativos únicamente se dan cuando el interés general queda afectado[728].

Consecuentemente, el Tribunal Constitucional mediante esta Sentencia construyó una doctrina constitucional en la que se afirmaba que un arbitraje, por ser público y obligatorio, no puede ser calificado como arbitraje. Es más, precisó un aspecto conceptual muy importante al recalcar la incompatibilidad entre el arbitraje como medio de composición y la decisión obligatoria impuesta por los poderes públicos. A mayor abundamiento, siguiendo la sentencia, se admite como única excepción el interés general, para que el arbitraje obligatorio aplicado para dirimir un conflicto de intereses sea acorde a la Constitución. En otras palabras, «cualquier intervención obligatoria de tercero que no sea manifestación de la propia negociación colectiva, y que por tanto constituya un arbitraje obligatorio, resultará contraria al derecho de negociación colectiva a menos que se instaure a efectos de preservar el interés general»[729].

---

[725] STC 11/1981, de 8 de abril, FJ 25: «Es ésta una tesis que no puede ser acogida, pues resultaría paradójico que existiera una bolsa de absoluta y total autonomía dentro de una organización como el Estado, que, por definición, determina para sus súbditos un facto heteronómico».

[726] STC 11/1981, de 8 de abril, FJ 25.

[727] STC 11/1981, de 8 de abril, FJ 25.

[728] BALLESTER PASTOR, 2015, cit., p. 9.

[729] BALLESTER PASTOR, 2015, cit., p. 9.

Hasta la Ley 3/2012, de 6 de julio, para la reforma del mercado laboral, y las dos Sentencias del Tribunal Constitucional que analizaron la legitimidad del arbitraje regulado en el artículo 82.3 LET, esta ha sido la deriva interpretativa que se ha venido acogiendo. Es por ello por lo que se considera tan sorprendente y tan difícil de asumir la declaración de constitucionalidad del arbitraje del artículo 82.3 LET.

2. LA VULNERACIÓN DEL DERECHO A LA NEGOCIACIÓN COLECTIVA POR EL ARBITRAJE DEL ARTÍCULO 82.3 LET

Tras el estudio del artículo 82.3 LET, del derecho a la negociación colectiva y del derecho a la libertad sindical, siendo estos dos derechos los que pueden ser objeto de vulneración según como se regule y aplique la institución del arbitraje, hay que resolver si el arbitraje regulado en el artículo 82.3 LET, calificado como arbitraje público y obligatorio, vulnera el derecho a la negociación colectiva y fuerza vinculante de los convenios colectivos y, por extensión, el derecho a la libertad sindical.

Para ello es imprescindible el análisis de las ya tantas veces mencionadas Sentencias del Tribunal Constitucional, STC 119/2014, de 16 de julio y STC 8/2015, de 22 de enero[730]. Se analizarán los argumentos del Tribunal Constitucional y su crítica, apoyada por un lado en los votos particulares, y por otro lado, en la doctrina laboral que ha analizado y comentado los dos pronunciamientos. Por último, los argumentos ya expuestos en los dos capítulos anteriores.

2.1. **Análisis del canon de constitucionalidad utilizado por el Tribunal Constitucional y el consecuente juicio de proporcionalidad de la medida, en este caso el arbitraje del art. 82.3 LET**

Las SSTC 119/2014, de 16 de julio y 8/2015, de 22 de enero, resolvieron los recursos de inconstitucionalidad donde se impugnaba, en concreto, el párrafo octavo del artículo 82.3 LET[731], que regula el arbitraje público y obligatorio al atribuir una función decisoria dirimente a la CCNCC u órganos

---

[730] Estas dos sentencias van acompañadas con sendos votos particulares redactados por el Magistrado don Fernando Valdés Dal – Ré, a los que se sumaron la Magistrada doña Adela Asua Batarrita y el Magistrado don Luis Ignacio Ortega Álvarez, que también se analizarán en este capítulo.

[731] Es preciso apuntar que la inconstitucionalidad de esta norma ya se había cuestionado ante la jurisdicción ordinaria, habiendo sido rechazada en dos ocasiones la presentación de cuestión de inconstitucionalidad en relación con el citado párrafo del art. 82.3 LET. Para mayor profundización, SSAN de 9/12/2013 y 11/02/2014.

correspondientes de las Comunidades Autónomas. La impugnación se basó en la vulneración, por medio de dicho arbitraje, de los artículos 37.1 CE y 28.1 CE, así como del artículo 24.1 CE[732].

Para resolver ambos recursos, el Alto Tribunal apoya su argumentación en cuatro argumentos, a saber: 1) la configuración legal del derecho a la negociación colectiva reconocida en el artículo 37.1 CE. 2) la inexistencia de un monopolio sindical respecto al derecho a la negociación colectiva. 3) la necesidad de defensa de los principios y derechos enumerados en los artículos 38, 35.1 y 40.1 CE, junto con la calificación de la medida como necesaria, estando la misma justificada por ser idónea, razonable y proporcional, dada la situación de grave crisis económica que estaba atravesando el estado español. 4) Y, la diferenciación del actual arbitraje con los laudos de obligado cumplimiento analizados en la STC 11/1981.

Antes de entrar en el análisis del debate reflejado en las mencionadas Sentencias, no se quiere dejar de subrayar que los argumentos esgrimidos en ellas pueden ser calificados como sorprendentes e innovadores. Esto es debido, primero, a la ruptura de la doctrina jurisprudencial establecida por el propio Tribunal respecto a la autonomía colectiva, fuerza jurídica vinculante de los convenios colectivos y el arbitraje público y obligatorio[733]. Y segundo, por elevar a la categoría de canon de constitucionalidad el escenario económico adverso, refiriéndose a la crisis económica, que el Estado español estaba atravesando en el momento en que la medida legislativa fue tomada[734].

---

[732] STC 119/2014, de 16 de julio, Antecedentes, 3.a): «El Letrado del Parlamento de Navarra», apuntó que «El art. 14 acomete una profunda reforma del régimen de la negociación colectiva laboral, recogiendo en su apartado uno la regulación el descuelgue o inaplicación en la empresa de los convenios colectivos aplicables; estableciendo también un arbitraje obligatorio que sería incompatible con la efectividad de los derechos a la tutela judicial efectiva y a la negociación colectiva, con infracción de los arts. 24.1 y 37.1 CE». Y por su parte en la STC 8/2015, de 22 de enero, Antecedentes, 2.b): «los recurrentes (…) consideran inconstitucional (…) el apartado primero del art. 14 de la ley 3/2012, de 6 de julio, de medidas urgentes para la reforma del mercado laboral (…) por el que se da nueva redacción al art. 82.3 LET, al que imputan la vulneración de los arts. 24.1, 28.1 y 37.1, todos ellos de la Constitución, con motivo de la atribución a la Comisión Consultiva Nacional de Convenios Colectivos, o a los órganos correspondientes de las Comunidades Autónomas, de la facultad de acordar la inaplicación de lo pactado en convenio colectivo».

[733] OLARTE ENCABO, 2019, cit., pp. 8–9.

[734] STC 119/2014, de 16 de julio, voto particular, FJ II.B.1.

2.1.1. *La configuración legal del derecho a la negociación colectiva reconocido en el artículo 37.1 CE*

Como punto de partida, se debe mencionar el análisis que el TC realiza de los artículos de la Constitución Española que otorgan al Estado el poder para legislar las relaciones laborales. Así, subraya que el Estado tiene competencia exclusiva en materia de legislación laboral y para regular las condiciones básicas que garanticen la igualdad de toda la ciudadanía en el ejercicio de los derechos constitucionales y para ordenar los principios y criterios con arreglo a los cuales se ha de regir la materia laboral. Seguidamente, trae a colación el artículo 35.1 CE, en el que se encomienda al legislador estatal la regulación de un estatuto de los trabajadores. Y por último, menciona el artículo 53.1 CE que remite a la ley la regulación de los derechos y libertades laborales reconocidos en el Capítulo II de su Título I[735]. Tal y como se analizará más adelante, el Tribunal no menciona aquí la obligación del legislador de respetar el contenido esencial de los derechos y libertades laborales reconocidos en el Capítulo II del Título I, cuando lleva a cabo su regulación que ya de entrada, resulta sospechosamente sorprendente.

Dada la alegación de la parte recurrente de la vulneración del derecho a la negociación colectiva y fuerza vinculante de los convenios colectivos y, por extensión, del derecho a la libertad sindical, el TC pasa a recordar las líneas fundamentales de su doctrina sobre estos derechos.

Respecto a la negociación colectiva, en las líneas siguientes se enumerarán aquellas características o elementos de la misma, que el Tribunal Constitucional destaca y describe de tal manera que le sirvan para apoyar su tesis sobre la constitucionalidad de la medida. Dicho de otro modo, los elementos que seguidamente se enumeran son aquellos que son propicios para que el Alto Tribunal pueda defender la constitucionalidad del arbitraje público y obligatorio, no interpretando el derecho a la negociación colectiva en su totalidad o como un todo, llegando a obviar, incluso ningunear, tanto los demás elementos de este derecho[736], como su propia doctrina jurisprudencial anterior.

---

[735] STC 8/2015, de 22 de enero, FJ 2. Según el Tribunal, es en el marco constitucional marcado en dichos artículos, en los que se inserta la reforma laboral cuestionada.

[736] En este sentido la STC 119/2014, de 16 de julio, FJ 4, destaca, por un lado, que el reconocimiento autónomo y diferenciado de la negociación colectiva en el art. 37.1 CE supone la superación de la mera idea de libertad de negociación, como esfera libre de injerencias; por otro lado, la eficacia inmediata del derecho a la negociación colectiva y la fuerza vinculante de los convenios colectivos; y por último, respecto a la fuerza vinculante de los convenios colectivos, el Tribunal subraya la inconstitucionalidad de la contratación individual en masa. La STC 8/2015, de 22 de enero, FJ 2, por su parte, destaca la fuerza jurídica vinculante de los convenios colectivos, siendo los mismos fruto del ejercicio del derecho a la negociación colectiva y fuentes de regulación de las condiciones de trabajo. Y destaca, que la negociación colectiva se erige en un instrumento esencial para la ordenación de las relaciones de trabajo.

En este sentido, se puntualiza que el pluralismo político, que es uno de los valores superiores del ordenamiento jurídico (art. 1.1 CE), permite diversas soluciones legales sobre el régimen jurídico de las relaciones laborales. Citando la STC 11/1981, de 8 de abril, FJ 7, «la Constitución es un marco de coincidencias suficientemente amplio como para que dentro de él quepan opciones políticas de muy diferente signo». Así, llega a la conclusión de que ni el artículo 37.1 CE, ni por tanto la Constitución, contienen un modelo cerrado de relaciones laborales[737].

Consecuentemente, el legislador dispone «de un amplio margen de libertad de configuración en el desarrollo del derecho a la negociación colectiva, aunque esa libertad no sea absoluta»[738]. En otras palabras, el Tribunal Constitucional vuelve a afirmar que «se puede concluir que la Constitución de 1978 no diseña un modelo cerrado de relaciones laborales, ni más concretamente, de negociación colectiva». Por tanto, el Tribunal entiende que «el legislador estatal, en el ejercicio de las funciones que la propia Constitución le confiere», puede configurar el modelo «más idóneo en cada momento (STC 11/1981, de 8 de abril, FJ 7), eligiendo entre las distintas alternativas posibles la que estime más adecuada». De todo ello el Tribunal «deduce la habilitación al legislador estatal para realizar su conceptuación jurídica en cada momento, entre diferentes alternativas, en atención a las circunstancias económicas subyacentes y a las necesidades sociales a las que se pretenda dar cobertura»[739]. De hecho «de la evolución legislativa que ha experimentado el modelo de relaciones laborales a lo largo de estos últimos treinta años se puede extraer» que «cada norma que lo ha modulado representa una opción legislativa diferente como un instrumento al servicio de una concreta política económica y social del Gobierno y Parlamento de cada momento, respecto de la cual no es suficiente la mera discrepancia política para destruir su presunción de constitucionalidad (STC 19/2012, de 15 de febrero, FJ 3)». En estas últimas líneas, el Tribunal ya comienza a abrir la vía para introducir la crisis económica como canon constitucional interpretativo.

A mayor abundamiento, los magistrados de la mayoría subrayan la configuración legal del derecho a la negociación colectiva, entendiendo que es «la ley la que ha de concretar y desarrollar, tanto su contenido como los presupuestos para su ejercicio»[740]. Para a renglón seguido, volver a destacar el

---

[737] STC 119/2014, 16 de julio, FJ 4, donde explica que: «La Constitución, como ya se dijo, no contiene un «modelo» cerrado de relaciones laborales, ni, en particular, de ninguno de los elementos del derecho a la negociación colectiva; se limita en su art. 37.1 a reconocer el derecho, cuya garantía encomienda al legislador, a señalar quiénes son sus titulares (los representantes de los trabajadores y empresarios) y a establecer la eficacia del resultado de la actividad negocial (fuerza vinculante de los convenios)».

[738] STC 119/2014, de 16 de julio, FJ 4.

[739] STC 8/2015, de 22 de enero, FJ 2.

[740] STC 8/2015, de 22 de enero, FJ 2.

margen tan amplio de libertad que goza el legislador para delimitar, «como derecho necesario, aspectos de la estructura, contenido, alcance y límites de la negociación colectiva, en razón de la superior posición que ocupa la ley en la jerarquía normativa». En este sentido, el Tribunal hace notar que «no hay que descuidar, de un lado, que el reconocimiento constitucional del derecho a la negociación colectiva no conlleva el desapoderamiento normativo del Estado para regular los aspectos básicos de su ejercicio, y, de otro, que el principio de autonomía colectiva puede presentar excepciones siempre y cuando la limitación que suponga esté justificada (STC 11/1981, de 8 de abril FJ 24)». De ello concluyen, que el examen de los motivos del recurso de inconstitucionalidad planteado ha de partir, necesariamente, de esta configuración legal del derecho a la negociación colectiva[741].

Como colofón, el Tribunal aclara que no entra dentro de sus funciones enjuiciar «si las soluciones adoptadas en la Ley impugnada son las más correctas técnicamente, o si constituye la más oportuna de entre las distintas alternativas posibles para la consecución de los fines pretendidos, sino únicamente si se ajustan a los mandatos, reglas y principios que la Constitución impone». Termina diciendo, citando la STC 17/2013, de 31 de enero, FJ 11, que «no corresponde a este Tribunal interferirse en el margen de apreciación que corresponde al legislador democrático ni examinar la oportunidad de la medida legal para decidir si es la más adecuada o la mejor de las posibles, sino únicamente examinar si la decisión adoptada es plenamente irrazonable o carente de toda justificación o, por el contrario, entra dentro del margen de configuración del que goza en ejercicio de su libertad de opción»[742].

Recapitulando, según el Tribunal, la Constitución no contiene un modelo cerrado de relaciones laborales, ni de negociación colectiva. Además, el derecho a la negociación colectiva es un derecho de configuración legal. Por consiguiente, el legislador tiene un margen de libertad de regulación muy amplio, pudiendo delimitar y configurar este derecho en atención a la situación económica subyacente, pudiendo incluso limitar el derecho a la negociación colectiva, puesto que la autonomía colectiva, al igual que la autonomía individual, admite excepciones, siempre que éstas estén justificadas. Esta sería la columna vertebral del argumentario del Tribunal, respecto al derecho a la negociación colectiva.

---

[741] STC 8/2015, de 22 de enero, FJ 2.
[742] STC 8/2015, de 22 de enero, FJ 2, cuando cita la STC 17/2013, de 31 de enero, FJ 11.

2.1.2. *La inexistencia de un monopolio sindical respecto al derecho a la negociación colectiva*

En lo que a la libertad sindical se refiere, pone en valor el «indiscutible papel que desempeña el sindicato como defensor de los derechos e intereses de los trabajadores» y seguidamente menciona el importante papel que ocupa la negociación colectiva de condiciones de trabajo dentro de la acción sindical, fundamental para llevar a cabo eficazmente las finalidades recogidas en el artículo 7 CE». De esta manera, el Tribunal pone sobre la mesa la conexión entre ambos derechos, «de manera que cuando existe un elemento de sindicalidad, esto es, cuando la negociación colectiva es expresión de la acción sindical, pasa a formar parte del contenido esencial de aquella libertad». Ya que la acción sindical se plasma en el ejercicio del derecho de huelga, en la negociación colectiva y en la adopción de medidas de conflicto colectivo, es un rasgo característico del sindicato.

No obstante, el Tribunal no deja de hacer notar que «sin perjuicio de la posición singular e institucional que tiene el sindicato (…) y sin dejar de lado su papel fundamental», entre otros, «para la defensa de los derechos e intereses de todos los trabajadores (…) lo cierto es que la Constitución, al institucionalizar los derechos colectivos», entre los que se encuentra la negociación colectiva, «no los ha reservado en exclusiva al sindicato, eludiendo así, un monopolio sindical en esta materia». Muestra de ello es que «el constituyente no refirió, en su art. 37.1 CE, la negociación colectiva como un derecho perteneciente exclusivamente al ámbito de la acción sindical», reconociendo tal derecho genéricamente a la representación de las personas trabajadoras. Para finalizar con su valoración sobre la conexión entre la libertad sindical y negociación colectiva y el papel de los sindicatos, subraya que «no cabe sino concluir que la negociación colectiva está atribuida constitucionalmente a los sindicatos y a otras representaciones colectivas de los trabajadores» [743].

Una vez realizado este repaso de la doctrina del Tribunal Constitucional, el Tribunal realiza ciertas anotaciones sobre dicha jurisprudencia. En este sentido, afirma que la posibilidad que contempla el artículo 82.3 LET, de inaplicación de las condiciones establecidas en un convenio colectivo, constituye una excepción a la fuerza vinculante del convenio. No obstante, hace notar que «la norma responde a una finalidad constitucionalmente legítima», siendo ésta, la de «posibilitar la adaptación de las condiciones laborales a las circunstancias sobrevenidas que concurran en una empresa después de la aprobación del convenio, ante el riesgo de que el mantenimiento de tales condiciones pueda poner en peligro la estabilidad de la empresa y, con

---

[743] STC 8/2015, de 22 de enero, FJ 2.

ello, el empleo, cuya protección constituye un deber de los poderes públicos (art. 40 CE)» [744].

Es más, el Tribunal permite residenciar el arbitraje ante la CCNCC, apuntando que «no constituye la primera ocasión en que el legislador opta por atribuir a la CCNCC la posibilidad de intervenir, mediante decisión vinculante, en un supuesto de falta de acuerdo de las partes en la negociación colectiva. Ya en la Ley 11/1994, de 19 de mayo, se reconoció a la CCNCC la facultad de someter a arbitraje obligatorio la controversia surgida cuando las partes legitimadas para la negociación colectiva no llegaran a un acuerdo mediante el que eliminar los defectos de cobertura de regulación derivados de la derogación, por entonces, de las ordenanzas de trabajo». Y subraya, que «esta norma no fue objeto de impugnación ante este Tribunal» [745]. No obstante, el Tribunal parece que no es consciente que se están equiparando así las ordenanzas de trabajo, normas estatales de rango reglamentario dictadas en el franquismo con los convenios colectivos, fruto de la autonomía y negociación colectiva.

Dicho lo cual, se realiza el análisis del arbitraje de la CCNCC desde la perspectiva del artículo 37.1 CE y por extensión del artículo 28.1 CE. En este sentido, tras recordar ideas ya avanzadas sobre el derecho a la negociación colectiva reconocido en el artículo 37.1 CE[746], la sala admite que la intervención de la CCNCC en el procedimiento previsto por el artículo 82.3 LET puede determinar una restricción a la fuerza vinculante de los convenios colectivos. Por ello, pasa a analizar si efectivamente esta medida puede suponer una excepción/restricción de la fuerza vinculante de los convenios colectivos, y si la misma puede estar justificada y por tanto ser acorde a la Constitución.

---

[744] STC 119/2014, de 16 de julio, FJ 4.

[745] STC 119/2014, de 16 de julio, FJ 5.

[746] STC 119/2014, de 16 de julio, FJ 5, donde la Sala insiste en que: 1) el art. 37.1 remite a «la ley» la función de garantizar el derecho a la negociación colectiva laboral y fuerza vinculante de los convenios. 2) que el derecho reconocido en el artículo 37.1 no tiene carácter absoluto, por lo que puede estar sujeto a limitaciones. 3) Y por último, que según la STC 11/1981, de 8 de abril, respecto a la norma que imponía un arbitraje obligatorio ante conflictos planteados para modificar las condiciones de trabajo, el derecho a la negociación colectiva puede presentar excepciones siempre que la limitación se encuentre justificada. Tal justificación, puede hallarse en el daño que el puro juego de las voluntades particulares y las situaciones que de él deriven, puede irrogar a los intereses generales.

2.1.3. *El juicio de proporcionalidad y razonabilidad del arbitraje del artículo 82.3 LET. La necesidad de la defensa de los principios y derechos enumerados en los artículos 38, 35.1 y 40.1 CE*

Para dar respuesta a dicha cuestión, el Tribunal Constitucional realiza un juicio de proporcionalidad, para lo que se estudia si «la restricción a la negociación colectiva y la fuerza vinculante del convenio colectivo derivada de la cuestionada previsión del art. 82.3 LET responde a una finalidad legítima en aras de salvaguardar otros derechos y bienes constitucionales, y si además de encontrar justificación objetiva, supera los requisitos de razonabilidad y proporcionalidad» [747].

El Tribunal Constitucional considera que «resulta constitucionalmente justificada (…) la propia medida de inaplicación del convenio colectivo, en las materias tasadas». En virtud de la Ley se permite, teniendo en cuenta como presupuesto el mantenimiento de la empresa, «la adaptación de las condiciones de trabajo a las concretas circunstancias de productividad, competitividad y viabilidad empresariales que sobrevengan, ante el riesgo de que el mantenimiento de las condiciones laborales pactadas pueda poner en peligro la estabilidad de la empresa, afectando a los puestos de trabajo, y consiguientemente al gasto público por desempleo» [748]. De este modo, «al posibilitar la adaptación de las condiciones laborales a las circunstancias adversas que concurran en una empresa, sobrevenidas después de la aprobación del convenio», mediante el mecanismo de descuelgue, el propósito del legislador «ha sido facilitar la viabilidad del proyecto empresarial y evitar el recurso a decisiones extintivas de los contratos de trabajo». Todo ello «constituye una finalidad constitucionalmente legítima, atendidos el derecho al trabajo (art. 35.1 CE) y los deberes de los poderes públicos de proteger la defensa de la productividad (art. 38 CE) y de realizar una política orientada al pleno empleo (art. 40.1 CE), ante la necesidad de afrontar el problema de la grave situación del desempleo en España» [749].

Justificada la posibilidad legal de articular un procedimiento de inaplicación del convenio colectivo, en palabras del Tribunal, «la intervención arbitral impugnada» es legítima, y se justifica en la propia exposición de motivos de la Ley 3/2012 «por la necesidad de resolver eficazmente el desacuerdo entre empresa y trabajadores en las medidas de flexibilidad interna que aquella pretende adoptar para hacer frente a una situación de dificultad económica o necesidad de adaptación con la finalidad de ajustar la regulación a

---

[747] STC 119/2014, de 16 de julio, FJ 5.
[748] STC 119/2014, de 16 de julio, FJ 5.
[749] STC 119/2014, de 16 de julio, FJ 5.

la situación y defender la productividad». La intervención arbitral impugnada, daría solución a aquellos procedimientos de descuelgue que resultan bloqueados «por falta de acuerdo con los representantes de los trabajadores o por el resultado infructuoso de los procedimientos extrajudiciales creados por las representaciones de los trabajadores y de los empresarios para resolver tales desacuerdos» [750]. De esta manera, entiende el Tribunal, que «se evitaría la extinción de puestos de trabajo, máxime en un contexto sociolaboral en el que la reducción de la elevada tasa de desempleo constituye un objetivo prioritario para los poderes públicos». Por tanto, la intervención decisoria o arbitral diseñada en el art. 82.3 LET goza de justificación legítima, porque persigue proteger «intereses constitucionales vinculados a la salvaguarda de la competitividad y viabilidad empresarial como mecanismo para favorecer el mantenimiento del empleo» [751].

Con todo, para declarar la adecuación constitucional es además obligado que la medida impugnada resulte razonable y proporcionada. Para efectuar este enjuiciamiento, el Tribunal pasa a analizar el régimen jurídico que acompaña el arbitraje obligatorio y público del artículo 82.3 LET, «cuyo análisis permite apreciar los límites, circunstancias y garantías a que queda ligada su aplicación» [752].

En primer lugar, la Sala apunta que la posibilidad de inaplicación de las condiciones de trabajo previstas en convenio colectivo está sujeta a límites causales. Es decir, el procedimiento sólo es posible cuando existan razones económicas, técnicas, organizativas o de producción, las cuales, son adecuadas puesto que están «estrechamente vinculadas a la viabilidad y competitividad de la entidad empresarial» [753]. Además, en el caso de los convenios colectivos sectoriales la inaplicación sólo afectaría a las empresas en las que existan tales causas y haya mediado la correspondiente solicitud, por lo que «se mantiene inalterada la fuerza vinculante del convenio en el resto de empresas que queden dentro de su ámbito de protección» [754].

En segundo lugar, hace referencia a que el procedimiento de descuelgue no se aplica en bloque a todo el convenio, pudiendo ser modificadas sólo aquellas materias delimitadas en el artículo 82.3 LET. Por lo tanto, «la

---

[750] STC 119/2014, de 16 de julio, FJ 5.

[751] STC 119/2014, de 16 de julio, FJ 5. En parecidos términos se reafirma el TC en la STC 8/2015, de 22 de julio, FJ 5, al decir que «la medida legislativa cuestionada se dicta en un contexto de grave crisis económica con el objetivo de favorecer la flexibilidad interna de la empresa como alternativa a la destrucción del empleo o al cese de una actividad productiva, atendiendo, de este modo, a un fin constitucionalmente legítimo, cual es, tanto el de garantizar el derecho al trabajo de los ciudadanos (art. 35.1 CE) mediante la adopción de una política orientada a la consecución del pleno empleo (art. 40.1 CE), como la defensa de la productividad de acuerdo con las exigencias de la economía general (art. 38 CE).

[752] STC 119/2014, de 16 de julio, FJ 5.

[753] STC 119/2014, de 16 de julio, FJ 5.

[754] STC 119/2014, de 16 de julio, FJ 5.

inaplicación para la que se solicita la decisión o laudo arbitral (…) está sometida a restricciones materiales». De ello se colige que «la limitación que experimente la fuerza vinculante del convenio no alcanza a todas las condiciones de trabajo o materias pactadas en convenio colectivo, sino que, por el contrario, se ciñe estrictamente a las tasadas por el precepto legal». A mayor abundamiento, las materias o condiciones laborales seleccionadas por el legislador están directamente ligadas a las causas que motivan la inaplicación y «en definitiva, a la defensa de la productividad de la empresa y sus consecuencias sobre el mantenimiento del empleo»[755].

Como tercer aspecto, el tribunal señala que la eventual inaplicación del convenio colectivo resultante de la intervención decisoria o arbitral se halla también sujeta a límites temporales, al establecer que la decisión de la Comisión tendrá la misma eficacia que los acuerdos alcanzados en período de consultas, y a los que se otorga una duración que no podrá prolongarse más allá del momento en que resulte aplicable un convenio en la empresa afectada. Al tener una eficacia temporal limitada, la decisión arbitral cede, en todo caso, ante un nuevo fruto de la autonomía colectiva aplicable en la empresa.

Como cuarta consideración, el Tribunal estima esencial destacar el carácter subsidiario del arbitraje público y obligatorio otorgado por el artículo 82.3 LET. Puesto que dicho arbitraje «sólo se admite para el supuesto de que fracasen los sucesivos cauces que con carácter previo y preceptivo deben seguir el empresario y los representantes de los trabajadores para resolver la discrepancia por ellos mismos o por los medios de autocomposición fijados mediante la autonomía colectiva». Así pues, el precepto legal cuestionado otorga inicial preferencia a la autonomía colectiva para la resolución del conflicto, permitiéndose el arbitraje únicamente como último recurso. De ello deduce el Tribunal que «en todo momento, la norma facilita que el propio ejercicio de la autonomía colectiva, mediante previsión y seguimiento de los procedimientos autónomos de solución, cierre la posibilidad de que se active la ahora cuestionada intervención de la Comisión Consultiva u órgano autonómico correspondiente»[756]. Consecuentemente, la intervención de la CCNCC u órgano autonómico correspondiente «constituye un remedio subsidiario que en modo alguno desplaza o suplanta a la negociación colectiva o al ejercicio de la libertad sindical»[757].

Una vez analizadas las características del procedimiento de descuelgue regulado en el artículo 82.3 LET, el Tribunal cree oportuno tomar en consideración la naturaleza y características del órgano encargado de llevar a cabo la intervención decisoria o arbitral de inaplicación. El Tribunal afirma al respecto que se trata de un órgano colegiado de composición tripartita y pari-

---

[755] STC 119/2014, de 16 de julio, FJ 5.
[756] STC 119/2014, de 16 de julio, FJ 5.
[757] STC 8/2015, de 22 de enero, FJ 5.

taria, que está formado por representantes de la Administración General del Estado y de las organizaciones empresariales y sindicales más representativas. Aunque adscrito al Ministerio de Empleo y Seguridad Social, no se encuentra incorporado en la estructura jerárquica del citado Ministerio y ejerce sus competencias con independencia y autonomía funcional plenas. Además, la decisión puede ser tomada en su propio seno o por un árbitro designado al efecto. En cuanto a los acuerdos, a ser posible se adoptarán por consenso, y de no ser posible, por mayoría absoluta. En consecuencia, el Tribunal subraya que «por más que el voto de los representantes de la Administración pública pueda resultar determinante en los supuestos en que las posiciones de los representantes de los empresarios y los trabajadores estén enfrentadas, la posición de la Administración pública nunca tendrá alcance decisorio por sí sola; siempre será necesario el apoyo de parte de los representantes de los agentes sociales en la comisión Consultiva Nacional de Convenios Colectivos para adoptar la decisión que proceda». A lo que agrega que «ningún motivo hay para presumir que el voto de los representantes de la Administración pública vaya a ser favorable a la inaplicación del convenio» [758].

Por último, se señala que la decisión de la CCNCC o el laudo arbitral están sometidos a posible control judicial.

Tras todas estas consideraciones sobre el régimen jurídico del procedimiento de inaplicación y de la cuestionada actuación de decisión o arbitraje, el Tribunal Constitucional aprecia «un conjunto de restricciones y garantías a que queda sujeta y que, consiguientemente, moderan la limitación del derecho a la negociación colectiva y fuerza vinculante de los convenios». Consecuentemente, concluye que «el precepto legal impugnado contempla una medida razonable que supera las requeridas exigencias de proporcionalidad, en aras de preservar los bienes constitucionales protegidos en los arts. 35.1, 38 y 40.1 CE» [759].

2.1.4. *La diferencia del actual arbitraje con los laudos de obligado cumplimiento analizados en la STC 11/1981*

Como remate a sus argumentos, y para apoyar la constitucionalidad del arbitraje del artículo 82.3 LET, el TC, aclara que «esta afirmación se justifica en atención al conjunto de circunstancias que configuran el régimen del art. 82.3 LET, que —pese a lo aducido por el Parlamento recurrente— presentan sustanciales diferencias respecto a las que concurrían en las previsiones que fueron objeto de las SSTC 11/1981, de 8 de abril y 92/1992, de 11

---

[758] STC 119/2014, de 16 de julio, FJ 5.
[759] STC 119/2014, de 16 de julio, FJ 5.

de junio. De ahí que la conclusión alcanzada sea también distinta»[760]. Según el Tribunal, la diferencia entre el arbitraje del artículo 25.b) RDLRT y el del artículo 82.3 LET, estriba en que, 1) el actual arbitraje se residencia en un órgano público de composición paritaria y tripartita. 2) Que aunque siendo un órgano público, no tiene propiamente la condición de autoridad administrativa laboral. 3) Que ni siquiera la representación de la Administración goza de capacidad resolutoria por sí sola, al margen de que el precepto autoriza que la decisión no sólo se adopte en su seno, sino también a través de árbitro designado al efecto. 4) «que el arbitraje de la autoridad laboral objeto de la STC 11/1981 se preveía ante cualquier pretensión de modificación de las condiciones de trabajo —singularmente, ante el fracaso de la negociación colectiva—, sin requerir la concurrencia de causas concretas que justificaran la medida y sin establecer límites materiales en cuanto a su alcance; tales limitaciones, por el contrario, si están presentes en la decisión o arbitraje regulado en el art. 82.3 LET»[761].

Por todo lo expuesto, la Sala termina diciendo que, el arbitraje del artículo 82.3 LET constituye una medida excepcional, que resulta justificada, razonable y proporcionada, en atención a la legítima finalidad constitucional perseguida con la misma y a las limitaciones impuestas por el legislador para su puesta en práctica, lo que conduce a descartar la alegada vulneración del artículo 37.1 CE y, por derivación, del artículo 28.1 CE.

2.2. La vulneración del derecho a la negociación colectiva y la fuerza vinculante de los convenios colectivos por el arbitraje público y obligatorio del art. 82.3 LET

En contraposición a la decisión de la mayoría, se debe tener en cuenta el voto particular discrepante que contienen ambas sentencias. Se trata de una «oposición frontal a la manera y la forma»[762] en la que el Tribunal Constitucional estructura sus argumentos a favor de la constitucionalidad de la medida. Se está además, ante unos votos particulares en los que se realiza un despliegue importante de argumentación jurídica, en los que se marca como epicentro el contenido esencial de los derechos que resultan controvertidos, encauzando así acertadamente el juicio de constitucionalidad. Es por ello, por lo que se tomará en consideración la estructura argumental en ellos esgrimida para defender la vulneración del derecho a la negociación colectiva

---

[760] STC 119/2014, de 16 de julio, FJ 5.

[761] STC 119/2014, de 16 de julio, FJ 5.

[762] SEMPERE NAVARRO, A. y ARIAS DOMÍNGUEZ, A., «Eficiencia económica versus protección laboral en la jurisprudencia», *Revista Derecho Social y Empresa, núm. 7*, 2017, p. 96.

y fuerza vinculante de los convenios colectivos y, por extensión, la vulneración del derecho a la libertad sindical.

En primer lugar se debe de alguna manera «corregir» el marco constitucional en el que el Tribunal Constitucional ha encuadrado el derecho a la negociación colectiva reconocido y garantizado en el artículo 37.1 CE.

Se comienza por reseñar que el artículo 37.1 CE «instituye, a favor de la autonomía negocial, una doble garantía, (…) no sólo relativa a la dualidad de materias garantizadas, sino adicionalmente, en sentido formal», puesto que «la Constitución garantiza, al tiempo que mandata garantizar a la ley, tanto el derecho a la negociación colectiva, como la fuerza vinculante de los convenios colectivos». De ello se concluye, que el precitado artículo, aunque «enuncia un derecho, prefigurando algunos de sus elementos, (…) no contiene un modelo cerrado sobre ninguno de los elementos del derecho de negociación colectiva» [763].

En conexión con las ideas que se acaban de exponer, es preciso analizar la «configuración legal» del derecho a la negociación colectiva, que la sentencia de la mayoría convierte en piedra angular de su argumentario. En este sentido, es fundamental establecer que «el texto constitucional», al expresar que «La Ley garantizará …», primero, «actúa como fuente atributiva directa de ciertas garantías», y segundo, «ordena a la ley desarrollarlas e integrarlas». De ello se concluye que efectivamente, «aquel pasaje constitucional impone al legislador el deber de adoptar acciones positivas que, en esquemática síntesis, procuren promover de manera activa, real y efectiva la negociación colectiva y sus resultados» [764]. Consecuentemente, «el art. 37.1 CE adopta una estructura jurídica compleja. Por una parte, instituye un conjunto de reglas que vinculan a todos los poderes públicos (art. 53.1 CE) y están dotadas de eficacia normativa directa e inmediata; esto es, formulan derechos. Por otra, enuncia una garantía institucional, que exige del legislador una intervención encaminada a asegurar la efectividad del derecho a la negociación colectiva y a la fuerza vinculante del convenio» [765].

Consecuentemente, y conviniendo con el sentir de la mayoría de la Sala, el derecho a la negociación colectiva y fuerza vinculante de los convenios colectivos serán garantizados por una ley dada la obligación impuesta por la constitución al legislador. Considerándose dicha intervención legislativa, «como un complemento necesario para asegurar el ejercicio del derecho de libertad que formula». Y en el desarrollo de ese deber, el precitado artículo otorga un margen de libertad al legislador puesto que, «admite plurales va-

---

[763] STC 119/2014, de 16 de julio, Voto particular, FJ II.A.1.
[764] STC 119/2014, de 16 de julio, voto particular, FJ II.A.1.
[765] STC 119/2014, de 16 de julio, voto particular, FJ II.A.1.

riantes y opciones, correspondiendo al legislador ordinario, en el ejercicio de sus funciones elegir una de entre ellas»[766].

No obstante, y aquí viene el primero de los disentimientos, aunque «la ausencia de un catálogo de opciones de política de derecho (…) ofrece al legislador ordinario unos anchos márgenes de libertad normativa», ésta no es «una libertad plena o incondicionada». Sino que se trata de «una libertad que ha de observar ciertos límites, que son los que actúan, desde una perspectiva constitucional, como límites a la acción legislativa»[767]. Se hace referencia aquí al contenido esencial de los derechos, elemento que en la decisión de la mayoría se omite sin dificultad. No se debe olvidar que tal y como se comentaba en el apartado anterior, el Tribunal Constitucional hace referencia al artículo 53.1 CE para subrayar, únicamente, que éste remite a la ley la regulación de los derechos y libertades laborales reconocidos en el Capítulo II de su Título I, quedándose ahí y olvidándose de la segunda parte, fundamental, de dicho precepto. En él se estatuye un límite infranqueable al ejercicio, por el legislador ordinario, de sus poderes normativos sobre los derechos y libertades reconocidos entre los artículos 14 y 38 CE, que es el contenido esencial. De esta manera, dicho contenido, «se alza como el límite de los límites en la ordenación tanto de los derechos fundamentales y libertades públicas como de los derechos de los ciudadanos»[768].

Así pues, el legislador en su papel de garante, debe adoptar un comportamiento activo dirigido a fomentar la negociación colectiva, dando apoyo al sistema de autorregulación colectiva que emana de dicha libertad. Pero al mismo tiempo tiene impuesto un deber de respeto y de no intromisión, que impide cualquier tipo de injerencia que suponga limitar o condicionar el contenido esencial del derecho a la negociación colectiva y fuerza vinculante de los convenios colectivos. Expresado en otras palabras, aunque el legislador tenga un ancho margen de libertad de regulación tiene como «límite de los límites» el contenido esencial del derecho a la negociación colectiva y la fuerza vinculante de los convenios colectivos, que tienen eficacia directa e inmediata. Por lo tanto, se debe concluir diciendo que «el que un derecho constitucional sea objeto de delimitación o concreción normativa a través de la ley pertinente en nada influye en el límite que el texto constitucional impone, a saber: el respeto al contenido esencial»[769].

En otro orden de cosas, se debe poner el acento en el discutible canon de constitucionalidad empleado, del que se discrepa, que discurre en torno a «la idea de la salvaguarda de la competitividad y viabilidad empresarial como mecanismo para favorecer el mantenimiento del empleo, al amparo

---

[766] STC 119/2014, de 16 de julio, voto particular, FJ II.A.1.
[767] STC 119/2014, de 16 de julio, voto particular, FJ II.A.1.
[768] STC 8/2015, de 22 de enero, voto particular, FJ 2.Tercero.
[769] STC 8/2015, de 22 de enero, voto particular, FJ 2.Tercero.

de las determinaciones del art. 38 CE». Con ello, el Tribunal Constitucional estipula una supuesta colisión entre la libertad de empresa y el derecho a la negociación colectiva, y además, «eleva a la categoría de canon de constitucionalidad el escenario económico adverso que España y, de manera singularizada, los ciudadanos que en ella habitan viene padeciendo desde hace años»[770].

Esto significa que las sentencias anteriormente analizadas, utilizan «la crisis económica como parámetro de valoración constitucional de las medidas limitativas de los derechos constitucionales ubicados en el capítulo II del título I CE»[771]. Como muestra se alude a las propias palabras del Tribunal, que justifica y califica como legítima la intervención arbitral impugnada porque así se daría solución a aquellos procedimientos de descuelgue que resultan bloqueados, evitando de esta manera la extinción de puestos de trabajo, máxime en un contexto sociolaboral en el que la reducción de la elevada tasa de desempleo constituye un objetivo prioritario para los poderes públicos.

Tal y como lo califica el autor del voto particular, este canon es «un canon bien preocupante, de consecuencias impredecibles para la vigencia en nuestro sistema jurídico de las cláusulas sociales» [772]. Lo que ese canon conlleva es que los derechos sociales constitucionales estén sujetos a un doble juicio de constitucionalidad: primero, el de carácter ordinario, y segundo, de naturaleza extraordinaria, que se activa en situaciones de crisis económica. De esta manera, el concepto o escenario de «crisis económica» no es que acompañe al razonamiento jurídico del sentir mayoritario del Tribunal, sino que «la crisis, como tal, (…) penetra en la lógica interna de la interpretación jurídica y constitucional para formar parte, junto con otros argumentos jurídico – técnicos, de lo que pudiéramos denominar «núcleo duro» de la hermenéutica constitucional» [773].

Es cierto que la crisis económica puede validar ciertas limitaciones de los derechos sociales constitucionales. No obstante, tales limitaciones no pueden alterar el contenido esencial de esos derechos. Esto es debido a que ese límite del contenido esencial debe ser único y uniforme, al margen y con independencia del contexto económico, debiendo mantenerse inalterable a resultas del ciclo económico. Consecuentemente, el contenido esencial de estos derechos constitucionales debe estar dotado de una estabilidad al abrigo de los vaivenes de la coyuntura no solo política sino además económica[774].

De esta manera, tal y como hace el autor del voto particular acertadamente, se debe colocar en el epicentro de la discusión el contenido esencial del derecho a la negociación colectiva y la fuerza vinculante de los conve-

---

[770] STC 8/2015, de 22 de enero, voto particular FJ 2. Segundo.
[771] STC 8/2015, de 22 de enero, voto particular FJ 2. Segundo.
[772] STC 8/2015, de 22 de enero, voto particular, FJ 2.Segundo.
[773] SEMPERE NAVARRO Y ARIAS DOMÍNGUEZ, 2017, cit., p. 98.
[774] STC 8/2015, de 22 de enero, FJ 2. Segundo.

nios colectivos. En este sentido es preciso recordar que «las restricciones que el legislador imponga al derecho constitucional a la negociación colectiva no pueden desconocer el contenido esencial del derecho, siendo las mismas susceptibles de ser sometidas al control de este Tribunal, que declarará su inconstitucionalidad y nulidad no solo cuando desconozcan ese ámbito inexpugnable en que consiste el contenido esencial (…) sino, además, cuando en función de los conflictos que se manifiesten con otros derechos o bienes constitucionales». Dentro de esos cánones, se incluirá «el de la proporcionalidad si se acredita una colisión cierta (…) del art. 37.1 CE con otros derechos fundamentales o bienes constitucionalmente protegidos», puesto que «la limitación normativa» del derecho a la negociación colectiva, «sólo es concebible si la intervención del legislador es útil y necesaria para la protección de un bien constitucionalmente importante» [775].

A mayor abundamiento, no se debe olvidar que conforme a una muy reiterada doctrina constitucional, el uso del canon de proporcionalidad tiene un carácter complementario, en lugar de alternativo, al canon sobre el respeto de la limitación establecida al contenido esencial. De ello se colige que el canon sobre el respeto del contenido esencial se erige como en el juicio de constitucionalidad sobre derechos fundamentales de primer grado[776]. A ello se le debe sumar que, como regla general, el canon de proporcionalidad se utiliza en una situación de conflicto entre dos derechos, bienes y valores constitucionalmente relevantes, siendo su objetivo verificar si la restricción impuesta a uno de los derechos en contraste resulta idónea, necesaria y proporcionada[777].

Aun siendo esta la doctrina constitucional establecida, la sentencia de la mayoría, obvia la ponderación del respeto al contenido esencial a la negociación colectiva y, por extensión, de la libertad sindical, y centra su análisis en «el alcance y contrapeso de otros preceptos constitucionales, los artículos 38 y 40.1», respaldando que el arbitraje público y obligatorio del artículo 82.3 LET, es una medida «idónea, necesaria y proporcionada a los fines perseguidos en la muy negativa coyuntura económica existente en 2012» [778]. Lo que hace así el Tribunal Constitucional, tal y como se ha adelantado, es configurar un supuesto conflicto entre el derecho a la negociación colectiva y la libertad de empresa y defensa de la productividad, para poder constatar

---

[775] STC 119/2014, de 16 de julio, FJ II.B.1.

[776] En este sentido, el voto particular de la STC 8/2015, de 22 de enero, citando entre otras, STC 57/1994, FJ 6 y SSTC 143/1994, de 9 de mayo FJ 6 y 98/2000, de 10 de abril, FJ 5, trae a colación que: «el ejercicio de los derechos fundamentales puede ceder ante otros derechos o intereses constitucionales relevantes, siempre que el recorte que aquél haya de experimentar se revele como necesario para lograr el fin legítimo perseguido proporcionado para alcanzarlo y, en todo caso, sea respetuoso con el contenido esencial del derecho».

[777] STC 8/2015, de 22 de enero, voto particular, FJ 2.Cuarto.

[778] FERRADANS CARAMÉS, 2016, cit., p. 29.

así una necesidad de ponderación. No obstante, tal y como se esgrimirá en las líneas que siguen, ese conflicto no existe[779].

La inexistencia de ese conflicto queda demostrada con el mero análisis del artículo 38 CE, en su dimensión de libertad de empresa. Esa libertad «comprende (…) aquello que afecta de manera relevante a la facultad de iniciar una actividad empresarial (…) y, asimismo, el derecho al ejercicio de esa actividad en condiciones de igualdad». Existe pues, una garantía del inicio y el mantenimiento de la actividad empresarial «en libertad», que conlleva «el reconocimiento a los particulares de una libertad de decisión no sólo para crear empresas y, por tanto, para actuar en el mercado, sino también para establecer los propios objetivos de la empresa y dirigir y planificar su actividad en atención a sus recursos y a las condiciones del propio mercado»[780]. Ahondando un poco más en el derecho recogido en el artículo 38 CE, tal y como indica la doctrina, «se puede afirmar que las principales facultades que se derivan de la libertad de empresa son: 1) Libertad para crear empresas que puedan actuar en el mercado; 2) Derecho a la propiedad de los medios de producción y libertad para la adquisición de bienes y servicios que sean precisos para el ejercicio de la actividad empresarial; 3) Libertad para la gestión de la empresa, que comporta el establecimiento de los objetivos propios de la empresa, la planificación y dirección de la actividad empresarial y, el establecimiento y gestión de una política acorde con los objetivos empresariales; 4) Derecho a la defensa y promoción de los intereses empresariales, participando en aquellas entidades que se puedan crear para ordenar o planificar la economía, ejerciendo el derecho de asociación y, pudiendo adoptar medidas justificadas en caso de conflicto colectivo; y por último, 5) el derecho al beneficio»[781].

---

[779] STC 119/2014, de 16 de julio, voto particular, FJ II.B.1: «El propósito es evidenciar el conflicto de derechos que anteriormente he enunciado, con la consiguiente necesidad de ponderación a fin de fijar los límites que procedan; un conflicto que, en el común de los casos, no creo sin embargo concurrente. Así ocurre en el presente pronunciamiento constitucional».

[780] STC 83/1984, de 24 de junio, FJ 5 y STC 225/1993, de 8 de julio, FJ 3, donde el Alto Tribunal especificó que la libertad de empresa supone el «reconocimiento a los particulares de una libertad de decisión no sólo para crear empresas y dirigir y planificar su actividad en atención a sus recursos y a las propias condiciones del mercado. Actividad empresarial que, por fundarse en una libertad constitucionalmente garantizada, ha de ejercerse en condiciones de igualdad pero también, de otra parte, con plena sujeción a la normativa sobre ordenación del mercado y de la actividad económica general».

[781] GOIG MARTÍNEZ, J.M., «Artículo 38: La libertad de Empresa», en ALZAGA VILLAAMIL, O., *Comentarios a la Constitución Española de 1978. Tomo III…*, cit., 2006, pp. 740–741. Para mayor profundización sobre el contenido esencial de la libertad de empresa y las facultades que acoge dicha libertad, CIDONCHA MARTÍN, A., *La libertad de empresa en el marco de la economía de mercado: el artículo 38 de la Constitución Española*, Universidad Autónoma de Madrid, Madrid, 2004, pp. 355–362 y RODRÍGUEZ PÉREZ, J.A., *El derecho a la libertad de empresa del artículo 38 de la Constitución Española: estudio sobre su interpretación y las dificultades para su desarrollo y aplicación*, Universidad de las Palmas

De ello se deriva que, «la libertad de empresa del art. 38 CE no comprende cualquier regulación que incida en el interés empresarial», por lo que «es la actividad económica en el mercado lo que protege ese artículo; no cualquier elemento que pueda tener una incidencia derivada en la misma». Es decir, la regulación u ordenación de las relaciones laborales no se entiende comprendida y por tanto no incide en el interés empresarial, lo que lleva a concluir que no existe conflicto alguno entre la libertad de empresa y la negociación colectiva.

Tampoco la defensa de la productividad[782], incluida en el artículo 38 CE, justo después de consagrar la libertad de empresa, y que con tanta tenacidad invoca la sentencia de la mayoría, «a menudo sin rigor técnico»[783] constituye un elemento en colisión con la negociación colectiva.

Por todo ello se concluye que, la sentencia no emite un juicio de ponderación constitucional entre las ventajas y los inconvenientes del laudo obligatorio, considerada como la medida restrictiva establecida, sino que procede a realizar un juicio de proporcionalidad y razonabilidad desde una perspectiva de legalidad ordinaria[784]. Se produce así una desviación del objeto central del recurso: discernir si un arbitraje público y obligatorio es acorde o no al contenido esencial del derecho a la negociación colectiva y, por extensión, al de la libertad sindical.

---

de Gran Canaria, Facultad de Ciencias Jurídicas, Las Palmas de Gran Canaria, 2011, pp. 343–346.

[782] La defensa de la productividad ha sido utilizada por la jurisprudencia como justificación de la intervención de la Administración en un ámbito puro de la negociación colectiva. Ejemplo de ello son SSTS de 3 de octubre de 2000, de 29 de enero de 2001 y de 17 de septiembre de 2001 «… el hecho de que la Administración se pronuncie, en el marco de las disposiciones del artículo 41 del Estatuto de los Trabajadores en caso de probadas razones técnicas, organizativas y productivas, sobre la adopción de modificaciones sustanciales de las condiciones de trabajo, se inscribe sin dificultad dentro de la previsión constitucional del artículo 38 de la Constitución, que no sólo reconoce la libertad de empresa, sino que también encomienda a los poderes públicos, la defensa de la productividad, cuando otra solución se ha revelado impracticable, al no aceptar la representación de los trabajadores las modificaciones acordadas por la empresa, no vulnerando, pues, por el procedimiento previsto en el artículo 41.1, último inciso, el derecho a la negociación colectiva». Aparte de estas referencias, tal y como apunta MORET MILLÁS, V., «La productividad en la Constitución Española», *Asamblea: revista parlamentaria de la Asamblea de Madrid, núm. 26,* 2012, p. 148, «la jurisprudencia no contribuye a proporcionar una definición o aproximación al concepto de productividad desde un punto de vista jurídico que pueda ser de utilidad para completar los concretos perfiles de la materia que se está tratando».

[783] STC 119/2014, de 16 de julio, voto particular, FJ II.B.1.

[784] STC 8/2015, de 22 de enero, voto particular, FJ 2.Cuarto: «El efecto más criticable de este enfoque metodológico reside en que por el juicio de proporcionalidad termina alejándose del territorio constitucional, para probablemente de forma deliberada, recaer en otra zona que, por su elasticidad, resulta más propicia para avalar las encubiertas extralimitaciones constitucionales de la reforma laboral». Se alude a la zona de la legalidad ordinaria.

Esta línea argumental en la que la «simple apelación a la defensa de la libertad de empresa y a la tutela de la productividad se convierten en justificación para cualesquiera límites o incluso vaciamientos del derecho expresamente constitucionalizado, sin mención a cuál es el contenido esencial del derecho» [785], llevan a afirmar que «se trata de una lectura aislada y asistemática del art. 38 de la Constitución», que de poderse realizar como tal, «llevaría a establecer una habilitación para no respetar el contenido esencial de los derechos constitucionalizados en materia laboral» [786]. Suponiendo un grave peligro para su respeto.

Todo ello lleva a afirmar que «el debate debió situarse, conforme a un canon estricto de constitucionalidad y a falta de derechos en conflicto que conduzcan a un juicio de ponderación, en el contraste de las medidas normativas cuestionadas con el contenido esencial del derecho que consagra el art. 37.1 CE; esto es, poniendo en relación las normas discutidas con aquella parte del contenido del derecho sin la cual éste pierde su peculiaridad; aquello que permite que sea recognoscible como derecho perteneciente a un concreto modelo referencial»[787]. Es decir, que, al no existir derechos en conflicto no cabe aplicar el canon de proporcionalidad y defender la razonabilidad del arbitraje público y obligatorio sobre la base exclusiva de la regulación legal.

Una vez aclarado que el canon de proporcionalidad aplicado por el Tribunal Constitucional no tiene cabida en este supuesto, al no haber una colisión de derechos, es preciso aclarar otro extremo antes de iniciar el análisis que llevará a discernir si el arbitraje público y obligatorio vulnera o no el contenido esencial del derecho a la negociación colectiva y por extensión el de la libertad sindical.

En este sentido, tal y como se ha dejado claro y siguiendo la STC 11/1981, de 8 de abril, la autonomía colectiva y por tanto el derecho a la negociación colectiva, admiten excepciones, siempre y cuando estén justificadas y tengan como objetivo la defensa del interés general. Esta puntualización se debe a que la Sentencia de la mayoría eleva la mejora de la competitividad o de la producción de una empresa a la categoría de interés general, al argumentar que la intervención decisoria o arbitral diseñada en el artículo 82.3 LET goza de justificación legítima, porque persigue proteger «intereses constitucionales vinculados a la salvaguarda de la competitividad y viabilidad empresarial como mecanismo para favorecer el mantenimiento del empleo».

---

[785] CRUZ VILLALÓN, J., «Interrogantes y equívocos de la jurisprudencia constitucional sobre la reforma laboral de 2012», *Derecho de las relaciones laborales, núm. 3,* 2015, p. 309.
[786] CRUZ VILLALÓN, 2012, cit., p. 248.
[787] STC 119/2014, de 16 de julio, voto particular, FJ II.B.1.

A este respecto, compartiendo el planteamiento de la STC 11/1981 en el que se admite la limitación de la autonomía colectiva para la defensa del interés público, puesto que «el interés público guarda una entidad superior a los intereses privados, sean individuales o colectivos»[788], quedaría dilucidar si la salvaguarda de la competitividad y viabilidad empresarial como mecanismo para favorecer el mantenimiento del empleo puede incluirse dentro del concepto tan indeterminado de interés general.

Para ello, se debe apuntar brevemente que el interés general es una noción política[789] que «suele ser esgrimida como límite de la autonomía colectiva, justificando una intervención heterónoma pública, en general, aplicable tanto a las relaciones laborales como a las relaciones funcionariales»[790]. No obstante, se está ante un concepto indeterminado[791], difuso, llegando a ser incluso oscuro. Consecuentemente, se tropieza con «el obstáculo insoslayable (…) de la indeterminación del concepto de interés público», es decir que, aunque se afirme que «es la defensa del interés público la que legitima la intervención del Gobierno, (…) no sabemos en qué consiste»[792]. Ello conlleva, tal y como acertadamente ha expuesto la doctrina[793], a la necesidad de

---

[788] BENGOETXEA ALKORTA, A., «Los servicios esenciales para la comunidad como límite inmanente del derecho a la negociación colectiva en la función pública», *Estudios Financieros. Revista de Trabajo y Seguridad Social, casos prácticos: recursos humanos, núm. 260*, 2004, p. 22.

[789] Tal y como hace notar ACOSTA GALLO, P., «Interés general», *Eunomía. Revista en Cultura de la Legalidad, núm. 16*, 2019, p. 174, la determinación del interés general como un concepto político o jurídico ha ocupado durante largo tiempo a la doctrina. La cuestión no es baladí, «pues si se decide que es un concepto político, su contenido dependerá del programa político del partido gobernante, o incluso de la interpretación de las circunstancias del caso concreto que haga el funcionario a cargo cuando tenga que decidir qué beneficia más al interés general. Si, por el contrario, se considera que el interés general es un concepto jurídico, su aplicación deberá fundamentarse en una interpretación de las normas jurídicas aplicables al caso concreto. Si el interés general es un concepto jurídico, sus notas esenciales quedarán a salvo de una eventual libre interpretación de los gestores de lo público». MEDINA, I. y OVEJERO, M., «Repensar el interés general en las políticas públicas», *RJUAM, núm. 26*, 2012, pp. 46 y 49, definen el interés general como un recurso en el ciclo de las políticas públicas, definición a la que llegan por entender que «Cuando el Gobierno recurre al interés general lo que observamos es la preferencia por un *estilo* caracterizado por la coacción en la toma de decisiones, la exclusión selectiva de actores, la imposición de una narrativa, la implementación sesgada de la política pública y la restricción en su evaluación».

[790] BENGOETXEA ALKORTA, 2004, cit., p. 22.

[791] STC 68/1984, FJ 4: «interés general, concepto abierto e indeterminado llamado a ser aplicado a las diversas materias».

[792] BENGOETXEA ALKORTA, 2004, cit., p. 25.

[793] Este planteamiento y metodología la expone muy acertadamente BENGOETXEA ALKORTA, 2004, cit., pp. 24 - 60 donde analiza qué elemento podría constituir el interés general por el que el Gobierno podría limitar el derecho de libertad sindical de los funcionarios públicos. Argumentando que al ser dicha libertad un derecho fundamental, el interés general debería tener categoría equiparable o superior al mismo. Lógicamente, realiza la búsqueda del mismo en la Constitución llegando a la conclusión de que son los servicios esenciales para la

delimitar jurídicamente esta noción de interés público. Para ello, dado que la salvaguarda del interés público es la que justificaría la limitación de la negociación colectiva y la libertad sindical, dicho límite debería tener categoría equiparable, o superior, a estos dos derechos.

A este respecto, se debe reconocer que «la defensa de la competitividad y viabilidad del tejido económico productivo, en su conjunto, contribuye al progreso económico de España y, en atención a ello, los poderes públicos pueden adoptar medidas de promoción de ese objetivo»[794]. Sin embargo, ello no es razón para atribuir a intereses de «matriz exquisitamente privada, como son la competitividad y la viabilidad de cada empresa en particular»[795], la naturaleza de intereses constitucionalmente protegidos. A mayor abundamiento, resulta de todo punto inaceptable que «la elección por cada concreta empresa de aquellas medidas de competitividad y viabilidad que le puedan reportar concretas ventajas económicas pueda terminar erigiéndose en legítima restricción al ejercicio de derechos constitucionales al pretendido amparo de la libertad de empresa y la defensa de la productividad por los poderes públicos que el art. 38 CE sanciona»[796].

Con todo lo expuesto en las líneas anteriores, queda claro que la restricción que supone la introducción del arbitraje público y obligatorio en el procedimiento de descuelgue, no responde a la protección de un interés general y que no existe una colisión de derechos. Ello lleva a afirmar que el canon de proporcionalidad utilizado por la Sentencia de la mayoría no tiene fundamento. Lo que se llevará a cabo ahora será un juicio valorativo sobre el arbitraje público y obligatorio del artículo 82.3 LET, teniendo siempre en cuenta el canon del contenido esencial, tal y como lo tuvo que haber hecho el Tribunal Constitucional.

2.2.1. *La vulneración del derecho a la negociación colectiva*

El punto de partida es discernir si la solución de un conflicto colectivo de intereses, adoptada en contra de la común voluntad de ambas partes y de manera coactiva (obligatoria), es compatible con la autonomía negocial consagrada en el artículo 37.1 CE.

Se acepta sin ápice de duda que nos encontramos ante un arbitraje obligatorio y público. Y aunque el voto particular indique que esta segunda característica, la pública, no estriba diferencia alguna en la constitucionalidad o

comunidad el límite sustancial del derecho a la negociación colectiva de los funcionarios públicos, límite no explícito, sino de carácter inmanente.

[794] STC 119/2014, de 16 de julio, voto particular, FJ II.B.3.
[795] STC 119/2014, de 16 de julio, voto particular, FJ II.B.3.
[796] STC 119/2014, de 16 de julio, voto particular, FJ II.B.1.

no de la medida y por tanto carece de importancia su análisis[797], en este caso dicha naturaleza pública se tendrá en cuenta por considerar que la misma agrava la vulneración del derecho a la negociación colectiva y porque manifiesta el gran intervencionismo estatal en la misma.

En este sentido, la sentencia de la mayoría hace hincapié en que la CC-NCC, aunque esté adscrita al Ministerio de Empleo y Seguridad Social, no se encuentra incorporada en la estructura jerárquica del citado Ministerio, ejerciendo sus competencias con independencia y autonomía funcional plenas. Parece ser que mediante esta independencia y autonomía el Tribunal Constitucional entiende que tanto la CCNCC como los órganos autonómicos equivalentes, dejan de tener una naturaleza jurídica pública. Nada más lejos de la realidad. Estos organismos, «tienen una indiscutible naturaleza pública, al margen de que entren o no en el catálogo de los organismos administrativos»[798]. Esto se debe a que, su creación, financiación, sostenimiento y las funciones que han venido ejerciendo hasta ahora, son públicas[799]. Se participa de la opinión de que «la adscripción de un órgano a una Administración pública es un acto que hace que el mismo pase a formar parte de esa Administración pública y, por tanto, sometido a Derecho Administrativo»[800]. Tanto es así, que, «aunque su actuación pueda calificarse como autónoma y aun cuando, se insiste, sean resistentes a ingresar en la órbita de los organismos administrativos», su dictamen, tal y como lo calificó el legislador en la reforma 3/2012, es una decisión administrativa[801].

---

[797] En este sentido, el autor del voto particular entiende que el análisis de este extremo carecería de fundamento en el caso en el que se hubiese respondido negativamente a la cuestión de si imponer legalmente un arbitraje obligatorio vulnerara el artículo 37.1 CE. STC 119/2014, de 16 de julio, voto particular, FJ II.B.4: «el centro del debate de constitucionalidad reside en discernir si la composición de un conflicto de intereses adoptada de manera coactiva y en contra de la común voluntad de ambas partes es compatible con la autonomía negocial consagrada en el art. 37.1 CE. En caso de una respuesta negativa al anterior interrogante, el carácter tripartito —o, incluso, y al límite, el carácter estrictamente sindical— del órgano que adopta la decisión de someter a una solución obligatoria ni quita ni añade elemento alguno al juicio alcanzado».

[798] STC 119/2014, de 16 de julio, voto particular, FJ II.B.4.

[799] Trayendo a colación lo apuntado en el apartado «3.2.7.1.1. El origen, definición y conceptuación de la Comisión Consultiva Nacional de Convenios Colectivos», del Capítulo I, la CCNCC tiene su origen en la Disposición Adicional Octava de la Ley 8/1980, de 10 de marzo, del Estatuto de los Trabajadores y es creada mediante Real Decreto 2976/1983, de 9 de noviembre, configurándose como un órgano perteneciente a la Administración Pública, aunque con cierta independencia. A mayor abundamiento, La Ley 11/1994, de 19 de mayo y posterior Real Decreto Legislativo 1/1995, de 24 de marzo, que establecieron el fin de la vigencia de las Ordenanzas de Trabajo, habilitaron a la CCNCC para acordar someter la solución de la controversia en torno a dichas Ordenanzas a arbitraje. Efectuando la CCNCC en dichos casos, una labor de carácter arbitral, siendo ese arbitraje, al mismo tiempo de carácter público.

[800] SEPÚLVEDA GÓMEZ, 2013, cit., p. 63.

[801] En este sentido MOLINA NAVARRETE, 2014, cit., p. 194, que conviniendo con el voto particular defiende que: «Se trata claramente de un órgano administrativo laboral, sea es-

En cuanto a su carácter obligatorio, la Sentencia de la mayoría defiende que se trata de un arbitraje subsidiario, fácilmente evitable por las partes en conflicto. No obstante, eso deja de ser cierto desde el momento en el que es el propio legislador quien impone, como última fase del descuelgue, la celebración de un arbitraje de carácter obligatorio. La redacción del artículo no deja margen a que sean las partes quienes decidan libremente y voluntariamente firmar un compromiso arbitral. Al contrario, se trata de una fase impuesta incluso contra la voluntad de una de las partes. Debido al origen del conflicto, se entiende que siempre será en contra de la voluntad de las personas trabajadoras[802]. Es decir, si en las anteriores fases, pertenecientes al ámbito de la autonomía colectiva, no se llega a acuerdo, el arbitraje va a celebrarse, si una de las partes así lo quiere, rompiendo completamente con la dinámica, objetivo y esencia de la negociación colectiva y con el carácter general de voluntariedad del arbitraje laboral.

Si de verdad no fuese obligatorio el arbitraje, sería necesario para su celebración un acuerdo entre las partes, el cual se manifiesta mediante un compromiso arbitral[803], y en caso de no llegar a este acuerdo, se entendería que el descuelgue no se puede efectuar. Sin embargo, el legislador optó por una fórmula expeditiva, que asegurase que el procedimiento de descuelgue terminara con una solución, regulando en la Ley un arbitraje activable sin compromiso arbitral, para así poner fin a la discrepancia surgida entre las partes.

Una vez establecido que sí es obligatorio, queda discernir si este carácter del arbitraje vulnera el derecho a la negociación colectiva o no.

Centrando exclusivamente la atención en el inciso inicial del artículo 37.1 CE, que es el que consagra el derecho a la negociación colectiva, se debe tener claro que «su sentido primero y esencial es el de haber procedido a la juridificación formal de la autonomía negocial o libertad contractual» [804]. Libertad para que la representación laboral y empresarial defiendan

---

tatal —CCNCC— o, en su caso, autonómico, de carácter tripartito, eso sí». Y es del mismo parecer también, CRUZ VILLALÓN, 2012, cit., p. 247: «lo definitorio de estos organismos de participación institucional es, de un lado, su carácter de órganos que dictan estrictos actos administrativos y, por tanto, no son propiamente expresión de la autonomía colectiva».

[802] Se trae a colación lo estipulado en el apartado «3.2.7.1.4 Legitimación para solicitar la actuación de la CCNCC», del Capítulo I, donde se afirmaba que «la expresión «a iniciativa de cualquiera de las partes» es una expresión legal eufemística, pues por razón de sus respectivos intereses, la iniciativa la adopta, necesariamente la dirección de la empresa. Nunca la representación de las personas trabajadoras va a plantear la discrepancia en instancias diferentes, pues su mera pasividad llevará a la pervivencia del convenio colectivo».

[803] CRUZ VILLALÓN, 2012, cit., p. 244, donde afirma que: «se trata de un arbitraje obligatorio en la medida en que la norma no prevé la celebración de ningún tipo de compromiso arbitral entre las partes, ni en caliente ni en frío. (…) Más aún, se contempla expresamente y con nitidez que la remisión del asunto a la CCNCC u órgano asimilado se produce a iniciativa de «cualquiera de las partes», a sensu contrario, puede ponerse en marcha dicho procedimiento arbitral contra la voluntad de una de las partes».

[804] STC 119/2014, de 16 de julio, voto particular, FJ II.A.3.

los intereses económicos y sociales que les son propios, mediante un sistema de reglas de acción y de organización. De ello se deduce que la garantía constitucional del derecho a la negociación colectiva se sustancia en un derecho de libertad, que es fundamentalmente ejercible frente al Estado. En suma, el ámbito de libertad reconocido en el artículo 37.1 CE tiene por objeto garantizar, además del procedimiento o el cauce de expresión formal de un poder de autonormación social, el conjunto de derechos que en un sistema democrático de relaciones laborales aseguran la autonomía colectiva[805].

Tal y como apunta el voto particular y tal y como se señaló en el segundo capítulo de este trabajo, el derecho de negociación colectiva está «dotado de una estructura jurídica de notable complejidad», siendo «el catálogo de las facultades asociadas al derecho de negociación colectiva muy plural»[806]. Se entiende que entran dentro de esas facultades el derecho a negociar, la libertad de elegir el nivel negocial, la libertad de concluir un convenio colectivo, la libertad de estipulación y la libertad de administrar el convenio colectivo acordado previamente.

Aunque no pertenezcan todas ellas al núcleo del contenido esencial del derecho a la negociación colectiva, y por ello puedan ser limitadas en mayor o menor medida, todas las facultades llevan aparejada la no intromisión o interferencia del Estado, es decir, el deber de respeto de la autonomía colectiva por parte del legislador. Dicho de otra manera, todas ellas rechazan cualquier tipo de intervencionismo administrativo, debiendo reducirse el mismo a funciones meramente instrumentales, que no invadan ni vulneren la libertad de las partes negociadoras[807].

En este caso concreto del arbitraje obligatorio, se entiende que éste incide sobremanera en el derecho de concluir el acuerdo y en la facultad de administrar y gestionar lo convenido. El primero alude al ámbito de libertad de las partes negociadoras de llegar a un acuerdo o no, entendiéndose que una medida legislativa que impusiera el deber de acordar colectivamente, como única alternativa posible, invadiría ese ámbito de libertad. El segundo por su parte permite gestionar los contenidos convencionales durante la vigencia del convenio, para evitar su inoperatividad, ya sea eliminando los conflictos que puedan derivarse de su contenido o actualizando la voluntad colectiva expresada en él. Al tener que llegar obligatoriamente a una solución, ya sea en forma de acto administrativo o laudo arbitral obligatorio, y al no dejar que sean las propias partes del conflicto quiénes actualicen las condiciones de trabajo, tras el procedimiento de descuelgue, se afirma que el arbitraje obligatorio público regulado en el artículo 82.3 LET choca frontalmente, sobre

---

[805] Entre otros, VALDÉS DAL – RÉ, 2004, cit., p. 52 y CASAS BAAMONDE, 2014, cit., pp. 288–289.
[806] STC 119/2014, de 16 de julio, voto particular, FJ II.A.3.
[807] STC 235/1988, de 5 de diciembre, FJ 3.

todo, con estas dos facultades pertenecientes al contenido esencial del derecho a la negociación colectiva del artículo 37.1 CE.

Esta tesis es refrendada en el voto particular al afirmar que «la constitucionalización de aquel derecho comporta la aceptación de un modo de plantear y de tratar las controversias que puedan surgir entre trabajadores y empresarios, modo éste que puede condensarse, (...), como la exigencia de perseguir y fomentar de manera constante fórmulas de equilibrio entre los valores e intereses generales y los valores e intereses particulares».

De todo ello se deriva que «cualquier intervención legislativa que sobrepase o no respete este tratamiento, al que ha de conferirse la condición de regla general de actuación en un Estado social y democrático de Derecho (art. 1.1 CE), habrá de considerarse como excepcional». El encaje constitucional de esta intervención legislativa excepcional habrá de valorarse teniendo en cuenta, «las consecuencias que comporta el mantenimiento de esa controversia en el conjunto de la sociedad y en el ejercicio de otros derechos igualmente reconocidos y protegidos constitucionalmente». Aquí se hace referencia a la doctrina jurisprudencial establecida mediante la STC 11/1981, de 8 de abril, en la que el Tribunal Constitucional, admitía la aplicación de un arbitraje público y obligatorio únicamente cuando el mantenimiento de la controversia influía de manera directa en el interés general.

A mayor abundamiento «la función del Estado no puede articularse, a través de una actividad sustitutiva ni de la negociación colectiva ni de la solución del conflicto que ésta tiende a solventar». Por lo que el legislador, cuando interviene en su papel de garante, ha de observar el mandato constitucional. En caso contrario, dicha intervención violará los «principios informadores del sistema de relaciones laborales colectivas constitucionalmente consagrados». Se entiende por tanto, que «las fórmulas, abiertas o encubiertas, de arbitraje obligatorio, todas las cuales, sin excepción ni reserva alguna, merecen en principio, en cualquier sistema democrático de relaciones laborales, el calificativo de instrumentos o mecanismos inconciliables con la actividad contractual colectiva»[808].

A todo este argumentario, se le ha de sumar la aplicación de la doctrina jurisprudencial de la STC 11/1981, de 8 de abril, aunque la Sentencia de la mayoría alude a que dicha doctrina no es aplicable por falta de similitud de las dos figuras que se cuestionan en ambos casos.

Si se realiza una recapitulación, en esa temprana sentencia se analizaba la constitucionalidad de un laudo de obligado cumplimiento dictado por la autoridad laboral en conflictos colectivos económicos o de intereses (la modificación de las condiciones laborales), y en la presente se valora un laudo obligatorio para concluir el bloqueo existente en un procedimiento de inaplicación parcial de un convenio colectivo. Al existir una coincidencia de los

---

[808] STC 11/1981, de 8 de abril.

elementos estructurales de ambos supuestos, se entiende que la Sentencia de la mayoría debería haber tenido en cuenta la doctrina dimanante de la STC 11/1981, que declaró la inconstitucionalidad de esos laudos de obligado cumplimiento.

Específicamente, la STC 11/1981, declaró la inconstitucionalidad de los laudos de obligado cumplimiento del artículo 25.b) RDLRT 17/1977, entendiendo que una decisión administrativa obligatoria, que resuelva cualquier desacuerdo nacido de un proceso de renovación o modificación negocial de condiciones de trabajo, no resulta constitucionalmente aceptable. El tribunal llegó a dicha conclusión por estimar que la restricción del derecho a la negociación colectiva y autonomía colectiva del artículo 37.1 CE, que suponían esos laudos de obligado cumplimiento, carecían de justificación. Se debe recordar que, según dicha sentencia, esas limitaciones se admitirían sólo de forma excepcional, cuando se pudieran irrogar perjuicios a los intereses generales.

No obstante, en este caso, tal y como ha quedado acreditado, la implantación de este arbitraje impropio no conlleva la protección o defensa de ningún interés general, puesto que su legitimidad se apoya en la salvaguarda de la productividad y viabilidad de la empresa, siendo éste un interés meramente particular[809]. Para concluir, merece ser citada la conclusión a la que llega el autor del voto particular, afirmando que «En cualquier hipótesis de fracaso de un proceso negocial abierto con el objetivo de inaplicar el convenio colectivo en una empresa, la solución legal implantada en el art. 82.3 LET se define en modo idéntico: se confiere a la iniciativa de una sola de las partes (que como ya se ha razonado será siempre el empresario) la facultad de activar el mecanismo coactivo, de modo que el conflicto termina siendo resuelto por una voluntad, la de un órgano público o la de la persona por él designada, que se erige en decisor de un singular conflicto entre intereses particulares mediante el inaceptable expediente de entender que en dicho conflicto hay siempre y por hipótesis un interés general que defender»[810]. A modo de conclusión, «el arbitraje obligatorio en nuestro modelo constitucional sólo es admisible en casos muy extraordinarios, vinculados a situaciones de huelgas que provocan graves perjuicios al interés general, o bien otras circunstancias

---

[809] STC 119/2014, de 16 de julio, voto particular, FJ II.B.7: «No es cuestión ahora de volver a razonar la plena identidad de los elementos estructurales (supuestos de hecho y consecuencias jurídicas) de la norma enunciada en el Real Decreto – ley 17/1977 que fue declarada inconstitucional (supuesto de hecho y consecuencia jurídica) y de la que se acaba de mencionar. Lo que ahora importa destacar es que esta última, como aquella otra, configura la que, conforme a la jurisprudencia constitucional, ha de calificarse como una excepcional y extremada limitación al derecho de negociación colectiva, cual es la conversión en regla general de la coactiva imposición de una solución al conflicto existente entre unas partes negociadoras, prescindiendo así de la menor valoración sobre voluntades e intereses particulares y voluntad e interés general».

[810] Voto particular STC 119/2014, de 16 de julio, voto particular, II.B.7.

de similar excepcionalidad, escenarios que en todo caso quedan bien lejos del contemplado en la presente norma»[811].

En suma, se está ante un arbitraje público y obligatorio que invade el ámbito propio de la autonomía colectiva, pues arrebata a los sujetos involucrados, la función de resolver las discrepancias entre ellos. Esto conlleva una vulneración de la negociación colectiva por suponer una interferencia en el ámbito de libertad que estructura este derecho y, por ende, en su contenido esencial, al no estar dicha excepción justificada.

2.2.2. *La vulneración de la fuerza vinculante de los convenios colectivos*

Una vez determinada la vulneración del derecho a la negociación colectiva y el principio de autonomía colectiva es preciso analizar si este arbitraje público y obligatorio también supone una restricción a la fuerza vinculante de los convenios colectivos, que forma parte también del contenido esencial del derecho a la negociación colectiva del artículo 37.1 CE.

Antes de entrar a valorar la vulneración o no de este derecho por parte del arbitraje público y obligatorio, se cree preciso realizar un compendio de lo que se entiende por convenio colectivo y fuerza vinculante del mismo. En este sentido, tal y como se ha estudiado en los capítulos I y II de este trabajo, se afirma que el convenio colectivo, aun siendo un pacto entre la representación de las personas trabajadoras y empresarias o la empresa, no puede considerarse como una figura contractual más perteneciente al Derecho civil. Esto es debido a que el convenio colectivo, a través del mecanismo contractual, juega una fuerza que trasciende el derecho subjetivo, y genera un movimiento más allá de la relación jurídica entre las partes. Es por todo ello por lo que se afirma que el convenio colectivo tiene cuerpo de contrato y alma de Ley. En el convenio colectivo las personas pierden en el establecimiento de sus condiciones de trabajo la autonomía de la voluntad individual caracterís-

---

[811] CRUZ VILLALÓN, 2011, cit., p. 394. Sobre el carácter extraordinario de los supuestos en los que el arbitraje obligatorio estaría justificado, BENGOETXEA ALKORTA, A., *Las peculiaridades del conflicto colectivo de trabajo en el ámbito de la función pública*, Servicio Editorial de la Universidad del País Vasco/ Euskal Herriko Unibertsitateko Argitalpen Zerbitzua, Bilbao, 2006, p. 70: «para poder admitir el arbitraje obligatorio, (…), la lógica jurídica me lleva a pensar en supuestos de especial gravedad, cuya relevancia trascienda, incluso, el ámbito de las relaciones colectivas privadas, hasta llegar a lesionar el interés público. Un modelo de solución del conflicto de intereses que margine la autonomía colectiva, sólo puede resultar explicable cuando responde a situaciones conflictivas de entidad suficiente para justificarlo, que repercutan gravemente en el interés general, más allá del espacio reservado a la autorregulación de las partes».

tica de la contratación civil, para someterse a las condiciones establecidas en la negociación colectiva.

Siguiendo esta estela, en el ordenamiento jurídico español se define como fuente de derecho objetivo que produce normas de eficacia inmediata, pero no derogables *in peius* mediante la autonomía contractual individual, porque de lo contrario supondría desvirtuar la naturaleza propia del convenio. A mayor abundamiento, se colige que todos los convenios colectivos que son fruto de la negociación colectiva entre la representación de las personas trabajadoras y la empresa, y sus representantes tienen fuerza vinculante, sin necesidad de establecerse así en ninguna norma con rango de ley.

Ahondando más en lo que se entiende por fuerza vinculante, se aboga por defender, tal y como lo hiciera el Tribunal Constitucional[812], que todos los convenios colectivos tienen una eficacia jurídica normativa. Ello conlleva que todos los convenios colectivos fruto de la negociación colectiva gozan de automaticidad, imperatividad y por tanto inderogabilidad. Lo que significa que las reglas establecidas en el convenio colectivo se imponen directa e inmediatamente sobre las relaciones individuales de trabajo incluidas en su ámbito de aplicación y, que quedan vedadas las derogaciones peyorativas o las que contradigan este efecto, contrarias a las homólogas del convenio colectivo que resulten de aplicación[813]. No se está por tanto ante la pura lógica de los contratos del Derecho civil.

Por tanto, lo que el legislador realizó mediante la LET, fue añadir un «plus» a aquellos convenios colectivos constituidos cumpliendo todos los requisitos establecidos en él, otorgando a los mismos, una eficacia personal general o «erga omnes». Consecuentemente, los demás convenios firmados sin cumplir con alguna característica establecida en la ley, tiene una eficacia jurídica normativa, pero serán aplicables únicamente a los firmantes del convenio y a sus representados[814].

Es esta la postura defendida también, sorprendentemente, por el Tribunal Constitucional en las Sentencias que están siendo objeto de análisis[815]. Se dice sorprendentemente porque al mismo tiempo que se remite a su doctrina jurisprudencial para defender esta eficacia de los convenios colectivos, se defiende la constitucionalidad del arbitraje público y obligatorio. Este ar-

---

[812] SSTC 58/1985, FJ 3; 177/1988, de 10 de octubre, FJ 4; 105/1992, de 1 de julio, FJ 6.

[813] VALDÉS DAL – RÉ, 2004, cit., p. 54.

[814] GARCÍA – PERROTE ESCARTÍN, 2011, cit., p. 101.

[815] STC 8/2015, de 22 de enero, FJ 2.c) en el que el TC afirma que «la determinación del contenido de la relación laboral (…) se deja a la autonomía de los trabajadores y empresarios mediante el ejercicio del derecho a la negociación colectiva que proclama el art. 37.1 CE (…), siendo tal tipo de negociación un valor constitucionalmente protegido (…). Ese derecho presupone, por esencia y conceptualmente, la prevalencia de la autonomía de la voluntad colectiva sobre la voluntad individual (…) siendo los convenios colectivos fruto de su ejercicio, fuentes de regulación de las condiciones de trabajo a las que constitucionalmente se reconoce fuerza vinculante».

bitraje público y obligatorio, tal y como se defenderá a continuación, debilita sobremanera la eficacia jurídica normativa de los convenios colectivos.

Concretamente, dicha vulneración reside en la participación como dirimente de un tercero ajeno a las partes, para dejar de aplicar unas cláusulas del convenio colectivo y en que dicha participación queda a merced de la voluntad de una de las partes[816]. Es decir, que si se decidiera la inaplicación de las condiciones laborales pactadas en convenio, la misma habría sido factible por activar el arbitraje por voluntad unilateral de una de las partes, que tal y como ha quedado demostrado, siempre es la parte empresarial[817].

La sentencia de la mayoría hace hincapié, por un lado, en que el precepto cuestionado habilita a cualquiera de las partes a someter el conflicto al arbitraje celebrado en el seno de la CCNCC o árbitro designado por la misma. Por otro lado, que siguiendo la naturaleza del órgano designado para dirimir el conflicto colectivo, la decisión no recae en la representación de la Administración. Basa este argumento en el carácter tripartito y colegiado de la CCNCC, en consecuencia, las decisiones se adoptarán preferentemente por consenso, y de no ser posible, por mayoría absoluta, por lo que la Administración pública nunca tendrá alcance decisorio por sí sola. Y, por último, tal y como se ha analizado en el apartado anterior, el Tribunal Constitucional ha argumentado que aunque adscrito al Ministerio de Empleo y Seguridad Social, la CCNCC es un organismo independiente, queriendo dejar en segundo plano su naturaleza pública.

Nada más lejos de la realidad. Tal y como se argumentó en el Capítulo I de este trabajo, se está ante un órgano de carácter público, tal y como se ha reiterado recientemente. Que siguiendo la lógica del conflicto durante todo el procedimiento de descuelgue, será siempre la empresa quien acuda a la CCNCC, y siempre se acudirá en contra de la representación de las personas trabajadoras. Y aun siendo un órgano de carácter tripartito y colegiado, la representación de la Administración cuenta con un «voto de calidad», pues, en buena lógica, las partes negociadoras seguirán defendiendo las posturas contrapuestas marcadas hasta ese momento, recayendo en la Administración el voto que incline la balanza a un lado o al otro. Todo ello conlleva sin duda

---

[816] FERRADÁNS CARAMÉS, 2016, cit., p. 33, donde defiende que: «con estos fallos (SSTC 119/2014 y 8/2015) se debilita la interpretación que hasta el momento había realizado el TC sobre la eficacia vinculante de los convenios colectivos, en la medida en que la modificación de los mismos no está sólo en manos de los negociadores que los pactaron, cambiando el criterio del Alto Tribunal que en sentencias anteriores declaraba, salvo en casos excepcionales, la inconstitucionalidad de arbitrajes públicos obligatorios que modificaban lo establecido en convenio y erosionando el poder negociador de los sujetos sociales en el sistema de negociación colectiva, más aún de los representantes de los trabajadores que quedan en una posición de mayor debilidad».

[817] Sirva como muestra lo establecido en el apartado «3.2.7.1.4 Legitimación para solicitar la actuación de la CCNCC», del primer capítulo, donde se demuestra que todos los expedientes de la CCNCC han sido iniciados por la parte empresarial.

alguna una injerencia en la eficacia vinculante de los convenios colectivos, al otorgar, a un tercero, pues es la Administración Pública, el poder decisorio de un conflicto colectivo de intereses. Dicho de otro modo, se «permite que la inaplicación de lo pactado se produzca por voluntad unilateral del empleador, con amplia superación del principio civil de que el cumplimiento de los contratos no puede quedar a voluntad de una de las partes y, sobre todo, contraviniendo el principio laboral de garantía del *pacta sunt servanda* colectivo. Dicho de otro modo, con ello no queda garantizado el respeto a la fuerza vinculante de los convenios colectivos garantizada constitucionalmente (art. 37.1 CE)»[818].

Además de lo expuesto, se debe incidir en el resultado de este arbitraje. Este puede terminar mediante una decisión tomada en el seno de la CCNCC, un acto administrativo. O puede terminar con un laudo arbitral, dictado por un árbitro designado por la CCNCC. A ambos se les ha atribuido la misma eficacia de los acuerdos alcanzados en período de consultas, pasando a integrarse en el contenido del convenio colectivo inaplicado. Ello significa que se trata de un laudo arbitral con eficacia normativa, sustitutorio de la negociación colectiva, pero que no tiene origen en ella, tanto si la resolución es de la propia CCNCC como si lo es del árbitro designado al efecto[819].

Aplicando la doctrina jurisprudencial inicial del TC, se entiende que este arbitraje público y obligatorio es contrario a la eficacia vinculante de los convenios colectivos, puesto que esta eficacia no permite la inaplicación singular de sus disposiciones mediante decisiones administrativas. En este sentido, cabe traer a colación la STC 92/1992, en la que se dispuso que la sujeción del convenio colectivo al poder normativo del Estado, constitucionalmente legítima, no implica ni permite la existencia de decisiones administrativas que autoricen la dispensa o inaplicación singular de disposiciones contenidas en convenio colectivos. Pues ello no sólo sería desconocer la eficacia vinculante del convenio colectivo, sino incluso los principios garantizados en el artículo 9.3 CE[820].

No obstante, al declarar la constitucionalidad del arbitraje público y obligatorio, el legislador primero, y el Alto Tribunal después, rompen con esa doctrina jurisprudencial, una vez más sin fundamentación jurídica suficiente y toman partido por el enfoque contractual del convenio colectivo. Puesto que «no es la lógica de la modificación de normas jurídicas la que subyace al art. 82.3 ET, sino la más pura «lógica de los contratos», por lo que el único presupuesto relevante sería evitar la arbitrariedad ex art. 1256 CC —no la garantía de la «fuerza vinculante» del convenio»[821]. Es más, me-

---

[818] CRUZ VILLALÓN, 2012, cit., p. 236.
[819] SAEZ LARA, 2017, cit., p. 364.
[820] STC 92/1992, de 11 de junio, FJ 4.
[821] MOLINA NAVARRETE, 2014, cit., pp. 204–205.

diante este arbitraje, «el legislador habilita al empresario— deudor, pero sujeto más fuerte de la relación un canal —poder— efectivo de liberación – rebaja del cumplimiento de sus obligaciones cuando concurran determinadas causas, ni graves ni excepcionales, sólo idóneas para el mantenimiento o mejora de la posición competitiva de la empresa cuando pueda verse alterada por una situación económica «negativa» —pero no crítica— o de exigencia de cambios —causas organizativas, técnicas o de producción—»[822].

Por todo lo expuesto en las líneas anteriores, queda evidenciado que el arbitraje público y obligatorio del artículo 82.3 LET vulnera directamente la fuerza vinculante del convenio colectivo entendida como eficacia jurídica vinculante. Así es porque se permite que, por la voluntad unilateral de una de las partes, es decir sin compromiso arbitral previo, se inicie un arbitraje. Un arbitraje público, puesto que el legislador ha optado por residenciar el mismo en un organismo de carácter público. A mayor abundamiento, un arbitraje que tiene como resultado un acto administrativo o laudo arbitral, al que se le ha otorgado eficacia jurídica de los acuerdos alcanzados en período de consultas. En suma, se le otorga a una institución ajena a la negociación colectiva el poder de dirimir un conflicto colectivo, en contra de la voluntad de una de las partes, teniendo el acto administrativo o laudo eficacia jurídica de un convenio colectivo estatutario, es decir, una norma. Así se sustituirán condiciones laborales que forman parte de un convenio, fruto de la negociación y autonomía colectiva.

2.3. La vulneración del derecho a la libertad sindical por el arbitraje público y obligatorio del art. 82.3 LET

En última instancia, se ha de responder a la hipótesis de si la limitación que supone el arbitraje público y obligatorio sobre el contenido esencial del derecho a la negociación colectiva, conlleva a su vez la vulneración del derecho a la libertad sindical reconocido en el artículo 28.1 CE.

El estudio de esta cuestión es obligado dada la conexión intrínseca existente entre ambos derechos, defendida por el Tribunal Constitucional tempranamente, al decir que «la libertad sindical comprende también el derecho a que los sindicatos fundados (…) realicen las funciones que de ellos es dable esperar, de acuerdo con el carácter democrático del Estado y con las coordenadas que a esta institución hay que reconocer»[823]. Más concretamente, «el art. 28.1 de la Constitución integra derechos de actividad de los sindicatos (negociación colectiva, promoción de conflictos), medios de acción, que por contribuir de forma primordial al desenvolvimiento de la acti-

---

[822] MOLINA NAVARRETE, 2014, cit., pp. 204–205.
[823] STC 70/1082, de 29 de noviembre, FJ 3.

vidad a que el sindicato es llamado por el art. 7 CE, son un núcleo mínimo e indisponible»[824].

A mayor abundamiento, incluso la STC 119/2014, tras subrayar el indiscutible papel que desempeña el sindicato como defensor de los derechos e intereses de las personas trabajadoras, analiza la precitada conexión. A este respecto, primero menciona el importante papel que ocupa la negociación colectiva de condiciones de trabajo dentro de la acción sindical, fundamental para llevar a cabo eficazmente las finalidades recogidas en el artículo 7 CE, para después indicar que «cuando existe un elemento de sindicalidad, esto es, cuando la negociación colectiva es expresión de la acción sindical, pasa a formar parte del contenido esencial de aquella libertad»[825].

No obstante, la sentencia admite que sin perjuicio de la singular posición e institucional que tiene el sindicato y sin dejar de lado su papel fundamental, no existe monopolio sindical en el ejercicio de los derechos colectivos, entre los que se encuentra la negociación colectiva. Esto se debe a que, al institucionalizar el derecho a la negociación colectiva, se hace referencia a las y los representantes de las personas trabajadoras, atribuyendo tal derecho a los sindicatos y a otras representaciones colectivas de trabajadores y trabajadoras. Aunque se esté de acuerdo con la inexistencia de un monopolio sindical, éste no impide afirmar que la limitación del derecho a la negociación colectiva no produzca en algunos casos la vulneración de la libertad sindical.

En este sentido cabe recordar que sólo los elementos básicos de la actividad de negociación se estiman incorporados a la libertad sindical y, por ello, son susceptibles de recurso de amparo. Por ello, ha de aclararse si la vulneración de la negociación colectiva por ese arbitraje público y obligatorio produce también la vulneración de la libertad sindical.

Al analizarse en qué casos se ha declarado la vulneración de la libertad sindical por entender que se vulneraban elementos básicos de la actividad de negociación, se determinó que la actuación unilateral de la empresa puede resultar lesiva del derecho a la libertad sindical cuando, aunque no alterase el contenido del convenio colectivo, la trascendencia colectiva de la medida adoptada por la empresa pudiera tener tal entidad como para afectar al propio sistema de negociación colectiva, por excluir la posibilidad de actuación de la voluntad colectiva a través del correspondiente convenio[826]. Debido a ello se concluía que por decisión unilateral del empresario o empresaria no se pueden modificar las condiciones de trabajo establecidas en convenio colectivo, cuando dicha decisión, atendiendo a la trascendencia, importancia y significado de las condiciones laborales afectadas, eluda o soslaye la función

---

[824] Por todas STC 51/1988, de 22 de marzo, FJ 5.
[825] STC 119/2014, de 16 de julio, FJ 5.
[826] STC 208/1993, de 28 de junio, FJ 5.

negociadora de las organizaciones sindicales o se vacíe sustancialmente de contenido efectivo, el convenio[827].

Esta interpretación es perfectamente aplicable al caso concreto que se está enjuiciando, pues si se repara en él se está en definitiva ante un descuelgue de condiciones de trabajo llevado a cabo por decisión unilateral de la persona empresaria, al poder activar el arbitraje público y obligatorio en contra de la voluntad de la representación de las personas trabajadoras. Teniendo en cuenta las condiciones laborales que por el procedimiento de descuelgue pueden dejar de aplicarse, pertenecientes todas ellas al núcleo duro de las condiciones de trabajo, siendo claves en el gobierno de la empresa, se entiende que en el arbitraje del artículo 82.3 LET se elude y se soslaya la función negociadora de las organizaciones sindicales quitando al convenio colectivo una parte sustancial de su contenido necesario.

Mediante este arbitraje lo que se hace es impedir a la representación de las personas trabajadoras la posibilidad de negociar el descuelgue, al dejar en manos de una tercera persona ajena a las partes el poder de dirimir un conflicto sobre las condiciones laborales reguladas en convenio colectivo. Al impedir dicha negociación, y «si se parte de la premisa básica de que, el sindicato es poder normativo, para serlo tienen que celebrar convenios colectivos, *ergo*, sino los puede celebrar no es sindicato», puesto que «el sindicato moderno es ante todo, órgano de negociación; la principal función del sindicato es negociar con los empresarios salarios y (otras) condiciones de trabajo»[828]. Con lo que se concluye que, si se impide al sindicato negociar, en pro de los intereses de sus representados y representadas, se está impidiendo al mismo ejercer las funciones que le corresponden, vaciando de contenido el derecho a la libertad sindical, que deja de ser recognoscible. Consecuentemente, se afirma que en este caso el arbitraje público y obligatorio además de vulnerar el derecho a la negociación colectiva, también supone una vulneración de la libertad sindical.

Sin embargo, el análisis no puede llegar aquí a su fin, al estar legitimados para negociar en el procedimiento de descuelgue del artículo 82.3 LET, en la parte del banco social, tanto representantes unitarios como representantes sindicales. Por tanto, hay una última cuestión pendiente de resolver: ¿la vulneración de la libertad sindical únicamente se entiende cuando los negociadores son representantes sindicales, o también se entiende que existe tal vulneración cuando los negociadores son representantes unitarios?

A este respecto se debe traer a colación lo dicho en el Capítulo II. En él se constataba, apoyándose en la doctrina jurisprudencial del TC, que los comités de empresa y delegados y delegadas de personal son órganos sindicalizados, al elegirse la gran mayoría de ellos en listas presentadas por los sin-

---

[827] STC 238/2005, de 26 de septiembre, FJ 7.
[828] ALONSO OLEA y CASAS BAAMONDE, 2010, cit., p. 635.

dicatos. Ello deja en evidencia que los sindicatos, hoy en día, llevan a cabo su acción sindical preferentemente a través de la representación unitaria, como consecuencia de la regulación vigente de la acción propiamente sindical. Todo ello lleva a que, en la actualidad, exista en las empresas un notable grado de interacción entre los sindicatos y los órganos de representación unitaria de las personas trabajadoras.

Tomando como base esa tesis, aun negándose la titularidad de la libertad sindical de la representación unitaria, el Tribunal Constitucional ha otorgado la tutela del derecho fundamental de la libertad sindical a miembros de comités de empresa sindicalizados o delegados y delegadas de personal procedentes de candidaturas sindicales. Tal como en su momento se ha puesto de manifiesto, la libertad sindical puede verse vulnerada cuando los miembros de comités de empresa sindicalizados o delegados de personal procedentes de candidaturas sindicales ven obstaculizados los derechos que forman parte de la libertad sindical[829].

Volviendo al caso concreto del arbitraje público y obligatorio, se estima que también existiría vulneración de la libertad sindical cuando, por la última fase del procedimiento del artículo 82.3 LET se niega la posibilidad de negociar a la representación unitaria, siempre y cuando, se trate de representantes unitarios sindicalizados.

---

[829] STC 191/1996, de 29 de mayo, FJ 4.

Trece consideraciones sobre el artículo 82.3 LET y su relación con la Constitución Española

Habida cuenta de lo relatado en la introducción de este trabajo, la cuestión principal a la que se ha querido dar respuesta es la siguiente: si el arbitraje público y obligatorio del artículo 82.3 LET vulnera los derechos a la negociación colectiva y libertad sindical reconocidos en los artículos 37.1 y 28.1 CE.

Para su resolución se han tenido que resolver otras cuestiones que resultan relevantes para dar forma a estas conclusiones finales.

En primer lugar, el estudio del artículo 82.3 LET, que regula el descuelgue de condiciones de trabajo reguladas en un convenio colectivo, en segundo lugar, del origen de la modificación de dicho descuelgue, de la inserción del arbitraje público y obligatorio, y por último, del propio arbitraje. De este análisis se desprenden las siguientes consideraciones.

PRIMERA.- *La Reforma Laboral de 2012 supuso una drástica reestructuración de la negociación colectiva. Su instrumentalización a través del RD-Ley 3/2012, de 10 de febrero, de medidas urgentes para la reforma del mercado laboral nos crea grandes incertidumbres sobre su conformidad con la Constitución.*

El estudio de la Reforma Laboral operada por el RD-Ley 3/2012, de 10 de febrero, de medidas urgentes para la reforma del mercado laboral, convertido posteriormente en la Ley 3/2012, de 6 de julio, de medidas urgentes para la reforma del mercado laboral, nos lleva a afirmar que ésta reestructuró la negociación colectiva, atentando contra las funciones esenciales de la negociación colectiva al convertir el convenio colectivo en un instrumento de regulación flexible que parece tener como único objetivo la adaptabilidad de la empresa a las fluctuaciones del mercado.

A mayor abundamiento, la reforma se instrumentó a través de un Real Decreto Ley. Tras el estudio realizado se concluye que éste RD-Ley no cumplía con los requisitos del artículo 86.1 CE. Ya que: a) realiza una regulación estructural de las instituciones del Derecho del Trabajo ante una situación de crisis económica que, aun pudiendo denominarla como grave y relevante, no se impregna de esas notas de excepcionalidad e imprevisibilidad necesarias para justificar la utilización de este instrumento normativo; b) la gran mayoría de las modificaciones, en las que se incluye la regulación del arbitraje público y obligatorio del artículo 82.3 LET, no tienen ese carácter provisional que caracteriza a los RD-Leyes, al tener que dar respuesta a una situación de urgencia. Al contrario, la regulación materializada mediante el RD-Ley 3/2012 tenía desde sus inicios carácter permanente; y, c) porque se defiende que, la regulación que contiene, podría vulnerar derechos y libertades que la CE reconoce a la ciudadanía.

Es por ello por lo que se ha querido puntualizar que el propio RD-Ley ya tenía visos de inconstitucionalidad.

SEGUNDA.- *Defendemos que el legislador convierte el descuelgue salarial, al que se recurre en situaciones excepcionales, en un mecanismo que da pie a dejar de aplicar las condiciones de trabajo, que consideramos su núcleo duro, en situaciones que rozan la cotidianidad. En definitiva, se está ante la superflexibilización del convenio colectivo y su sumisión a las mínimas fluctuaciones del mercado.*

El descuelgue salarial pasa a ser un descuelgue de condiciones de trabajo reguladas en un convenio colectivo estatutario. En este cambio de denominación se encuentran dos de las modificaciones más incisivas. Por un lado, se admite el descuelgue de convenios colectivos de ámbito empresarial. Tal y como se ha defendido, dichos descuelgues, acertadamente denominados autodescuelgues, no tienen razón de ser, al entender que los convenios colectivos de ámbito empresarial están diseñados con una inmediación absoluta a la realidad productiva y económica de cada empresa. Y, por otro lado, se amplían sobremanera cuantitativa y cualitativamente las condiciones que pueden dejar de aplicarse. Aunque la lista enumerada por el legislador tenga carácter taxativo, poco o nada importa, pues recoge aquellas condiciones de trabajo que resultan clave en el gobierno de la empresa.

Por último, según el análisis que hemos realizado concluimos que la pérdida de la excepcionalidad del mecanismo de descuelgue se debe a dos aspectos que afectan a las causas habilitantes para aplicar dicho mecanismo: primero, la disolución de la causa económica al convertirla en una causa extensa, imprecisa, preventiva y justificable mediante un simple cálculo aritmético. Y segundo, la inclusión de tres causas: las técnicas, las organizativas y las de producción. Causas extremadamente amplias por su carácter abstracto. Por las que, cualquier pequeño cambio en la empresa puede ser motivo de justificación para aplicar el descuelgue.

TERCERA.- *Además, catalogamos al arbitraje inserto como última fase de este mecanismo como un arbitraje público y obligatorio.*

Su naturaleza arbitral se manifiesta desde el momento en el que el conflicto es dirimido o en el seno de la Comisión Consultiva Nacional de Convenios Colectivos u órgano asimilado de CCAA, o por un árbitro elegido en dicha comisión. Siendo tanto la decisión administrativa como el laudo arbitral vinculantes e inmediatamente ejecutivas. Lo que se traduce en que se está ante la resolución del conflicto por un tercero ajeno a las partes en conflicto.

La naturaleza pública por su parte se colige de la opción del legislador de residenciar el arbitraje en un órgano administrativo colegiado del Ministerio de Empleo y Seguridad Social, la CCNCC, o por una persona designada en su seno. Dado que, tal y como hemos recalcado, al margen de que entren o no en el catálogo de los organismos administrativos, la simple adscripción de un órgano a una Administración pública es suficiente para que éste pase a formar parte de esa Administración pública y quede sometido a Derecho Administrativo. Es decir, aunque estuviera sometido al Derecho privado en su funcionamiento, el régimen jurídico de sus actos se sometería indefectiblemente al Derecho administrativo. Se defiende que este carácter público se mantiene cuando el que resuelve es la o el árbitro designado al efecto, por ser dicha persona nombrada en el seno de la CCNCC.

Su carácter obligatorio se deriva de la redacción del propio artículo 82.3 LET. Según lo en él dispuesto, «cualquiera de las partes» podrá acudir a la CCNCC u órgano similar de comunidad autónoma. Esa redacción del artículo no da margen para que sean las partes quienes decidan libre y voluntariamente firmar un compromiso arbitral previo, ya que en ningún momento se prevé dicha posibilidad. Es más, su obligatoriedad resulta ser más patente si cabe porque la redacción del artículo habilita a cualquiera de las partes, sin el acuerdo de la otra y por tanto, incluso en contra de su voluntad, para presentar la discrepancia ante una tercera persona ajena al conflicto. Persona que tiene potestad para resolver el asunto.

Dada la composición tripartita y paritaria de la CCNCC, y la forma en la que se toman las decisiones, que de no ser posible el consenso se tomarán por mayoría absoluta, defendemos que el artículo 82.3 LET prevé de forma camuflada, un arbitraje que resuelve la Administración, previa audiencia de las organizaciones sindicales y empresariales. Llegamos a esta conclusión porque nos parece claro que los sujetos negociadores se limitarán a reproducir las discrepancias de origen. Consecuentemente, el voto final de calidad queda otorgado *ex lege* a la representación de la Administración.

De todas estas valoraciones concluimos y reiteramos que el resultado último es un laudo de obligado cumplimiento dictado por la Administración Pública, a petición de la dirección de la empresa. Laudo que, aun no siendo expresión de la negociación colectiva, sustituye el contenido de un convenio colectivo estatutario, que es norma y fuente de derecho. Estos actos administrativos y laudos arbitrales tienen la misma eficacia que los convenios colectivos estatutarios. Este hecho supone una grave intromisión en el derecho a la negociación colectiva y conlleva la pérdida de la fuerza jurídica normativa del convenio colectivo.

CUARTA.- *Tras el estudio del mecanismo de descuelgue planteamos como hipótesis si obligar vía artículo 85.3 LET que los convenios colectivos tengan que incluir una cláusula, como contenido mínimo obligatorio, donde regulen un arbitraje obligatorio para dar solución al conflicto derivado del descuelgue, podría ser una solución alternativa.*

Está claro que el legislador del 2012 preveía que las fases precedentes al arbitraje público y obligatorio, al requerir voluntad de las partes para llegar a un acuerdo, no eran suficientes y por ello apostó por una fase que le asegurase que, tras la aplicación de todas ellas siempre hubiese como resultado una solución al conflicto derivado de la aplicación del mecanismo de descuelgue.

El análisis del mecanismo de descuelgue nos lleva a afirmar que la solución impuesta por el legislador, el arbitraje público y obligatorio, no es la adecuada. Es por ello por lo que traemos a colación una de las propuestas planteadas por la doctrina, que propone como solución obligar a los sujetos negociadores, por medio del artículo 85.3 LET, a que regulen un arbitraje obligatorio para dar solución a los conflictos derivados del descuelgue de condiciones de trabajo reguladas en convenio colectivo. En dicha propuesta se aboga a que en los convenios colectivos se regule un arbitraje «en frío», para dar solución al descuelgue si todas las fases anteriores no han servido para ello. Esto supone que se obliga a las partes del convenio colectivo a que firmen un compromiso arbitral previo al conflicto, en el que acuerden someterse a un arbitraje. Con dicha solución se quiere evitar cualquier intromisión de la Administración Pública y se brinda, dentro de la obligación de regular un arbitraje, libertad a las partes negociadoras para establecer las características de dicho arbitraje.

Si bien puede ser una solución loable por las características descritas, no deja de ser controvertida, puesto que en este caso también se estaría limitando la autonomía colectiva de los sujetos negociadores.

Es por ello por lo que somos conscientes de que esta propuesta es otra línea más de investigación que necesita un estudio más profundo.

Como segundo paso para lograr una resolución, la lógica de la hipótesis planteada, la eventual colisión entre el arbitraje público y obligatorio y los derechos a la negociación colectiva y a la libertad sindical, nos ha llevado a analizar el contenido de estos derechos reconocidos en los artículos 37.1 y 28.1 CE. De dicho estudio se derivan las siguientes reflexiones.

QUINTA.- *Defendemos que de la redacción del artículo 37.1 CE se colige 1) que los derechos en él reconocidos son derechos de eficacia directa e inmediata, 2) que no existe un monopolio sindical sobre el derecho a la negociación colectiva y 3) que la fuerza vinculante de los convenios colectivos se traduce en el reconocimiento de la eficacia jurídica normativa de todos ellos.*

En primer lugar, la eficacia directa e inmediata significan que la representación de las personas trabajadoras y la representación de la parte empresarial, tienen el derecho a ejercer el derecho a la negociación colectiva, obteniendo como resultado un convenio colectivo que tendrá fuerza vinculante sin necesidad de ninguna ley.

En segundo lugar, no existe un monopolio sindical lo que se traduce en que la titularidad del derecho a la negociación colectiva se reconoce además de a los sindicatos, a otro tipo de representantes no sindicales, concretamente, los comités de empresa y las y los delegados de personal.

Y, en tercer lugar, decir que es la propia Constitución quien reconoce y garantiza a todos los convenios colectivos, tanto si se suscriben cumpliendo los requisitos legales como si no, una eficacia jurídica normativa. Lo que implica que se les reconoce automaticidad, imperatividad e inderogabilidad. Dicho de otro modo, que las reglas establecidas en el convenio colectivo se imponen directa e inmediatamente sobre las relaciones individuales de trabajo y que las relaciones individuales no podrán derogar dichas reglas *in peius*.

SEXTA.- *A su vez, entendemos que el contenido esencial del derecho a la negociación colectiva es todavía un concepto de difícil concreción, pero que en última instancia supone el reconocimiento de un ámbito de libertad sin la intromisión del Estado.*

De hecho, la jurisprudencia constitucional no se ha pronunciado sobre el contenido del artículo 37.1 CE. No obstante, la doctrina ha identificado cinco facultades que integran la negociación colectiva, que son: 1) el derecho a negociar; 2) la libertad de elegir el nivel negocial; 3) la libertad de estipulación; 4) el derecho a concluir un acuerdo; 5) la facultad de administrar y gestionar lo convenido. Todas ellas suponen el reconocimiento de un ámbito de libertad para negociar, protegido de la intromisión, injerencia y/o control procedente de los poderes públicos.

SÉPTIMA.- *En cuanto al derecho a la libertad sindical se refiere, se ha de destacar su indubitada conexión con el derecho a la negociación colectiva. Porque creemos que el derecho a la negociación colectiva se estima como el medio principal de acción y el instrumento básico de participación de los sindicatos en la determinación de las condiciones de trabajo.*

Esta afirmación se apoya en la jurisprudencia del Tribunal Constitucional quien ha establecido que la delimitación del contenido esencial de la libertad sindical se concluye de la interpretación conjunta de los artículos 7, 28.1, 28.2 y 37 CE. De la interpretación conjunta de los artículos 7 y 28.1 CE se desprende que se les reconoce a los sindicatos el derecho a realizar las funciones que de ellos es dable esperar, lo que se traduce en el derecho a llevar a cabo una acción sindical en libertad, sin indebidas injerencias de terceros, y que comprende todos los medios lícitos para poder llevarla a cabo. Esta afirmación da pie a los artículos que reconocen y garantizan los medios idóneos y esenciales mediante los que el sindicato puede ejercer la función que la Constitución reconoce, a saber: el derecho a la huelga, el derecho a la negociación colectiva y fuerza vinculante de los convenios colectivos y, el derecho de adoptar medidas de conflicto colectivo, reconocidos en los artículos 28.2, 37.1 y 37.2 CE respectivamente.

OCTAVA.- *Se ha analizado también si la representación unitaria es titular del derecho a la libertad sindical. Se defiende que los órganos de representación stricto sensu no son titulares de la libertad sindical del artículo 28.1 CE. No obstante, se podría alegar una vulneración de esta libertad por otorgar su tutela a estas personas, en aquellos casos en los que las personas que ostentan dichos cargos de representación, procedan de candidaturas sindicales.*

Esto es debido a que la representación unitaria de las personas trabajadoras se ha convertido en una vía de importante y, en muchas ocasiones de preferente actuación de los sindicatos, dado que mediante la misma pueden desarrollar la actividad sindical en el ámbito empresarial.

De cara a demostrar que el arbitraje del artículo 82.3 LET menoscaba y vulnera los derechos analizados *supra*, hemos creído necesario analizar qué carácter tiene el arbitraje en el ordenamiento jurídico español. De ello se deriva la siguiente conclusión.

NOVENA.- *El arbitraje laboral en el ordenamiento jurídico español tiene, en principio, carácter voluntario. No obstante, se admitirá excepcionalmente el arbitraje obligatorio o impropio, imponible a ambas partes por el Estado, siempre y cuando su implementación tenga como fin la defensa del interés general.*

Así lo interpretó el TC en su pronta STC 11/1981, de 8 de abril. En ella se admite la limitación de la autonomía colectiva por la defensa del interés público, al interpretar que dicho interés público es superior y prima sobre los intereses privados, sean éstos individuales o colectivos. No obstante, recalcó que una decisión administrativa obligatoria que resuelva cualquier desacuerdo nacido de un proceso de renovación o modificación negocial de condiciones de trabajo no es acorde a la constitución.

De ello se concluye que en el ordenamiento jurídico español el arbitraje obligatorio sólo es admisible en casos muy extraordinarios, específicamente cuando se pone en grave peligro el interés general.

Para verificar esta hipótesis, se han tenido que dilucidar dos cuestiones: primera, si tal y como justifica el legislador en la reforma y ha sido admitido por el TC, la implementación de este arbitraje queda justificada por entender que se persigue la protección del interés general. Y segunda, si el arbitraje público y obligatorio vulnera el contenido esencial del derecho a la negociación colectiva y fuerza vinculante de los convenios colectivos.

DÉCIMA.- *Entendemos que el concepto de salvaguarda de la competitividad y viabilidad empresarial del artículo 38 CE utilizado por el legislador para justificar el arbitraje público y obligatorio, no es concebible ni insertable dentro del concepto de interés general.*

Esta afirmación se basa en el estudio de la noción de interés general. Al ser un concepto indeterminado y difuso, ha sido necesario delimitarlo jurídicamente. Dado que la defensa del interés general es la que justificaría la limitación de la negociación colectiva y la libertad sindical, dicho límite debería tener una categoría equiparable, o superior, a estos dos derechos.

Por ello, se ha procedido a analizar si, efectivamente, la salvaguarda de la competitividad y viabilidad empresarial, en la que se basó el legislador para justificar el arbitraje público y obligatorio, tienen dicha categoría. Conviniendo con el voto particular a la STC 119/2014, de 16 de julio, entendemos que la defensa de la competitividad y viabilidad del tejido económico productivo, en su conjunto, contribuye al progreso económico general y que, por ello, los poderes públicos pueden adoptar medidas de promoción para llegar a ese objetivo. No obstante, hemos subrayado que lo que se pretende, con el descuelgue de condiciones de trabajo reguladas en convenio colectivo y el arbitraje público y obligatorio, es proteger o defender la competitividad y la viabilidad de cada empresa, dicho de otro modo, proteger intereses de matriz específicamente privada.

Consecuentemente afirmamos que la inserción del arbitraje público y obligatorio como última fase del descuelgue de condiciones de trabajo no persigue la defensa del interés general.

UNDÉCIMA.- *Al no cumplirse la premisa de defender el interés general con la regulación del arbitraje público y obligatorio, se vulnera el contenido esencial del derecho a la negociación colectiva y fuerza vinculante de los convenios colectivos.*

En primer lugar, porque al entender que el arbitraje tiene naturaleza pública por la participación, muy probablemente decisoria de la Administración pública, choca frontalmente con ese ámbito libre de injerencias o intromisiones por parte de la autoridad pública que supone el reconocimiento y garantía del derecho a la negociación colectiva. A mayor abundamiento, entendemos que atenta contra las facultades de libertad de acordar y la libertad de administrar lo convenido en virtud de la voluntad de las partes. Pues, tal y como se ha defendido, dicho arbitraje busca que sí o sí haya un acuerdo, laudo arbitral o decisión administrativa, de lo que se deriva que es equiparable a una medida legislativa que impone el deber de obtener como resultado un acuerdo, quitando a las partes el poder de administrar lo convenido, en virtud de su voluntad.

En segundo lugar, se parte de la premisa de que la fuerza vinculante de los convenios colectivos se traduce en que todos los que son fruto del ejercicio del derecho a la negociación colectiva tienen atribuida, directamente en la Constitución, una eficacia jurídica normativa. Esto nos lleva a concluir que son tres extremos en los que se basa su vulneración. Primero, que el legislador permite que sea una de las partes, unilateralmente, e incluso en contra de la voluntad de la otra, quién derive el conflicto a un tercero, que tiene la potestad de dirimir la cuestión mediante una decisión vinculante e inmediatamente ejecutiva. Segundo, residencia el arbitraje en un órgano administrativo, con el poder de dejar de aplicar condiciones de trabajo reguladas en un convenio colectivo. Esto contraviene la jurisprudencia del propio TC, quien interpretó que esta acción no sólo sería desconocer la eficacia vinculante del convenio colectivo, sino incluso los principios garantizados en el artículo 9.3 CE. Y tercero, se otorga tanto al acto administrativo como al laudo arbitral, que no es fruto de la negociación colectiva, la eficacia jurídica de un convenio colectivo. Lo que implica que ese acto o laudo sustituirá un convenio colectivo fruto de la negociación colectiva.

DUODÉCIMA.- *Defendemos que la limitación que el arbitraje público y obligatorio supone para el derecho a la negociación colectiva y la fuerza vinculante del convenio colectivo es extensible al derecho a la libertad sindical, incluso, cuándo la representación de las personas trabajadoras la hayan ostentado representaciones unitarias sindicalizadas.*

Por último, la vulneración del derecho a la libertad sindical se basa en la intrínseca conexión entre ésta y el derecho a la negociación colectiva. Las razones que nos llevan a esa afirmación residen en el poder normativo del sindicato y en su función principal, la que hace reconocible al sindicato. El poder normativo se satisface cuando el sindicato puede negociar convenios colectivos, mientras que su función se ve cumplida cuando puede negociar las condiciones de trabajo con la o el empresario. Estas características fundamentales se ven limitadas con el arbitraje público y obligatorio del artículo 82.3 LET, porque se impide que la representación de las personas trabajadoras negocie el descuelgue, una vez que a petición de la parte empresarial la cuestión es derivada ante la CCNCC u órgano similar de las comunidades autónomas. Se mantendría la tesis de la vulneración de esta libertad en el caso en el que la representación de las personas trabajadoras recayera en comités de empresa sindicalizados o delegados y delegadas de personas procedentes de candidaturas sindicales, por estimar que con la obstaculización del derecho a la negociación colectiva de éstas representaciones se limita su libertad sindical.

DECIMOTERCERA.- *Por todo lo dicho afirmamos que el arbitraje público y obligatorio del artículo 82.3 LET es contrario a la Constitución por vulnerar el derecho a la negociación colectiva y a la libertad sindical reconocidos en los artículos 37.1 y 28.1 CE. Se responde así la primera hipótesis que planteaba la eventual restricción de dichos derechos por el arbitraje público y obligatorio del artículo 82.3 LET.*

Bibliografía

LIBROS

ABEL LLUCH, X., (Dir.), *Las medidas preventivas de conflictos jurídicos en contextos económicos inestables,* Bosch, España, 2014.

ALBIOL MONTESINOS, I., (Dir.), *Convenios colectivos y Acuerdos de empresa,* CISS grupo Wolters Kluwer, Valencia, 2007.

ALFONSO MELLADO, C., *El impacto de la reforma laboral iniciada con la ley 35/2012 en los sistemas de conflictos laborales pactados. Comisión Consultiva Nacional de Convenios Colectivos,* Ministerio de Empleo y Seguridad Social, 2012.

ALZAGA VILLAAMIL, O., (Dir.), *Comentario a la Constitución Española de 1978, Tomo III, Artículos 24 a 28,* Cortes Generales Editoriales de Derecho Reunidas, Edersa, Madrid, 1996.

AMMADACHOU KADDUR, F., *El contenido del convenio colectivo. Configuración y régimen jurídico,* Comares, Granada, 2017.

BAÑO LEÓN, J.M., (Coord.), *Memorial para la reforma del Estado. Estudios en homenaje al profesor Santiago Muñoz Machado,* Centro de Estudios Políticos y Constitucionales, Madrid, 2016.

BANCO DE ESPAÑA, *Informe sobre la crisis financiera y bancaria en España,* 2008–2014, Mayo de 2017, Banco de España, Madrid, 2017.

BAYLOS GRAU, E., (Coord.), *Garantías de empleo y derechos laborales en la Ley 35/2010 de reforma laboral,* Bomarzo, Albacete, 2011.

BENGOETXEA ALKORTA, A., *Las peculiaridades del conflicto colectivo de trabajo en el ámbito de la función pública,* Servicio Editorial de la Universidad del País Vasco/ Euskal Herriko Unibertsitateko Argitalpen Zerbitzua, Bilbao, 2006.

BENGOETXEA ALKORTA, A., *Negociación colectiva y autonomía colectiva en la función pública,* Tirant lo Blanch, Valencia, 2005.

BODAS MARTÍN, R., (Coord.), *La negociación colectiva ante la crisis económica,* Bomarzo, Albacete, 2010.

BORRAJO DACRUZ, E., *Introducción al Derecho del Trabajo,* Tecnos, Madrid, 2011.

CARNELUTTI, F., *Teoria del regolamento collettivo dei rapporti di lavoro*, CEDAM, Milán, 1936.

CARRIZOSA PRIETO, E., *Derechos de Libertad Sindical y Principio de Igualdad,* Consejo Andaluz de Relaciones Laborales, 2009.

CASAS BAAMONDE, M.E., «Mediación, arbitraje y períodos de consultas», *Relaciones laborales: Revista crítica de teoría y práctica, núm. 4,* 2013, pp. 1–27.

CASTRO ARGÜELLES, M.A., *Inaplicación o «descuelgue» del convenio colectivo,* Civitas, Aranzadi, Cizur Menor, 2013.

CHACARTEGUI JÁVEGA, C. (coord..), *Negociación colectiva y gobernanza de las relaciones laborales: una lectura de la jurisprudencia tras la reforma laboral,* Bomarzo, 2016.

CIDONCHA MARTÍN, A., *La libertad de empresa en el marco de la economía de mercado: el artículo 38 de la Constitución Española,* Universidad Autónoma de Madrid, Madrid, 2004.

Constitución Española. Trabajos parlamentarios, I, Publicaciones de las Cortes Generales, 2.ª ed., Madrid, 1989.

CRUZ VILLALÓN, J., GARCÍA – PERROTE ESCARTÍN, I., GOERLICH PESET, J.M. y MERCADER UGUINA, J.R., (Dires.), *Comentarios al Estatuto de los Trabajadores, 4.ª edición,* Lex Nova, Madrid, 2016.

CRUZ VILLALÓN, J., *Compendio de derecho del trabajo,* Tecnos, Madrid, 2018.

CRUZ VILLALÓN, J., (Dir.), *La negociación colectiva en Europa. Una perspectiva transversal,* Colección informes y estudios, Serie Relaciones Laborales núm. 115, Ministerio de Trabajo, Migraciones y Seguridad Social, Madrid, 2019.

CRUZ VILLALÓN, J., MENÉNDEZ CALVO, R. y NOGUEIRA GUSTAVIÑO, M., (Coord.), *Representación y representatividad colectiva en las relaciones laborales. Libro homenaje a Ricardo Escudero Rodríguez,* Bomarzo, Albacete, 2017.

CRUZ VILLALÓN, J., RODRÍGUEZ – RAMOS VELASCO, P. y GÓMEZ GORDILL, R., *Estatuto de los Trabajadores Comentado,* Tecnos, Madrid, 2003.

DE CASTRO MARÍN, E., *El «descuelgue» de convenio colectivo,* Universidad Complutense de Madrid, Madrid, 2015.

DEL REY GUANTER, S., (Dir.), *La reforma del mercado de trabajo y su impacto en el sistema de relaciones laborales, 1 ed.,* La Ley Actualidad, Madrid, 2012.

DEL REY GUANTER, S., *Estatuto de los Trabajadores comentado con jurisprudencia,* La Ley, Madrid, 2005.

DIEZ – PICAZO, L.M., *Sistema de Derechos Fundamentales,* Thomson Reuters, Navarra, 2013.

DUQUE GONZÁLEZ, M., *La fuerza vinculante del convenio colectivo. La negociación colectiva en Europa: Reino Unido, Alemania, Francia y España,* Thomson Reuters Aranzadi, Navarra, 2018.

ESCUDERO RODRÍGUEZ, R., (Coord..), *La negociación colectiva en las reformas laborales de 2010, 2011 y 2012,* Cinca, Madrid, 2012.

GARCÍA MURCIA, J., (Coord.), *El estatuto de los trabajadores en la jurisprudencia del Tribunal Supremo. Estudios dedicados al catedrático y magistrado Don Antonio Martín Valverde,* Tecnos, Madrid, 2015.

GARCÍA MURCIA, J., *El sistema de fuentes de la relación laboral. Estudios ofrecidos al profesor Martín Valverde por el Área de Derecho del Trabajo de la Universidad de Oviedo,* Universidad de Oviedo, Oviedo, 2007.

GARCÍA – PERROTE ESCARTÍN, I., *Derecho del Trabajo,* Tirant lo Blanch, Valencia, 2011.

GARCÍA – PERROTE ESCARTÍN, I., *Manual de derecho del trabajo,* Tirant lo Blanch, Valencia, 2019.

GARCÍA PERROTE ESCARTÍN, I. y MERCADER UGUINA, J.R., (Dires.), *Reforma Laboral 2012, Análisis práctico del RDL 3/2012, de medidas urgentes para la reforma del mercado laboral,* Lex Nova, Valladolid, 2012.

GARRIDO FALLA, F., (Dir.), *Comentarios a la Constitución,* Civitas, Madrid, 1985.

GARRIDO PÉREZ, E., (Coord.), *Constitución Española y Relaciones Laborales ante el actual escenario social y económico: XXXI Jornadas Universitarias Andaluzas de Derecho del Trabajo y Relaciones Laborales,* 2013.

GOERLICH PESET, J.M., (Dir.), *Derecho del Trabajo,* Tirant lo Blanch, Valencia, 2018.

GORELLI HERNANDEZ, J., *La negociación colectiva de empresa. Descuelgue y prioridad aplicativa del Convenio de Empresa,* Comares, Granada, 2013.

LAHERA FORTEZA, J., (Coord.), *Reforma Laboral 2012: preguntas y respuestas,* Ediciones Cinca, Madrid, 2012.

LASAGABASTER HERRARTE, I., *Fuentes del Derecho,* IVAP, Bilbao, 2007.

LÓPEZ LÓPEZ, J., *Un lado oculto de la flexibilidad salarial: El incremento de la judicialización,* Bomarzo, Albacete, 2009.

MOLINA NAVARRETE, C., MONEREO PÉREZ, J.L. y MORENO VIDA, M.N., (Coord.), *Comentario a la constitución socio – económica de España,* Comares, Granada, 2002.

MONEREO PÉREZ, J.L., MOLINA NAVARRETE, C. y MORENO VIDA, M.N., *Manual de Derecho Sindical,* Comares, Granada, 2014.

MONEREO PÉREZ, J.L. y FERNÁNDEZ AVILÉS, J.A., *Guía sobre el derecho de libertad sindical,* Consejo Andaluz de Relaciones Laborales, disponible en https://www.juntadeandalucia.es/empleo/carl/portal/web/guest/negociacion-colectiva/guias.

MONEREO PÉREZ, J.L. y MORENO VIDA, M.N., (Dires.) *El sistema de negociación colectiva en España,* Aranzadi, Pamplona, 2013.

MONTOYA MELGAR, A., *Derecho del Trabajo,* Tecnos, Madrid, 2014.

MORENO DE VEGA Y LOMO, F., *La inaplicación salarial del convenio colectivo,* Tirant lo Blanch, Valencia, 2001.

MORENO GENÉ, J., SOLÉ PUIG, A., (Coords.), *Las reformas laborales del 2010,* Huygens Editorial, Barcelona, 2012.

PALOMEQUE LÓPEZ, M.C., *Derecho Sindical,* Tecnos, Madrid, 1994.

PALOMEQUE LÓPEZ, M.C. y ÁLVAREZ DE LA ROSA, M., *Derecho del Trabajo,* Editorial Universitaria Ramón Areces, Madrid, 2019.

PÉREZ TREMPS, P. y SAIZ ARNAIZ, A., (Dires.), *Comentario a la Constitución Española. 40 aniversario 1978–2018. Tomo I (Preámbulo a artículo 96). Libro – homenaje a Luis López Guerra,* Tirant lo Blanch, Valencia, 2018.

PRECIADO DOMENECH, C.H., *Secciones sindicales y delegados sindicales,* Bomarzo, Albacete, 2015.

RAMOS QINTANA, M.I. (Dir.), *Las reformas sobre el sistema de negociación colectiva en España,* Bomarzo, Albacete, 2013.

RAMOS QUINTANA M.I. y GRAU PINEDA, M.C., (Coords.), *Las reformas sobre el sistema de negociación colectiva en España,* Bomarzo, Albacete, 2014.

RODRÍGUEZ CRESPO, M.J., *La Administración del Convenio Colectivo,* Consejo Económico y Social de Andalucía, Sevilla, 2005.

RODRÍGUEZ PÉREZ, J.A., *El derecho a la libertad de empresa del artículo 38 de la Constitución Española: estudio sobre su interpretación y las dificultades para su desarrollo y aplicación*, Universidad de las Palmas de Gran Canaria, Facultad de Ciencias Jurídicas, Las Palmas de Gran Canaria, 2011.

RODRÍGUEZ – PIÑERO Y BRAVO – FERRER, M., *La reforma del mercado de trabajo y la Ley 35/2010,* La Ley, Madrid, 2011.

RODRÍGUEZ – PIÑERO Y BRAVO FERRER, M., y VALDÉS DAL – RÉ, F., *La reforma laboral de 2012 en materia de negociación colectiva,* La Ley, Madrid, 2012.

RUIZ CASTILLO, M.M y ESCRIBANO GUTIÉRREZ, J., *La negociación y el convenio colectivo en el panorama actual de las fuentes del Derecho del Trabajo,* Bomarzo, Albacete, 2013.

SAGARDOY BENGOECHEA, J.A., *El derecho del trabajo a mis 80 años,* Editorial Universitaria Ramón Areces, Madrid, 2015.

SAGARDOY BENGOECHEA, J.A., *La Eficacia de los convenios colectivos y su contenido en el Estatuto de los Trabajadores,* Instituto de Estudios Sociales, Madrid, 1981.

SALA FRANCO, T., (Dir.), *Relaciones Laborales,* Tirant lo Blanch, Valencia, 2014.

SALA FRANCO, T. y ALBIOL MONTESINOS, F., *Derecho Sindical,* Tirant lo Blanch, Valencia, 2004.

SANGUINETI RAYMOND, W. y CABERO MORÁN, E., (Coords.), *Sindicalismo y Democracia. El Derecho Sindical Español del profesor Manuel Carlos Palomeque treinta años después (1986–2016),* Comares, Granada, 2017.

SOLANS LATRE, M.A., *Garantías legales de la negociación colectiva estatutaria. Partes negociadores y procedimiento negociador,* Consejo Económico y Social, Madrid, 2003.

VALDÉS DAL –RÉ, F., (Dir.), *Balance material del proceso de sustitución de las ordenanzas laborales: continuidad y crisis de sus contenidos normativos,* Ministerio de Trabajo y Asuntos Sociales, Madrid, 1999.

VALDÉS DAL – RÉ, F. y CASAS BAAMONDE, M.E., (Coords.), *La reforma del Estatuto de los Trabajadores,* Relaciones Laborales, Madrid, 1994.

VALDÉS DAL – RÉ, F., *Configuración y eficacia de los convenios colectivos extraestatutarios,* ACARL, D.L., Madrid, 1988.

VALDÉS DAL – RÉ, F., *La negociación colectiva, entre tradición y renovación,* Comares, Granada, 2012.

VIDA SORIA, J., MONEREO PÉREZ, J.L. y MOLINA NAVARRETE, C., *Manual de Derecho del Trabajo,* Comares, Granada, 2012.

VV.AA., *Derecho Constitucional, Volumen I. El ordenamiento constitucional. Derechos y deberes de los ciudadanos*, Tirant lo Blanch, Valencia, 2010.

VV.AA., *Estrategias por una mayor y mejor negociación colectiva*, CSA, San Pablo, 2013.

VV.AA., *La reforma laboral en la Ley 35/2010*, Tirant lo Blanch, Valencia, 2010.

VV.AA., *La Reforma Laboral en el Real Decreto – Ley 3/2012*, Tirant lo Blanch, Valencia, 2012.

VV.AA., *Las reformas del Derecho del Trabajo en el conflicto de la crisis económica: la reforma laboral de 2012: XXII Congreso Nacional de Derecho del Trabajo y de la Seguridad Social*, 2013.

VV.AA., *Novedades Laborales 2011*, Planificación Jurídica – Centro de Documentación, Barcelona, 2011.

VV.AA., *Problemas actuales de la negociación colectiva*, Acarl, Madrid, 1984.

ARTÍCULOS

ACOSTA GALLO, P., «Interés general», *Eunomía. Revista en Cultura de la Legalidad, núm. 16*, 2019, pp. 173–182.

AGUT GARCÍA, C., «El derecho a la negociación colectiva en España: breves consideraciones», *Universidad Nacional Autónoma de México – Instituto de Investigaciones Jurídicas*, 2003, pp. 15–37.

ALFONSO MELLADO, C.L., «Algunas consideraciones en torno al arbitraje laboral», *Revista de treball economía i societat, núm. 22*, 2001, pp. 13–28.

ALFONSO MELLADO, C.L., «La reforma de la negociación colectiva en la Ley 3/2012», *Revista Internacional de Organizaciones*, núm. 8, 2012, pp. 63–86.

ALZAGA RUIZ, I., «La negociación colectiva en la doctrina del Tribunal Constitucional», *Revista del Ministerio de Trabajo y Asuntos Sociales, núm. 73*, 2008, pp. 313–335.

ARRIETA HERAS, T., «El nuevo modelo normativo de la negociación colectiva. Algunas de sus repercusiones en la CAPV», *Lan Harremanak/27*, 2012, pp. 57–90.

BALLESTER PASTOR, M.A., «Balance del arbitraje laboral como instrumento para la solución efectiva de conflictos colectivos», Ponencia I Congreso, Madrid 25 de noviembre de 2015, disponible en https://fsima.es/wp-content/uploads/Ponencia-I-Congreso-El-arbitraje-laboral.-25-11-15.-Amparo-Ballester.pdf, p. 5: «En el fondo, en las reformas de 2011 y de 2012 que favorecían arbitrajes que parecían obligatorios en conflictos de intereses se advertía una cierta obsesión por la paz social y una desmedida valoración negativa del conflicto que parece más propia de otras épocas».

BENGOETXEA ALKORTA, A., «Los servicios esenciales para la comunidad como límite inmanente del derecho a la negociación colectiva en la función pública», *Estudios Financieros. Revista de Trabajo y Seguridad Social, casos prácticos: recursos humanos, núm. 260*, 2004, pp. 3–54.

BODAS MARTÍN, R., «Cuestiones jurisprudenciales sobre la negociación colectiva», *Temas Laborales núm. 139*, 2017, pp. 55–158.

BORRAJO DACRUZ, E., «Sindicatos y negociación colectiva en el Proyecto de Ley Orgánica de Libertad Sindical», *Revista de la Facultad de Derecho de la Universidad complutense, núm. Extra 7,* 1985, pp. 143–160.

CARRIZ VÁZQUEZ, X.M., «La jurisprudencia constitucional relativa al art. 28.1 de la Constitución, a propósito de la libertad sindical», *Revista Xurídica Galega, núm. 34,* 2002, pp. 55–73.

CASAS BAAMONDE, M.E., «Reforma de la negociación colectiva en España y sistema de Relaciones Laborales», *Cuadernos de Relaciones Laborales, núm. 2,* 2014, pp. 275–309.

CASAS BAAMONDE, M.E., RODRÍGUEZ – PIÑERO, M. y VALDÉS DAL – RÉ, F., «La nueva reforma laboral», *Relaciones Laborales núm. 5,* 2012, pp. 2–34.

CAVAS MARTÍNEZ, F., «Las Comisiones Paritarias y la solución de los conflictos laborales derivados de la interpretación y aplicación del convenio colectivo», *Revista del Ministerio de Trabajo y Asuntos Sociales núm. 68,* 2007, pp. 115–134.

CIALTI, P.H., «Los mecanismos autónomos de resolución extrajudicial de conflictos colectivos laborales: el caso español y apuntes sobre la legislación colombiana», *Revista de Derecho, Universidad del Norte, núm. 45,* 2016, pp. 169–211.

CRUZ VILLALÓN, J., «El arbitraje como procedimiento de solución de los conflictos laborales en España», *Revista IUS ET VERITAS, NÚM. 45,* 2012, pp. 121–134.

CRUZ VILLALÓN, J., «El descuelgue de condiciones pactadas en convenio colectivo tras la reforma de 2012», *Revista de derecho social núm. 57,* 2012, pp. 231–258.

CRUZ VILLALÓN, J., «El nuevo papel de la mediación y el arbitraje en los procesos de negociación colectiva», *Relaciones laborales: Revista Crítica de Teoría y Práctica, núm. 2,* 2011, pp. 365–399.

CRUZ VILLALÓN, J., «Interrogantes y equívocos de la jurisprudencia constitucional sobre la reforma laboral de 2012», *Derecho de las relaciones laborales, núm. 3,* 2015, pp. 304–318.

CRUZ VILLALÓN, J., «La flexibilidad interna en la reforma laboral de 2010», *Relaciones Laborales núm. 21–22,* 2010, pp. 173–202.

CUEVAS LÓPEZ, J., «Consideraciones acerca de la negociación por los sindicatos de los convenios de empresa o ámbito inferior», *La Ley,* 1984, pp. 1000–1011.

DE LA CAL, M.L. y BENGOETXEA, A., «La flexiguridad como clave de la política de empleo de la Unión Europea: entre la competitividad, la inclusión social y el respeto a los derechos sociales», *IX Premio Francisco Javier de Landaburu Universitas. EUROBASK,* pp. 13–66.

DEL REY GUANTER, S., «El despido por causas empresariales en la Ley 35/2010: los nuevos artículos 51 y 52 c) del ET», *Relaciones Laborales núm. 21–22,* 2010, pp. 111–127.

DEL REY GUANTER, S., «Las medidas sobre flexibilidad interna en la Ley 35/2010. Una aproximación inicial», *Temas Laborales núm. 107,* 2010, pp. 163–191.

DÍAZ AZNARTE, M.T., «La mediación y el arbitraje como vías de gestión de la conflictividad laboral», *Temas Laborales, núm. 140,* 2017, pp. 370–398.

DURÁN LÓPEZ, F., «El Estatuto de los Trabajadores y la negociación colectiva», *Relaciones laborales núm. 15–16,* 1990, pp. 8–38.

DURÁN LÓPEZ, F., «Jurisprudencia del TC en materia de derechos colectivos (1992–1996)», *Revista iberoamericana de relaciones laborales, núm. 4,* 1998, pp. 77–94.

ESCRIBANO GUTIÉRREZ, J., «La negociación colectiva en España tras las reformas de 2010, 2011 y 2012», *Revista Internacional y Comparada de Relaciones Laborales y Derecho del Empleo, Volumen 1, núm. 1,* 2013, pp. 1–29.

FERNANDO PABLO, M.M., «Ejército, policía y libertad sindical», *Revista de Política Social, núm. 144,* 1984, pp. 101–152.

GALIANA MORENO, J.M. y GARCÍA ROMERO, B., «La participación y representación de los trabajadores en la empresa en el modelo normativo español», *Revista del Ministerio de Trabajo y Asuntos Sociales núm. 43,* 2003, pp. 13–64.

GARCÍA BECEDAS, G., «Apuntes para un análisis de la libertad sindical en la Constitución Española», *Revista de Política Social, núm. 124,* 1979, pp. 39–61.

GARCÍA BLASCO, J., «La jurisprudencia constitucional relativa al derecho a la negociación colectiva», *Temas Laborales, núm. 76,* 2004, pp. 67–83.

GARCÍA MARTÍNEZ, R., «Tres aspectos de la libertad sindical», *Revista de Trabajo, núm. 75,* 1984, pp. 9–55.

GARCÍA MURCIA, J., «Los convenios colectivos como fuente de la relación laboral: más apuntes para un debate recurrente», *Revista del Ministerio de Trabajo y Asuntos Sociales núm. 68,* 2007, pp. 25–49.

GARCÍA VIÑA, J., «La libertad sindical colectiva en el Derecho español», *Revista de la Facultad de Derecho de México, núm. 273,* 2019, pp. 178–206.

GOERLICH PESET, J.M., «Flexibilidad interna y negociación colectiva en la Reforma de 2012», *Documentación Laboral núm. 95–96,* 2012, pp. 58–75.

GONZÁLEZ ORTEGA, S., «La comisión paritaria del convenio colectivo», *Temas Laborales núm. 120,* 2013, pp. 281–314.

GORELLI HERNÁNDEZ, J., «El descuelgue de condiciones del convenio colectivo estatutario», *Revista Internacional y Comparada de Relaciones Laborales y Derecho del Empleo, Volumen 1, núm. 1,* 2013, pp. 1–31.

GORELLI HERNÁNDEZ, J., «El proceso de reformas de la negociación colectiva en España», *Derecho PUCP, Revista de la Facultad de Derecho núm. 98,* 2012, pp. 193–224.

GUAMÁN HERNÁNDEZ, A., «Las críticas del Comité de Libertad Sindical de la OIT a la Reforma Laboral de 2012: una nueva muestra de la importancia del derecho laboral internacional», *Revista de derecho social, núm. 66,* 2014, pp. 201–216.

LAHERA FORTEZA, J., «La modificación de condiciones de trabajo contenidas en convenios colectivos estatutarios», *Relaciones Laborales: Revista crítica de teoría y práctica núm. 1,* 1997, pp. 351–369.

MANZANARES MARTÍNEZ, D.A., «Cambios y reformas laborales en un contexto de crisis», *Revista Internacional de Ciencias Sociales, n..º 32,* 2013, pp. 7–15.

MARRERO SÁNCHEZ, E.M., «El derecho constitucional de negociación colectiva», *Revista de Derecho Social, núm. 59,* 2012, pp. 171–186.

MEDINA, I. y OVEJERO, M., «Repensar el interés general en las políticas públicas», *RJUAM, núm. 26,* 2012, pp. 39–51.

MELLA MÉNDEZ, L., «Consultas previas a las modificaciones sustanciales de las condiciones de trabajo: algunas novedades de interés», *Temas Laborales, Revista Andaluza de Trabajo y Bienestar Social, núm. 109,* 2011, pp. 29–48.

MENDOZA NAVAS, N., «Los procedimientos de inaplicación de condiciones de trabajo al amparo de las decisiones de la Comisión Nacional Consultiva de Convenios Colectivos», *Revista de derecho social núm. 74,* 2016, pp. 61–86.

MENÉNDEZ SEBASTÍAN, P., «El derecho de libertad sindical», *Revista del Ministerio de Empleo y Seguridad Social, núm. 108,* 2014, pp. 227–251.

MOLERO MARAÑÓN, M.L., «El nuevo modelo de flexibilidad interna: el diálogo entre la Ley 35/2010 y el RDL 7/2011», *Relaciones Laborales núm. 23–24,* 2011, pp. 273–312.

MOLINA NAVARRETE, C., «La desnaturalización de la CCNCC en la inaplicación de convenios», *Temas Laborales núm. 125,* 2014, pp. 189–236.

MONEREO PÉREZ, J.L. y FERNÁNDEZ AVILÉS, J.A., «El debate Europeo sobre flexiguridad en el trabajo (reflexiones en torno al «Libro Verde» de la Comisión de las Comunidades Europeas)», *Lan Harremanak/16,* 2008, pp. 167–243.

MONEREO PÉREZ, J.L. y FERNÁNDEZ AVILÉS, J.A., «La libertad sindical en la doctrina del Tribunal Constitucional», *Revista del Ministerio de Trabajo y Asuntos Sociales, núm. 73,* 2008, pp. 247–312.

MONEREO PÉREZ, J.L. y ORTEGA LOZANO, P.G., «Acuerdos colectivos, mediación y arbitraje en los descuelgues», *Temas Laborales, Revista Andaluza de Trabajo y Bienestar Social, núm. 154,* 2020, pp. 251–278.

MORET MILLÁS, V., «La productividad en la Constitución Española», *Asamblea: revista parlamentaria de la Asamblea de Madrid, núm. 26,* 2012, pp. 119–152.

NAVARRO NIETO, F., «El régimen de inaplicación y modificación de convenios colectivos», *Temas Laborales núm. 120,* 2013, pp. 233–279.

PÉREZ CAMPOS, A.I., «El arbitraje laboral», *Revista del Ministerio de Empleo y Seguridad Social, núm. 123,* 2016, pp. 133–155.

OJEDA AVILÉS, A., «La representación unitaria: el «faux ami»», *Revista del Ministerio de Trabajo y Asuntos Sociales núm. 58,* 2005, pp. 343–364.

OJEDA AVILÉS, A. y GUTIÉRREZ PÉREZ, M., «La flexiseguridad como paradigma de las políticas de empleo en Europea: revisión crítica», *THEMIS 65/Revista de Derecho,* 2014, pp. 41–51.

OLARTE ENCABO, S., «Cuestiones críticas en torno a la ultraactividad de los convenios colectivos», *Comisión Consultiva de Convenios Colectivos Ministerio de Empleo y Seguridad Social,* Madrid, 2013, pp. 1–23.

OLARTE ENCABO, S., «El sentido de la intervención de la administración laboral en el convenio colectivo como sujeto coadyuvante de la reforma laboral de 2012», *Temas Laborales núm. 125,* 2014, pp. 238–260.

OLARTE ENCABO, S., «La institución arbitral y la solución de conflictos laborales: dimensión y aristas», Ponencia en el «Congreso internacional: procedimientos alternativos de solución de conflictos», 9 y 10 de octubre de 2019, Granada.

PÉREZ DE LOS COBOS ORIHUEL, F. y THIBAULT ARANDA, J., «La reforma de la negociación colectiva», *Relaciones Laborales, núm. 14, Sección Negociación colectiva y conflictividad,* 2010, 115–126.

QUINTANILLA NAVARRO, R.Y., «La Comisión Consultiva Nacional de Convenios Colectivos», *Revista del Ministerio de Empleo y Seguridad Social núm. 123,* 2016, pp. 157–186.

QUINTERO LIMA, M.G., «La ductilidad del descuelgue convencional (ex artículo 82.3 ET) vs los intentos judiciales de establecer un marco de límites ineludibles: a propósito de la Sentencia de la Audiencia Nacional, Sala de lo Social, de 7 de abril de 2017», *Iuslabor núm. 2,* 2017, pp. 1–13.

RODRÍGUEZ – PIÑERO ROYO, M., «La negociación colectiva como derecho de libertad y como garantía institucional», *Relaciones laborales: Revista crítica de teoría y práctica, núm. 1.,* 1992, pp. 47–54.

ROJO TORRECILLA, E., «La Ley Orgánica de Libertad Sindical», *Revista de Política Social, núm. 148,* 1985, pp. 7–40.

SAEZ LARA, C., «Descuelgue convencional y arbitraje obligatorio», *Temas Laborales núm. 140,* 2017, pp. 312–368.

SEMPERE NAVARRO, A. y ARIAS DOMÍNGUEZ, A., «Eficiencia económica versus protección laboral en la jurisprudencia», *Revista Derecho Social y Empresa, núm. 7,* 2017, pp. 79–112.

TANGIAN, A., «Flexiguridad Europea: conceptos (definiciones operativas), metodología (instrumentos de seguimiento) y políticas (implantaciones consistentes)», *Lan Harremanak/16,* 2008, pp. 99–153.

TRIGUERO MARTÍNEZ, L.A., «Método comparado y negociación colectiva: pautas analíticas para los sistemas y tendencia jurídico – política», *Revista Internacional y Comparada de Relaciones Laborales y Derecho del Empleo, núm. 5,* 2017, pp. 2–26.

VALDÉS DAL – RÉ, F., «El derecho a la negociación colectiva en la jurisprudencia constitucional española», *Revista de Derechos Fundamentales, núm. 5,* 2011, pp. 129–150.

VALDÉS DAL – RÉ, F., «La Comisión Consultiva Nacional de Convenios Colectivos», *Revista Española de Derecho del Trabajo núm. 7,* 1984, pp. 5–28.

VALDÉS DAL – RÉ, F., «La eficacia jurídica de los convenios colectivos», *Temas Laborales, núm. 76,* 2004, pp. 21–65.

VALDÉS DAL – RÉ, F., «La negociación colectiva en la Constitución», *Revista de Política Social,* enero – marzo 1979, núm. 121, 1979, pp. 469–498.

VEGA LÓPEZ, J., «El arbitraje «obligatorio» que pone fin a la huelga», *Temas laborales: Revista andaluza de trabajo y bienestar social, núm. 70,* 2003, pp. 263–292.

VIDAL MARIN, T., «La libertad sindical», *Parlamento y Constitución. Anuario n.º 4,* 2000, pp. 201–238.

— Constitución Española de 1978.
— Ley Orgánica 11/1985, de 2 de agosto de Libertad Sindical.
— Real Decreto 2976/1983, de 9 de noviembre, por el que se regula la Comisión Consultiva Nacional de Convenios Colectivos.
— Ley 11/1994, de 19 de mayo, por la que se modifican determinados artículos del Estatuto de los Trabajadores y del texto articulado de la Ley de Procedimiento Laboral y de la Ley sobre Infracciones y Sanciones en el Orden Social.
— Real Decreto Legislativo 1/1995, de 24 de marzo, por el que se aprueba el texto refundido de la Ley del Estatuto de los Trabajadores.
— RD-Ley 10/2010, de 16 de junio, de medidas urgentes para la reforma del mercado de trabajo.
— Ley 35/2010, de 17 de septiembre, de medidas urgentes para la reforma del mercado de trabajo.
— RD-Ley 7/2011, de 10 de junio, de medidas urgentes para la reforma de la negociación colectiva.

- RD-Ley 3/2012, de 10 de febrero de medidas urgentes para la reforma del mercado laboral.
- Ley 3/2012, de 6 de julio, de medidas para la reforma del mercado laboral.
- Real Decreto Legislativo 2/2015, de 23 de octubre, por el que se aprueba el texto refundido de la Ley del Estatuto de los Trabajadores.
- Real Decreto Legislativo 5/2015, de 30 de octubre, por el que se aprueba el texto refundido de la Ley del Estatuto Básico del Empleado Público.
- Real Decreto 1362/2012, de 27 de septiembre, por el que se regula la Comisión Consultiva Nacional de Convenios Colectivos.
- RDLRT 17/1977, de 4 de marzo, sobre relaciones de trabajo.
- Resolución de 10 de febrero de 2012, de la Dirección General de Empleo, por la que se registra y publica el V Acuerdo sobre Solución Autónoma de Conflictos Laborales (sistema extrajudicial).
- Resolución de 10 de diciembre de 2020, de la Dirección General de Trabajo, por la que se registra y publica el VI Acuerdo sobre Solución Autónoma de Conflictos Laborales.
- Resolución de 30 de enero de 2012, de la Dirección General de Empleo, por la que se registra y publica el II Acuerdo para el Empleo y la Negociación Colectiva.

JURISPRUDENCIA

- STC 119/2014, de 16 de julio.
- STC 8/2015, de 22 de enero.
- STC 29/1982, de 31 de mayo.
- STC 68/2007, de 28 de marzo.
- STC 200/2006, de 3 de julio.
- STC 95/1996, de 29 de mayo.
- STC 197/1990, de 29 de noviembre.
- STC 100/2004, de 23 de junio.
- STC 58/1985, de 30 de abril.
- STC 105/1992, de 1 de julio.
- STC 177/1988, de 10 de octubre.
- STC 225/2001, de 26 de noviembre.
- STC 187/1987, de 24 de noviembre.
- STC 11/1981, de 8 de abril.
- STC 19/2012, de 15 de febrero.
- STC 17/2013, de 31 de enero.
- STC 92/1992, de 11 de junio.
- STC 137/2011, de 14 de septiembre.
- STC 329/2005, de 15 de diciembre.
- STS de 11 de abril de 1979.
- STS de 22 de enero de 1994.
- STS de 1 de junio de 1996.
- STS de 8 de junio de 1999.
- STS de 3 de octubre de 2000.
- STS de 29 de enero de 2001.

— STS de 31 de enero de 2001.
— STS de 18 de febrero de 2003.
— STS de 23 de octubre de 2012.
— STS de 27 de mayo de 2013.
— STS de 17 de diciembre de 2014.
— STS de 26 de marzo de 2014.
— STS 11 de febrero de 2015.
— STS de 7 de julio de 2015.
— STS de 15 de julio de 2015.
— STS de 6 de mayo de 2015.
— STS de 15 de septiembre de 2015.
— STS de 26 de octubre de 2015.
— STS de 23 de diciembre de 2015.
— STS de 28 de abril de 2016.
— STS de 20 de junio de 2016.
— STS de 28 de octubre de 2016.
— STS de 29 de junio de 2017.
— STS de 11 de junio de 2019.
— SAN 100/2013, de 23 de mayo.
— SAN 66/2009, de 24 de junio.
— SAN 23/2003, de 12 de marzo.
— SAN 51/2017, de 7 de abril.
— SAN 178/2014, de 31 de octubre.
— SAN 176/2014, de 30 de octubre.
— SAN 28/2014, de 11 de febrero.
— SAN 156/2014, de 25 de septiembre.
— SAN 30/2013, de 20 de febrero.
— SAN 63/2013, de 4 de abril.
— SAN 50/2013, de 20 de marzo.
— SAN 102/2012, de 21 de septiembre.
— San 103/2016, de 9 de junio.
— SAN 160/2012, de 7 de diciembre.
— SAN 133/2012, de 14 de noviembre.
— SAN 112/2012, de 15 de octubre.
— SAN 29/2013, de 15 de febrero.
— SAN 84/2013, de 26 de abril.
— SAN 15/2013, de 28 de enero.
— STSJ Andalucía (Granada) 2043/2016, de 22 de septiembre.
— STSJ de Cataluña 3796/2000, de 28 de abril.
— STSJ de Cataluña 23/2016, de 13 de julio.
— STSJ de Cataluña, de 14 de enero de 2003.
— STSJ de Cataluña de 13 de junio.
— STSJ Islas Baleares 552/2013, de 17 de diciembre.
— STSJ de Madrid, 626/2013, de 25 de septiembre.
— STSJ de Madrid, 1042/2012, de 14 de diciembre.
— STSJ de Madrid, 202/2014, de 28 de febrero.
— STSJ de Navarra, de 1 de junio de 1992.

Kalitatea adierazteko zigilu bat da **ehupress**. Label horren azpian argitaratzen diren jatorrizko guztiek kanpoko ebaluazio bat gainditu dute, gutxienez bi adituren eskutik gauzatuta, parekoen ebaluazio bikoitz itsua metodoa erabiliz.

El sello **ehupress** es un distintivo de calidad. Todos los originales publicados bajo este sello han superado una evaluación externa, llevada a cabo por, al menos, dos especialistas, mediante el sistema de revisión por pares doble ciego.

The **ehupress** seal is an assurance of quality. All original works published with this seal have been subjected to external evaluation, carried out by at least two experts, through the system of double-blind peer review.

Le sceau **ehupress** est un distinctif de qualité. Tous les originaux publiés sous ce label ont passé avec succès une évaluation externe, en double aveugle par les pairs, réalisée par au moins deux experts.